고려 양반국가의 성립과 전개

2011년도
대한민국학술원 선정
우수학술도서
이 도서는 대한민국학술원에서 선정한
"2011년도 우수학술도서"로서 교육과학기술부의
지원으로 구입 배부한 것임.

고려 양반국가의 성립과 전개

김 당 택 저

전남대학교출판부

책머리에

이 책은 고려 광종대로부터 의종대에 이르는 기간의 정치사를 다룬 것이다. 이 시기의 정치사연구는 인종대 이자겸의 난과 묘청의 난을 제외하고는 공백이 많아, 저자는 이를 메운다는 생각으로 연구를 시작했다. 그러한 만큼 매우 오랜 기간에 걸쳐 쓰여졌다. 따라서 이 책을 출판하면서 새로운 연구 성과를 반영하여 내용의 일부를 수정하지 않을 수 없었다.

고려왕조의 성립에서 무신란에 이르는 시기 정치사의 공백을 메우려는 의도에서 출발한 만큼, 애초에 하나의 체계를 염두에 두고 이 책을 쓴 것은 아니었다. 책의 제목이 『고려 양반국가의 성립과 전개』라고 해서, 처음부터 고려가 양반국가임을 전제로 이 책을 쓴 것이 아니라는 말이다. 그러나 논문을 하나 둘 발표함에 따라 점차 기왕의 주장처럼 고려를 귀족사회라고 하기보다는 양반사회로 이해하는 것이 타당하다는 생각을 하게 되었다. 이에 책의 제목을 『고려 양반국가의 성립과 전개』라고 했는데, 그렇게 한 보다 구체적인 이유는 이 책의 본문에서 드러날 것이다.

이 책에 수록한 글 가운데 「최승로의 상서문에 보이는 광종대의 '후생'과 경종 원년 전시과」와 「목종 12년의 정변」 2편은 30년 전 저자가 대학원 박사과정 수업에서 이기백 선생께 제출한 기말 보고서이다.

컴퓨터를 사용하지 않던 시기였으므로, 이번에 책을 내면서 다시 워드 작업을 했다. 그러한 과정에서 어색한 표현이나 문장을 고쳤는데, 고치면서 되돌아보니 보고서를 제출한 후 선생으로부터 내용은 물론이고 표현이나 문장에 이르기까지 세세한 지적을 받은 기억이 엊그제의 일처럼 생생하다. 선생의 명복을 빈다.

2010년 가을

저자

| 목차 |

제3장

목종 12년의 정변 _ 74

제4장

현종대 과거 출신 관리의 정치적 주도권 장악 _ 97

제5장

현종·덕종대 대거란(요) 관계를 둘러싼 관리들 간의 갈등 _ 118

제6장
문종-인종조 인주이씨의 정치적 역할 _ 148

제7장
숙종·예종대의 여진정벌 _ 171

제8장
인종조의 서경천도·칭제건원·금국정벌론과 김부식의 『삼국사기』 편찬 _ 202

제9장
『상정고금예문』의 편찬 시기와 그 의도 _ 230

제10장
의종대의 정치적 상황과 무신란 _ 241

제11장
고려시대의 참직 _ 275

서론

이 책에 수록된 글들은 고려왕조의 성립에서 의종대 무신란(1170)에 이르는 기간의 정치사에 관한 것이다. 이 시기의 정치사를 연구하는 연구자들은 대체로 왕권과 호족의 관계에서 파생된 문제들에 관심을 보였다.[1] 태조의 대호족정책이나 혜종대의 정변, 그리고 광종의 왕권 강화 등에 적지 않은 논문이 발표되었던 것이다. 그러나 성종대 이후의 정치적 사건이나 정치세력의 분석에는 소홀하여, 이자겸의 난이나 묘청의 난 등을 언급한 정도에 불과했다. 성종대 이후가 귀족사회임을 입증하는데 많은 노력을 기울이면서도, 정작 정치적 사건의 해명에는 적극적이지 않았던 것이다. 따라서 성종대로부터 무신란에 이르기까지의 정치사 흐름을 파악하기가 쉽지 않다. 저자는 이러한 빈틈을 메워볼 생각을 가지게 되었다.

---

1) 이 시기 정치사연구의 경향과 과제에 대해서는 다음의 글들이 참고된다.
강진철, 「한국학연구 반세기-중세사」『진단학보』 57, 1984.
변태섭, 「고려사의 새 탐구」『고려사의 제문제』, 삼영사, 1986.
박용운, 『고려시대사 연구의 성과와 과제』, 신서원, 1999.
홍승기, 「한국 고려사연구 100년」『진단학보』 88, 1999.
하현강, 「고려사 연구의 동향」『현대 한국역사학의 동향(19445-1980)』, 1982.
민현구, 「고려사연구의 회고와 반성(1945-1995)」『광복 50주년 국학의 성과』, 정문연, 1996.
채웅석, 「고려시대사 연구 반세기(1945-1995)의 동향과 과제」『한국학보』 79, 1995.

저자는 이 기간 동안의 중요한 정치적 사건들 가운데 기왕의 연구에서 다루어지지 않았거나 보다 면밀한 검토가 필요하다고 생각되는 문제들에 주목해 보았다. 우선 광종(949-975)의 왕권강화에 적극 기여한 인물들이 누구였는가를 밝혀보고자 했다. 기왕의 연구들은 광종대의 왕권강화책을 언급하면서도 이러한 왕권강화를 이루어낸 광종의 세력기반에 대한 언급이 없었기 때문이다. 제1부 제1장의 「최승로의 상서문에 보이는 광종대의 '후생'과 경종 원년 전시과」에서는 이러한 점들이 드러날 것이다.

성종(981-997)은 최승로의 견해를 정치에 반영한 것으로 알려졌다. 이를 통해 우리는 최승로로 대표되는 신라 6두품 출신이 성종대의 정치를 주도했음을 알 수 있다. 그렇다면 광종대 과거로 진출한 인물들은 어떠했는가 궁금하다. 기왕의 연구가 그들의 이후 정치적 역할에 대해서 언급하지 않았기 때문이다. 그리고 성종의 뒤를 이어 목종(997-1009)이 즉위한 것도 성종대의 정치세력과 관련하여 해명이 되어야 할 문제이다. 목종은 호족세력인 황주의 황보씨가 후원한 인물이었던 것이다. 이러한 사실들은 제2장 「서희와 성종대의 정치적 지배세력」에서 다루어질 것이다.

목종대에 일어난 정변의 결과 목종은 제거되고 현종이 즉위하였다. 어떤 세력이 무슨 이유 때문에 정변을 일으켰으며, 이 정변으로 화를 당한 인물들은 누구였을까. 그리고 이 정변이 가지는 역사적 의미는 무엇인가. 이러한 점들은 3장 「목종 12년의 정변」에서 밝혀질 것이다.

현종(1009-1031)이 즉위한 후에는, 곧 진압되기는 했지만, 무신의 난이 일어났다. 의종대의 무신란이 일어나기 전의 일이었다. 그리고 지방제도가 대폭 개편되었데, 이때 개편된 내용은 대체로 후대까지 지속되었다. 현종대 이러한 변화가 초래된 이유는 어디에 있었을까. 제4장 「현종대 과거 출신 관리의 정치적 주도권 장악」은 현종대 이후의 이러한 변화를 알아보기 위한 것이다. 한편 현종·덕종대는 대거란 관계를 둘러싸고 관리들 간에 갈등이 빚어졌다. 이러한 갈등은 후대 고려인들 사이에 회자될 만큼 심각한 것이었다. 어떠한 관리들이 왜 대거란 강경론을 폈으며, 온건론을 편 관리들은 누구였고 왜 그러했는지 궁금하다. 제5장 「현종·덕종대 대거란 관계를 둘러싼 관리들 간의 갈등」을 통해 이러한 궁금증은 해소될 수 있을 것이다.

고려가 귀족사회였다고 주장한 학자들은 거의 예외 없이 인주이씨 가문의 번성과 그들의 혼인관계를 거론한다. 인주이씨는 이자연李子淵이 문종(1046-1083)에게 세 딸을 바친 이후, 대대로 왕실과 혼인했으며, 당대의 유명한 집안들과도 혼인을 통해 연결되었던 것이다. 그런데 이러한 연구들은 왕실이 인주이씨와 혼인한 배경에 대한 설명은 결여한 채, 인주이씨가 왕실에 혼인을 강요했음을 암시하고 있다. 그러나 고려의 왕실이 인주이씨에 굴복할 정도로 무력했다고는 생각되지 않는다. 왕실과 인주이씨와의 혼인이 인주이씨의 강요에 의한 것이 아닌 왕실이 의도한 것이었다면, 이는 고려사회의 성격과 관련하여 어떠한 의미를 지니는가. 인주이씨와 왕실과의 관계를 검토하여 문종대 이후의 정치상황을 알아보려는 것이 제6장 「문종-인종조 인주이씨의 정치적 역할」이다.

숙종(1095-1105)·예종(1105-1122)대는 여진에 대한 정벌이 행해졌다. 이 여진정벌에 대해서는 주로 총사령관이었던 윤관 개인의 업적이나 9성의 위치 등이 주목되어 왔다. 그러나 그보다는, 왜 여진정벌이 행해졌는가를 당시의 정치상황과 관련하여 검토해보는 것이 중요할 것이다. 저자가 제7장 「숙종 · 예종대의 여진정벌」을 작성한 이유가 여기에 있다.

인종(1122-1146) 때에 일어난 서경천도운동과 묘청의 난에 관한 학계의 관심은 상당한 것이었다. 이에 관한 연구가 적지 않은 사실을 통해 알 수 있는 일이다. 이들 연구의 대부분은 서경천도론이 제기된 배경에 관심이 모아졌다. 그리하여 이 사건을 서경세력 대 개경세력, 혹은 문벌귀족세력 대 신진세력의 갈등으로 이해하였다. 그러나 어느 연구에서도 그들이 왜 그러한 주장을 했으며 또한 이에 반대한 인물들의 의도는 무엇이었는가 하는 점은 드러나 있지 않다. 즉 서경세력이나 신진세력은 왜 금국정벌이나 칭제건원을 주장했으며 개경세력이나 문벌귀족세력은 왜 여기에 반대했는가 하는 점을 구체적으로 지적한 연구가 없는 것이다. 따라서 왜 이러한 일들이 일어났는가는 여전히 모호하다. 한편 서경천도론에 적극 반대하여 후일 묘청의 난을 진압한 김부식은 그 후 『삼국사기』를 편찬하였다. 『삼국사기』에 대해서는 많은 연구가 있지만, 김부식이 이를 쓴 이유를 밝힌 논고는 아직 없다. 제8장 「인종조의 서경천도 · 칭제건원 · 금국정벌론과 김부식의 『삼국사기』 편찬」에서는 위에서 지적한 의문들이 해결될 것이다.

의종(1146-1170) 때에는 고려사회에 커다란 변화를 초래한 무신란이 폭발하였다. 무신란의 원인으로는 무신에 대한 차별대우와 군인들의 불만, 그리고 국왕인 의종의 실정失政 등이 지적되었다. 그러나 무신에 대한 차별대우나 군인들의 불만은 그 이전부터 있어 왔으므로, 이것만으로는 무신란이 왜 하필 의종 때에 일어났는가에 대한 의문을 충분하게 해결해 주지 못한다. 의종 때 무신란이 일어났는가를 알기 위해서는 의종대의 정치적 상황을 검토할 필요가 있다. 이에 쓰여 진 것이

제9장 「『상정고금예문』의 편찬 시기와 그 의도」와 제10장 「의종대의 정치적 상황과 무신란」이다.

고려시대를 연구하는 학자들 상당수는 고려의 관품 가운데 5품에 커다란 의미를 부여해 왔다. 5품 이상의 관리들은 정치적으로 음서의 혜택을 누렸는가 하면, 경제적으로 공음전시를 지급받았다는 것이다. 이러한 주장에 힘입어 5품 이상의 관리들을 고려의 귀족으로 이해하려는 견해가 제시되기도 했다. 그런데 의문스러운 것은, 당시의 관리들 가운데 신분상 하자가 없는 인물들의 경우, 5품으로의 승진을 갈망했다거나 5품으로의 승진에 제약이 가해졌다는 기록을 발견하기 어렵다는 점이다. 5품의 중요성에 비추어 볼 때 좀처럼 이해하기 힘들다. 5품 이상의 관리들이 그 이하에 비해 정치・경제적으로 우월한 지위를 누렸다면, 모든 관리들은 5품으로의 승진을 갈망했을 것이고, 따라서 거기에는 일정한 제약이 뒤따랐을 법한데, 그러한 기록을 찾기 어려운 것이다. 이러한 의문과 관련하여 저자가 주목한 것이 「고려시대의 참직」이다. 이를 통해 음서에 의해 관도에 진출한 관리들이 다시 과거에 응시하는 등, 고려에서 과거가 음서보다 중시되었던 이유가 드러날 것이다.

고려 정치사에 대한 연구가 진행될수록 저자는 고려를 귀족국가로 보기보다는 양반국가로 이해하는 것이 타당하다는 확신을 가지게 되었다. 귀족과는 달리, 양반이라는 용어가 『고려사』에 빈번하게 나타난 것도 그 이유 가운데 하나였다. 목종 원년(998)의 전시과가 '문무양반 및 군인전시과文武兩班及軍人田柴科'였으며, 귀족사회의 근거로 이해되어 온 공음전시의 정식 명칭도 '양반공음전시兩班功蔭田柴'였던 것이다. 사실 귀족사회설 자체가 확고한 바탕위에 성립된 것이 아니었다. 정치세력이나 그러한 정치세력이 창출한 정치상황에 대한 설명은 결여한 채 몇몇 제도의 분석만을 가지고 그러한 결론을 도출해냈던 것이다.[2)]

고려를 양반사회라고 하면, 조선과의 동질성 여부가 문제된다. 조선을 양반사회라고 부르는 것이 일반적이기 때문이다. 이러한 의문을 해결하기 위한 것이 「고려 양반사회와 한국사의 시대구분」이다. 이를 통해 고려를 양반사회로 이해하는 것이 한국사에서 어떤 의미를 갖는가 알 수 있을 것이다.

이제까지의 서술만으로 짐작이 되겠지만, 저자는 이 책에서 단순히 역사적 현상을 서술하는데 그치기보다는 끊임없이 '왜'라는 의문을 제기하고 이를 해결하기 위해 노력하였다. 역사적 현상만을 지적하기보다는 그렇게 된 원인이나 의미를 밝히는 것이 역사연구의 수순을 한 차원 높이는 것으로 생각하기 때문이다. 이 책에서 얻어진 결론이 고려 초에서 무신란에 이르는 시기의 정치적 상황과 고려사회의 성격을 이해하는데 도움이 되었으면 한다.

2) 한국사학계가 고려를 귀족사회로 이해하게 된 과정에 대해서는 김당택, 「고려시대사 연구의 쟁점과 과제」, 『한국 역사학의 성과와 과제』, 일조각, 2007, 125-130쪽 참고.

제1장 최승로의 상서문에 보이는 광종대의 '후생'과 경종 원년 전시과

1. 머리말

고려 성종 원년(982)에 올려진 최승로崔承老의 상서문上書文은 부족한 고려 초의 기록을 보완해 줄 뿐만 아니라, 그의 정치사상을 집약하고 있다는 점에서 관심의 대상이 되기에 충분하다. 따라서 본격적인 것이든 단편적인 것이든 간에 이에 관한 연구는 적지 않게 행해져 왔다.[1) 이처럼 비교적 많은 연구에도 불구하고 저자가 최승로의 상서문에 관심을 기울이게 된 것은 그의 상서문을 통해 고려 초 정치적 지배세력의 변화상을 엿볼 수 있다고 믿기 때문이다.

---

1) 최승로의 정치사상이나, 이를 통하여 고려사회를 이해해 보려는 연구의 대표적인 것으로는 다음과 같은 것들이 있다.

김철준, 「최승로의 시무28조」, 『조명기기념논총』, 1965; 『한국고대사회연구』, 지식산업사, 1975.

이기백, 「신라 골품제하의 유교적 정치이념」 『대동문화연구』 6·7합집, 1970; 『신라사상사연구』, 일조각, 1986.

이기백, 「고려귀족사회의 형성」, 『한국사』 4, 국사편찬위원회, 1974; 『고려귀족사회의 형성』, 일조각, 1990.

하현강, 「최승로의 정치사상」, 『이대사원』 12, 1975; 『한국중세사연구』, 일조각, 1988.

최승로에 따르면, 광종대에는 '후생後生'이 다투어 진출하여 '구덕舊德'이 점차 쇠퇴했고, 아울러 '훈신숙장勳臣宿將'이 죽음을 면할 길이 없었다고 한다. 또한 경종대에 들어와서도 많은 사람이 해를 당했는데, 이들은 모두 '후생참적後生讒賊'이었으므로 아까울 것이 없다고 했다.[2] 이로 미루어 보면 광종대에는 '훈신숙장'이 정치의 일선에서 후퇴하고 '후생'이 대두하였으며, 경종대에는 '후생'이 '참적'으로 몰려 도태되고 다시 '훈신숙장'이 정치의 주도권을 장악했다고 할 수 있다. 여기에서는 이러한 '후생'이 구체적으로 어떠한 인물들이었는가를 밝혀 고려 초 정치세력의 변화를 이해하려고 한다.

'후생'에 대한 분석을 통하여 고려 초 정치세력을 변화를 살피는 데 있어서 간과할 수 없는 것은 경종 원년의 시정전시과始定田柴科이다. 전시과는 관리들의 생계보장을 위해 지급된 것이었다. 그러므로 경종 원년에 전시과가 제정되었다는 사실은 그 이전에 이미 국가가 생계를 보장해야할 관리들이 존재했음을 알려준다.[3] 즉 전시과의 제정은 정치제도상의 변화를 반영한 것으로 이해되는 것이다. 그런데 정치제도의 변화는 정치세력의 변화와 무관할 수 없다. 당시의 시대적인 상황이 고려되지 않은, 단순한 제도상의 변화란 생각하기 어려운 까닭이다. 전시과의 제정은 정치세력의 변화가 가져온 결과로 이해해도 무리는 없어 보이는 것이다. 저자가 경종 원년 전시과의 숨겨진 비밀을 광종대 정치세력의 변화와 관련지어 밝혀보려는 이유가 여기에 있다.

---

2) 『고려사』 권92, 최승로전.
이후 최승로의 상서문을 인용한 부분에 대해서는 따로 주를 붙이지 않겠다.

3) 이와 반대로 백남운은 전시과의 제정이 관료형성의 전제조건이 되는 것으로 파악하였다(백남운, 『조선봉건사회경제사』 상, 개조사, 1937, 69쪽 및 72쪽).

2. 광종대 '후생'에 대한 검토

최승로는 그의 광종평光宗評에서

A. 쌍기雙冀가 등용된 이래로 문사文士를 숭중崇重하여 은례恩禮가 지나치게 풍성하였습니다. 이로 말미암아 비재非才가 함부로 나아가 차례를 뛰어 빨리 승진하여 한 해를 채우지 않고 문득 경상卿相이 되었습니다. 혹은 밤마다 인견引見하고 혹은 날마다 불러 접견하여, 환락歡樂을 도모하고 정사政事를 게을리 하니 군국軍國의 요무要務는 막혀서 통하지 않고 주식酒食과 연유讌遊는 잇따라 끊어지지 않았습니다. 이에 남북南北의 용인庸人들이 다투어 의투依投하기를 원하니 그 지혜가 있고 재주가 있음을 논하지 않고 모두 특별한 은혜와 예절로 접대하니 이 때문에 후생이 다투어 진출하고 구덕은 점차로 쇠퇴하였습니다. 비록 중국의 풍속을 중히 하여도 중국의 좋은 법法은 취하지 않았고, 중국의 선비를 예우하였다 하여도 중국의 어진 인재는 얻지 못하였습니다(이하 최승로상서문의 번역은 이기백 외, 『최승로상서문 연구』, 1993을 참고).

라 하여, 광종대에 '후생'이 다투어 진출했음을 비난하였다. 그렇다면 '후생'은 구체적으로 어떠한 인물들이었으며, 이들이 다투어 진출할 수 있었던 배경은 어디에 있었을까.

(1) '후생'

사료 A에 의하면, 쌍기가 등용된 이래 문사를 우대하였기에 '비재'가 차례를 뛰어넘어 승진했고, '남북용인'들에게 특별한 은혜를 베푼 까닭에 '후생'이 진출했다 한다. 이 표현에 따르면, '후생'은 '남북용인'이나 '비재'와 같은 의미로 사용되었는데, 이들은 모두 쌍기의 등용 이래 정계에 진출한 인물들이었다.

광종이 후주인 쌍기의 건의에 따라 과거제도를 실시했음은 주지의 사실이다. 따라서 과거에 의해 등용된 인물들이 '후생'의 일부를 이루었다고 이해해서 큰 잘못은 없을 것이다. 이들이 구체적으로 누구인가를 알기 위해 광종대의 과거합격자들을 조사하여 도표화하면 〈표 1〉과 같다.[4)]

〈표 1〉 광종대 진사과進士科 급제자 일람표

년 월	지공거 知貢擧	진사과 급제자수	급제자 성 명	출신지 본 관	역임관직
광종 9년 5월	雙冀	2	崔暹	(영광)	상시, 성종조 한림학사·지공거
			晉兢		광문원소감
11년 3월	쌍기	7	崔光範		
			徐熙	이천	광종조 광평원외랑, 내의시랑 성종조 태보·내사령
12년 4월	쌍기	7	王擧		
15년 3월	趙翌	1	金策	나주광양현	좌복야·한림학사
17년	王融	2	崔居業		
23년	왕융	4	楊演		
			柳邦憲	전주	성종조 예부시랑 목종조 문하시랑평장사
24년 2월	왕융	2	白思柔		성종 14 한림학사·지공거
25년 3월	왕융	2	韓藺卿	양주楊州	성종 8 시랑 목종 10 평장사
			崔亮	경주	광종조 공문박사 성종조 동내사문하평장사·감수국사
			田拱之	영광	현종초 형부시랑, 중추원부사

4) 이 표의 작성은 진사과 급제자만을 대상으로 하였는데, 허흥식, 「고려예부시등과록」, 『고려과거제도사연구』, 일조각, 1981, 265-266쪽을 크게 참고하였다.

광종 9년 5월에 급제한 후, 성종 12년과 15년에 한림학사로서 지공거를 역임한 최섬[5]의 출신지에 대해서는 이렇다 할 기록이 없다. 그러나 그의 제자이며 사위인 김심언金審言이 영광인이었다는[6] 점으로 미루어, 그 역시 영광과 가까운 지역의 출신이 아니었나 생각된다. 그가 최씨였다는 사실만으로 그를 신라귀족출신으로 단정하는 견해도 있으나,[7] 최지몽崔知夢과 같은 인물이 최씨임에도 불구하고 영암인이었음을[8] 고려하면, 그를 신라 귀족 출신으로 못 박을 수는 없을 것이다.

최섬과 함께 급제한 진긍은 벼슬이 광문원소감에 이르렀다.[9] 『기계유씨족보杞溪兪氏族譜』를 참고하여 연구한 강희웅에 따르면, 진긍은 진경晉卿과 동일인으로 그의 조부는 기계현의 향리였다고 한다.[10] 진긍의 출사 이후 그의 자손들은 대대로 벼슬길에 올랐다.[11]

광종 11년에 급제한 서희는 이천인으로 광종조에 내사령을 지낸 서필徐弼의 아들이었다. 서필은 광종이 귀화한 중국인을 지나치게 우대하자, 이를 비난하였다.[12] 그가 광종의 정책을 비판했다는 이유로 그를 반광종계의 인물로 파악하기도 하나,[13] 광종이 전적으로 그의 건의를

---

5) 『고려사』 권73, 선거지 1 과목 1 선장 성종 12년 3월 및 성종 15년 3월 참조.
6) 『고려사』 권93, 김심언전.
7) 강희웅, 「고려초 과거제도의 도입에 관한 소고」, 『한국사논문선집』 Ⅱ, 역사학회, 1977, 92쪽.
8) 『고려사』 권92, 최지몽전.
9) 진광인묘지명(김용선 편저, 『고려묘지명집성』, 한림대출판부, 2006, 254쪽).
10) 강희웅, 「고려초 과거제도의 도입에 관한 소고」, 82쪽.
11) 진광인묘지명.
12) 『고려사』 권93, 서필전.
13) 이기백, 「고려 귀족사회의 형성」, 41쪽 주 23 및 김두진, 「고려 광종대의 전제왕권과 호족」, 『한국학보』 15, 1979, 72-73쪽.

받아들인 점이나 광종대에 내사령이라는 높은 관직에 올라 있었던 것으로 미루어 오히려 친광종계인물로 취급되는 것이 옳지 않을까 한다. 사실 광종의 정책을 비난할 수 있었다는 것부터가 친광종계의 인물이 아니고서는 불가능했을 것이다. 요컨대 그는 개국공신이면서도 광종과 밀착되었던 인물로 보여진다.[14] 서희와 광종의 관계도 서필과 크게 다를 바 없었다고 여겨진다. 그는 급제 이후 광평원외랑, 내의시랑 등의 주요 관직을 거쳤고,[15] 광종 23년에는 송宋으로부터 검교병부상서 직을 제수받았다.[16] 이처럼 광종대에 크게 활약했음에도 그는 이후 성종대까지 정치적으로 건재하였다.

나주 광양현인으로 광종 15년에 급제한 김책은[17] 급제 당시부터 광종의 특별한 은총을 입었던 듯하다. 이는

> 김책 등에게 급제及第를 사賜하였다. 천덕전天德殿에 거동하여 군신에게 연회를 베풀 때, 김책에게 연회에 나오도록 명하였다(『고려사』 권2, 광종 15년 3월).

고 하여, 신급제자인 김책에게 군신의 연회에 참석하도록 한 것으로 미루어 짐작된다. 광종과 긴밀한 관계를 유지했던 그가 이후의 정치적 변화에 어떻게 대처해 나갔는가는 구체적으로 알 수 없다. 그러나 그의 벼슬이 좌복야·한림학사에 이르렀던 점이나 그의 자손들의 정치적 진출이 두드러진 점 등으로 미루어[18], 그는 광종 이후에도 건재했

14) 이는 서필이 광종의 배향공신이었던 것으로 알 수 있다(『고려사』 권60, 예지 2 체협공신배향어정).

15) 『고려사』 권94, 서희전.

16) 『고려사』 권2, 광종 23년.

17) 김의원묘지명(김용선 편저, 『고려묘지명집성』, 133쪽).

던 것 같다.

유방헌은 전주 승화현인承化縣人으로, 그의 조부 법반法攀은 후백제의 우장군이었고 부 윤겸潤謙은 고려의 검무조장檢務租藏으로서 대감大監에 제배되었다.[19] 윤겸이 대호족 휘하 촌의 수장들에게 주어졌던 대감이었다는 사실은, 유방헌이 대호족 출신이 아닌 군소호족 출신이었음을 짐작케 한다.[20] 그는 광종 23년에 과거에 합격한 후 공문박사, 국자주부, 사문박사를 거쳤고,[21] 성종조에 예부시랑, 목종조에 문하시랑평장사를 역임하였다.[22]

백사유는 그 출신은 잘 알 수 없으나, 성종조에 한림학사로서 두 번 과거를 관장하였다.[23] 이제까지 살펴온 인물들 이외에 광종 11년의 최광범, 12년의 왕거, 17년의 최거업, 23년에 급제한 양연에 대해서는 급제한 사실만을 알 수 있을 뿐 그들이 구체적으로 어떠한 인물들이었는가 알기 어렵다.

한편 과거에 급제한 년도는 분명치 않지만, 광종조에 급제한 것으로 알려진 인물로는 최량과 전공지가 있다.[24]

경주인인 최량은 광종조에 등제하여 공문박사를 거친 후, 성종의

18) 위와 같음. 김책의 손인 김양감金良鑑은 벼슬이 수태보守太保 · 문하시중門下侍中 · 감수국사監修國史에 이르렀다.

19) 유방헌묘지명(김용선 편저, 『고려묘지명집성』, 16쪽).

20) 김두진, 「고려 광종대의 전제왕권과 호족」, 53쪽.

21) 유방헌묘지명.

22) 『고려사』 권93, 유방헌전.

23) 『고려사』 권73, 선거지 1 과목 1 선장 성종 10년 윤 2월 및 성종 14년 3월.

24) 전공지의 급제시기에 관해서는 서로 다른 기록이 있다. 성종조였다는 기록과(『고려사』 권94, 전공지전) 광종대라는 것이 그것이다(『동문선』 권117, 이규보 찬, 고화장사주지왕사정인대선사추봉정각국사비명). 저자는 후자를 따랐다.

사우師友였던 관계로 성종조에는 내사시랑 겸 민관어사, 동내사문하평장사를 역임하는 등, 정치적 실력자로 부상하였다.[25] 영광인 전공지는 공신의 자손이었다. 그의 부 종회宗會가 태조공신이었던 것이다.[26] 광종조 이후 전공지가 역임한 관직들을 모두 알 수는 없으나 현종 초에 중추원부사, 이부시랑을 지낸 것만은 분명하다.[27]

지금까지 '후생'의 일부를 이루었다고 생각되는 광종대의 과거합격자에 대해 살펴보았다. 저자는 여기에서 분석의 결과를 성급하게 제시하고 싶지는 않다. 이것만으로 '후생'의 성격을 단정하기도 힘들지만, 이장의 논리를 전개해 나가는 가운데 자연스럽게 드러날 것으로 믿기 때문이다.

최승로는 광종대에 진출한 인물들을 표현하는 데 '남북용인' 또는 '비재'라는 용어와 더불어, 이 양자를 포괄하는 용어로 '후생'이라는 단어를 사용하였다. 여기에는 광종대에 진출한 인물들의 보편적인 성격을 알려주는 함축적인 의미가 포함되어 있다고 믿어진다. 따라서 이러한 용어를 검토하면, 광종대 진출한 인물들의 성격을 이해하는데 도움이 될 것으로 생각한다.

'남북용인'에 대해서는, 이들이 후백제와 발해 계통의 인물들이라는 설과[28] 중국으로부터의 귀화인을 가리킨 것이라는 견해가 있다.[29] 후자의 견해를 지지하는 연구는 쌍기나 쌍기 등용 이전인 광종 6년에

25) 『고려사』 권93, 최량전.

26) 『동문선』 권117, 이규보찬, 고화장사주지왕사정인대선사추봉정각국사비명.

27) 『고려사』 권94, 전공지전.

28) 이기백, 「신라 골품제하의 유교적 정치이념」, 239쪽 및 「고려귀족사회의 형성」, 48쪽.

29) 하현강, 「최승로의 정치사상」, 159쪽 주 24 참조.

대상大相으로서 후주後周에 사신으로 간 적이 있는 왕융을[30] 여기에 포함시켜 논리를 보강하고 있다.[31] 그러나 사료 A만을 통해서 보더라도 쌍기나 왕융이 '남북용인'에 포함될 수 없음은 명백하다. '남북용인'은 쌍기 등용 이후의 산물인 것이다.

과거합격자들 가운데 최섬 · 김책 · 유방헌 · 전공지 등이 후백제계통의 인물이었다는 사실은 '남북용인'에 후백제계통이 인물들이 포함되었을 가능성을 시사해 준다. 이와 관련하여 다음의 기록은 참고된다.

> 신라 말 천성天成년(926-929) 간에 늦도록 아들이 없던 정보正甫 최은함崔殷諴은 이 절의 부처님 앞에 와서 기도한 후 태기가 있어 아들을 낳았다. 석 달이 되지 않았을 때 백제의 견훤甄萱이 서울을 침범하여 성중城中이 크게 어지러웠다. 은함이 아이를 안고 와서 고하기를 '이웃의 군사가 갑자기 쳐들어와 형세가 매우 급합니다. 어린 자식이 짐이 되어 둘 다 면하지 못할 듯하니, 진실로 부처께서 주신 바이면 자비의 힘으로 길러 우리 부자로 하여금 다시 만나보게 해주십시요'하고 울며 슬퍼하였다. 세 번 울고 세 번 고하고 아이를 기저귀에 싸서 불상 아래에 감추어두고 돌아보면서 떠나갔다. (중략) 이 아이가 승로丞魯이니 위位가 정광正匡에 이르렀다(『삼국유사』 권4, 탑상 4 삼소관음 중생사).

최승로는 태어난 지 세 달이 못되어 후백제 견훤의 침입으로 인해 중생사에 맡겨졌다. 비록 어렸을 때의 일이지만, 이는 최승로로 하여금 후백제에 대한 적대감을 갖게 하기에 충분한 사건이었다. 따라서 그가 '용인庸人'이라고 낮추어 부른 인물들 가운데 후백제 계통이 포함

---

30) 『고려사』 권2, 광종 6년.

31) 이기동, 「라말여초 근시기구와 문한기구의 확장」, 『역사학보』 77, 1978, 57쪽.

되어 있었을 것이라는 추측은 무리가 없어 보인다.

최승로는 발해 계통의 인물들과 중국에 유학했던 인물들도 '남북용인'에 포함시켰던 것 같다. 발해계의 인물들이 광종조에 활동했다는 기록은 찾아보기 어렵다. 그러나 태자太子 대광현大光顯을 비롯한 발해계의 인물들이 고려 태조에 래투來投한 이래, 그들이 정치적으로 진출할 수 있었던 시기는, 후술되겠지만, 광종 이후였을 가능성이 커 보인다. 발해인으로서 목종의 총애를 독차지했다는 유충정劉忠正의 경우는 발해인의 진출을 알려주는 좋은 예가 아닌가 한다.32)

중국 유학생으로서 광종대에 진출한 대표적인 인물로는 장유張儒와 최행귀崔行歸가 있었다. 장유는 신라 말 오월吳越에 피난갔다가 귀국하여 광종에 의해 발탁된 인물이다. 그는 중국어에 능통하여 중국 사신의 접대는 반드시 그가 맡았다.33) 최언위崔彦撝의 아들 최행귀도 오월에서 돌아온 인물로서, 광종의 총애를 받았다.34) 이들 중국 유학생들이나 발해계의 인물들은, 신라의 6두품 출신으로서 태조 이래 고려에서 벼슬해온 최승로와는 그 사회적 배경을 달리했던 것이다.

그렇다면 '비재'는 누구인가. 쌍기 등용 이후에도 다수의 중국인들이 귀화해왔고, 광종이 그들을 우대했음은,

> 광종이 투화投化해온 한인漢人들을 후대厚待하여 신료臣僚의 집과 딸을 골라 취하도록 하였다(『고려사』 권93, 서필전).

32) 당시의 호족들과는 달리, 지방에 세력 근거를 가지고 있지 않던 발해계의 인물들이 정치적으로 진출할 수 있는 유일한 길은 왕권에의 밀착이 아니었나 생각된다(『고려사』 권123, 유행간전 참조).

33) 『고려사』 권94, 황보유의전 부 장연우전.

34) 『고려사』 권92, 최언위전.

는 것으로 알 수 있다. 이들 귀화 한인漢人들은 최승로가 '비재'로 표현한 인물들에 해당된다고 생각된다. 앞의 사료 A의 마지막 부분에서 최승로가 '비록 중국의 풍속을 중히 하여도 중국의 좋은 법은 취하지 않았고, 중국의 선비를 예우하였다 하여도 중국의 어진 인재는 얻지 못하였습니다'라고 하여, '중국의 선비'는 어진 인재가 아니었다고 한 것으로 미루어 짐작되는 일이다.

지금까지 '후생'의 일부를 이루는 '비재'와 '남북용인'에 대해서 알아보았다. 그 결과 '비재'는 중국으로부터 귀화한 한인들을 지칭했으며, '남북용인'은 중국 유학생들과 발해계의 인물들, 그리고 후백제 계통의 인물들을 가리켰음을 알았다. 이제 '후생'에는 어떠한 의미가 있는가를 구체적으로 알아보기로 하자. 사료 A에서, 최승로는 '후생'을 '구덕'과 대비되는 의미로 사용하였다. 여기에서 '구덕'은 이제까지 고려에서 벼슬해온 인물들을 가리킨 것으로 이해된다. 즉 태조의 공신이거나 태조 이래의 관리들인 것이다.

태조의 공신 가운데는 지방의 대호족들이 포함되어 있었다. 그들은 후삼국전쟁 당시 태조의 일차적인 포섭대상이었다. 태조에게 협력했을 경우, 그들은 곧 태조의 공신이 되었다. 그리고 전략상 요충지에 위치한 호족들도 태조의 포섭대상이었을 것이다.[35] 그들의 향배向背는 태조의 세력권 확대 여부와 밀접한 관계를 맺는 것이기 때문이다. 그리고 경순왕의 귀부歸附와 더불어 고려의 관리가 된 신라의 6두품 출신들도 후삼국의 통일 이후 고려에서 중요한 정치적 역할을 담당하였다. 정치의 실무에 밝은 이들의 등용은 신라계의 회유라는 측면에서도 중요한 의의를 갖는 것이었다. 태조에 의해 원봉성학생元鳳省學生에 임

35) 이태진, 「김치양난의 성격」, 『한국사연구』 17, 1977, 71쪽.

명된 최승로는 그 대표적인 존재라고 할 수 있다.

'구덕'과 대비되는 존재인 '후생'은 광종대 이후 벼슬길에 오른 인물들을 지칭한 것으로 생각된다. 여기에는 우선 후백제 계통의 인물들이 포함되어 있었다. 태조에게 끈질기게 저항한 후백제 계통이 고려에서 벼슬할 수 있는 기회란 어떤 계기가 마련되지 않고서는 불가능했을 것이기 때문이다. 또한 대호족이나 전략상 요충지의 호족이 아닌 지방의 군소호족들의 경우도 마찬가지였다고 생각된다. 물론 그들이 예속되어 있던 대호족이 태조에게 협력했을 경우, 그들이 중앙정부의 관계를 받은 예는 있었다.[36] 그러나 모든 군소호족이 반드시 대호족과 연결되어 있었다고 보기는 어렵다. 설사 연결되어 있었다고 하더라도, 대호족을 통한 중앙정계의 진출보다는 독자적인 실력을 바탕으로 중앙정부와 직접 연결되는 길을 모색했을 가능성이 크다. 따라서 그들의 중앙정계 진출은 광종조 이후에야 비로소 가능했던 것이 아닌가 생각된다. 앞서 살핀 진긍·유방헌 등 광종조에 과거를 통해 진출한 인물들이 그들로서,[37] 최승로가 그들을 '후생'이라고 부른 이유는 그들이 공신계열도, 최승로처럼 오랫동안 고려에 벼슬해온 인물들도 아니었기 때문이다.

그렇다면 광종대에 진출한 '후생'에는 이제까지 검토한 유학자들만이 포함되어 있었을까. 앞의 사료 A만을 보면 그렇게 생각되나, 단언하기는 어렵다. 이에 대해서는 보다 구체적인 검토가 필요할 것이다.

---

36) 예컨대 왕순식의 휘하 장수였던 관경官景은 왕순식이 태조에게 내투한 것을 계기로 대승大丞에 제수되었다(『고려사』 권1, 태조 11년 정월). 관경은 왕순식에게 예속된 군소호족의 일원이었다고 생각된다.

37) 광종대의 '후생'이 주로 군소호족이었음은 김두진이 지적한 바 있다(김두진, 「고려 광종대의 전제왕권과 호족」, 54쪽).

(2) '후생참적'

최승로는 그의 경종평에서

> B. 하물며 광종의 말년에 세상이 어지럽고 참소가 일어나 모든 형벌에 연루된 이는 대부분 죄 없는 사람이었으며, 역대의 훈신숙장이 모두 베임을 면치 못하여 다 죽게 되었습니다. 경종이 왕위에 오름에 미쳐서는 구신舊臣 가운데 남아있는 사람이 40여 명뿐이었습니다. 그때에도 역시 해를 당한 사람이 많이 있었으나, 이는 모두 후생참적後生讒賊들이므로 진실로 애석할 것이 없습니다.

라고 하여, 광종대에는 '훈신숙장'이 죽음을 면하기 어려웠고, 경종대에는 '후생참적'이 화를 당했다고 하였다. 최승로의 말에 따른다면, 광종대의 정치적 지배세력과 경종대의 그것은 크게 달랐던 것이다.

경종은 광종의 아들이었음에도 불구하고 광종의 의심을 받아 목숨을 잃을 뻔했다. 이는 언뜻 이해되지 않는다. 그러나 경종이 '깊은 궁궐 속에서 나서 부인의 손에서 자라난' 인물이었음을 고려하면, 광종의 행동이 모순된 것만은 아니라는 생각이 든다. 경종을 키운 '부인'은 황주의 대호족 출신인 대목왕후大穆王后 황보씨였다. 그녀는 광종의 노비안검奴婢按驗에 반대하여 이의 중지를 요청하였는데,[38] 이러한 행동 배후에 대호족인 황주 황보씨가 도사리고 있었음은 의심의 여지가 없어 보인다. 호족세력을 억제하려 한 광종이 이러한 대목왕후와 그녀의 손에 의해 길러진 경종을 의심했음은 당연하다. 아울러 경종의 즉위 이후 황주 황보씨가 정치적 주도권을 장악했을 것이라는 추측도 자연스러워 진다.

---

38) 『고려사』 권88, 후비전 1 태조 비 대목왕후 황보씨전.

한편 경종은 즉위년 10월에 김부金傅를 상부尙父로 삼았다.[39] 김부는 경종의 비인 헌숙왕후獻肅王后 김씨의 부父였다.[40] 따라서 경종이 김부를 상부에 봉封한 것은 그가 왕비의 아버지였기 때문이었다고 해석할 수 있다. 그러나 김부가 신라의 경순왕이었음을 고려하면, 김부를 상부에 봉한 것을 경주세력의 대두라는 보다 넓은 관점에서 이해해도 무리는 없을 것이다.

경주세력의 대두는 다음의 사료에서도 엿볼 수 있다.

> 집정執政 왕선王詵을 외방外方에 추방하였다. 왕이 일찍이 전왕 때 참소를 당한 사람의 자손에게 복수하는 것을 허락하자 드디어 서로 함부로 죽여 다시 원한이 가득 차게 되었다. 이에 이르러 왕선이 복수를 핑계 삼아 태조의 아들 천안부원랑군天安府院郎君을 살해하니 왕선을 귀양보내고, 함부로 죽이고 복수하는 것을 금하였다(『고려사』 권2, 경종 원년 11월).

복수를 빙자하여 태조의 아들 천안부원랑군을 살해한 집정 왕선을 추방했다는 것이다. 집정이라는 표현으로 미루어 왕선은 당시 최고의 정치적 실력자였던 것 같다.[41] 복수가 허락된 상황에서, 비록 천안부원랑군이 태조의 아들이라고 하지만, 그를 살해했다는 이유만으로 당대 최고의 실력자가 실각되었다는 데는 의문이 따른다.

천안부원랑군은 『고려사』 종실전宗室傳에 입전되어 있지 않다. 다만 태조의 후비 가운데 천안부원부인이 있었다. 그런데 그녀는

---

39) 『고려사』 권2, 경종 즉위년 10월

40) 『고려사』 권88, 후비전 1 경종 비 헌숙왕후 김씨전.

41) 이태진, 「고려 재부의 성립」, 『역사학보』 56(1972), 17쪽.

> 천안부원부인 임씨林氏는 경주인으로 태수太守 언彦의 딸이었다. 효성태자孝成太子 림주琳珠와 효지태자孝祗太子를 낳았다(『고려사』 권88, 후비전 1 태조비).

고 하였듯이, 두 아들을 낳았다. 그 가운데 한 사람이 천안부원랑군이 아닌가 생각되는데, 그의 외조가 경주인 태수 임언이었다. 그렇다면 왕선의 추방은 천안부원랑군의 외조세력인 경주계에 의해서 이루어진 것이 아닌가 의심된다.

경종대의 정치를 경주계가 주도했음은 당시 최승로의 활동을 통해서도 짐작되는 일이다. 강주康州 지곡사智谷寺 진관선사비眞觀禪師碑에는[42]

> 이 때 정광 한림학사 최승로가 여러 대에 걸쳐 문장을 담당하였으므로, (다음과 같은) 임금의 명을 받았다. "대개 유명幽明을 출척黜陟함은 왕의 뜻을 세우는 것이며, 붓을 들어 글을 올리는 것은 재주 있는 자의 글로부터 시작되는 것이다. (중략) 네가 아는 인물을 천거하면 반드시 적절한 사람을 얻을 것이다"라고 하였다. 최자崔子가 절하고 답하기를 "민천閩天에 옷을 떨친 자로 왕융王融이라는 이가 있는데, 그는 지난해에 연곡산鷰谷山 현각선사비송玄覺禪師碑頌을 초하였습니다. 비록 문학이 충분하지 못하나, 또한 심력이 게으르지 않으니 두루 시험해 보면 반드시 좋은 문장을 올릴 것입니다" 하였다(이 비문의 번역은 한국역사연구회편, 『역주 라말여초금석문』 하, 혜안, 1996, 436-437쪽을 참고하였음).

고 되어 있다. 경종으로부터 진관선사비문의 제찬制撰을 위촉받은 정광·한림학사 최승로는 왕융에게 이를 사양하면서 왕융을 '민천에 옷을 떨친 자'라고 표현하였다.[43] 이 비문은 경종 6년 왕융에 의해 쓰여

42) 이 비문은 일찍이 허흥식에 의해 소개된 바 있다(허흥식 편, 『한국중세사회사자료집』, 아세아문화사, 1972, 75-87쪽).

43) 이기동은 이 민천閩川을 남중국인 복건성 북부를 흐르는 민강閩江으로 비정하여

졌다. 광종조에 지공거를 네 번이나 역임한 바 있는 왕융을 최승로가 경종에게 천거한 것이나, 왕융이 최승로를 '최자'라고 높여 부른 사실은 최승로의 정치적 지위를 짐작케 해준다. 최승로는 경종대 정치적 실력자의 한 사람이었음이 분명하다.

이제까지의 검토로 경종대 정치적 지배세력이 황주 황보씨와 경주계였음을 확인하였다. 그렇다면 앞의 사료 B에 보이는 경종대에 화를 당한 '후생참적'은 어떠한 인물들이었을까. 우리는 앞에서 광종대의 과거합격자들을 분석한 결과 그들 대부분은 경종대 이후에도 화를 당하지 않고 활동을 계속했음을 알 수 있었다. 따라서 광종대의 과거합격자들을 '후생참적'으로 이해하기는 어렵다. 물론 과거합격자에 대한 분석 자체가 완전한 것은 아니었다. 전체 진사과 급제자 27인 가운데 9인에 대한 분석에 지나지 않았기 때문이다. 나머지 18인이 '후생참적'에 포함되었을 가능성을 배제하기 어렵다. 그러나 부족한 사료이기는 하지만, 광종의 정치에 중요한 역할을 담당했던 것으로 믿어지는 서희·김책 등이 경종조에 화를 당하지 않았던 것을 보면, 위의 추측이 크게 빗나간 것만은 아닐 성싶다.

'후생참적'이 누구였는가를 알아보기 위해서는 광종대에 지공거를 지냄으로써 광종의 개혁정치에 깊이 관여했을 것으로 생각되는 인물이나 광종의 배향공신도 검토해 보아야 할 것이다. 우선 광종대에 지공거를 역임한 인물로는 쌍기·조익·왕융 등이 있었다. 조익에 관해서는 별다른 기록이 눈에 띄지 않아 경종대 이후 그의 행적은 알 수

그를 오월국 출신이 아닌가 추측했으며(이기동, 「라말여초 근시기구와 문한기구의 확장」, 『역사학보』 77, 1978; 『신라골품제사회와 화랑도』, 일조각, 1984, 272쪽), 허흥식은 왕융이 남중국에서 수학했거나 혹은 거기에서 활동했음을 시사한다고 했다(허흥식 편, 『한국중세사회사자료집』, 81쪽).

없다. 왕융은 성종대에도 지공거를 역임하고 벼슬이 평장사에 이르렀다.[44] 한편 쌍기에 대해 『고려사』에는 '사일史逸'이라고 하여, 광종대 지공거를 역임한 이후의 행적은 기록되어 있지 않다.[45] 그러나 『고려사』의 열전에 입전된 그가 경종대에 살해되었다면, 언급이 없을 것 같지 않다. 그는 경종조 이전에 이미 제거되었던 것이 아닌가 여겨진다.

광종의 배향공신으로는 서필과 유신성劉新城이 있다.[46] 서필은 광종 16년에 졸卒했기에[47] 여기서는 논의의 대상이 되지 않는다. 유신성에 대해서는

> 유진劉瑨은 충주 대원현인大原縣人인데, 후비后妃의 성이 유씨劉氏인 자는 모두 그 종宗으로부터 나왔으므로 대대로 척리戚里가 되었다. 사람됨이 청렴결백하고 풍채가 훌륭했다. 광종 말에 처음으로 벼슬하여 내승지가 되었고, 목종조에 여러 번 옮겨 이부상서·참지정사가 되었다(『고려사』 권94, 유진전).

고 한, 유진에 대한 기록이 참고될 것이다. 유신성은 유진과 같은 충주유씨로 이해되는데, 유진이 목종조에 참지정사에 오른 것을 보면, 유신성도 경종조에 화를 당했다고는 생각되지 않는다. 결국 광종대에 지공거를 역임한 인물이나 광종의 배향공신은 '후생참적'에 포함되지 않았다.

'후생참적'의 '참적讒賊'은 일반적으로 '참소하는 적', 즉 '거짓말로 남을 모함하는 자'라는 의미로 해석된다. 그런데 諸橋轍次의 『大漢和辭

---

44) 『고려사』 권3, 성종 16년 10월 戊午.

45) 『고려사』 권93, 쌍기전.

46) 『고려사』 권60, 예지 2 체협공신배향어정.

47) 『고려사』 권2, 광종 16년 7월 丙午.

典』에 의하면 '참적'은 '참적구융讒賊寇戎'에서 비롯된 것이라 한다. 즉 '참적'은 '선량한 사람을 해치는 나쁜 자'로서 나쁜 무리들을 총칭하는 의미로 보다 광범위하게 사용되고 있음을 알 수 있다. 따라서 '후생참적'이 누구인가를 알기 위해서는 '참적'이 이러한 의미를 가지고 있음을 염두에 두면서 광종대의 정치에 주목해 볼 필요가 있다. 그 가운데 특히 우리의 관심을 끄는 것은 노비안검의 실시이다. 광종의 노비안검에 대해 최승로는 그의 시무책 제 22 조에서 다음과 같이 기술하였다.

> C. 본조本朝의 양인과 천인의 법은 그 유래가 오래되었습니다. 우리 성조聖祖(태조)께서 창업한 초기에 그 신하로서 본래 노비를 가졌던 사람을 제외하고, 원래 노비가 없던 자들은 혹은 종군하여 포로를 얻기도 하고 혹은 돈으로 사서 노비로 삼았던 것입니다. 성조께서는 일찍이 포로를 석방하여 양인으로 삼고자 하였으나 공신들의 뜻을 동요시킬까 염려하여 편의에 따르도록 허용하였는데, 60여 년에 이르도록 공소控訴하는 사람이 없습니다. 광종에 이르러서 비로소 노비를 안검하여 그 시비를 분별하게 하니 이에 공신 등이 원망하지 않은 자가 없었는데도 간하는 자는 없었습니다.

노비안검을 실시하자 모든 공신들이 원망하였으나, 감히 간하는 자는 없었다는 것이다. 따라서 안검의 대상이 된 노비는 공신들이 보유한 노비였다. 궁금한 것은 광종은 왜 공신들의 반대에도 불구하고 그들의 노비를 안검했는가 하는 점인데, 이는 공신들이 보유한 노비가 어떠한 자들이었는가를 알면 해결될 수 있는 문제이다. 공신들이 보유한 노비의 대부분은 원래 그들이 전쟁터에 얻은 포로들이었다. 이들 전쟁에서 얻은 포로는 군인이었다. 따라서 이들은 공신들의 노비가 된 후에도 생산 활동에 종사하기보다는 공신의 사병으로 이용될 가능성이 큰 존재들이었다. 공신들 대부분이 사병을 보유하고 있었던 고려 초의 상황을[48] 고려하면, 왕권강화를 위해서는 이러한 사병의 제거가 선행되었어야 했을 것이다.

공신의 사병을 제거하는데 유학자들이 어떠한 역할을 수행했는가는 알 수 없다. 그러나 유학자들보다는 다른 세력에 의해 공신의 사병 제거는 추진되었다고 이해하는 것이 순조로워 보인다. 이와 관련하여 최승로의 시무책 제 3 조에 보이는 다음의 기록은 참고된다.

> D. 우리 조정의 시위 군졸은 태조 때에는 다만 궁성을 숙위하는 데 충당될 뿐이어서, 그 수가 많지 않았습니다. (그런데) 광종이 참소를 믿고 장상將相을 죽이고 벌줌에 미쳐서는 스스로 의혹이 생겨 군인의 수를 더욱 늘려 주군에서 풍채風彩있는 자를 뽑아 들여 시위하게 하고, 모두 내주內廚에서 먹게 하니 당시의 의논이 번거롭기만 하고 이로울 것은 없었다고들 하였습니다. 경종 때에 비록 조금 감하고 덜었으나 지금에 이르러서도 그 수가 아직 많습니다. 엎드려 바라건대 태조의 법을 따라 다만 날래고 용맹스런 자만 남겨두고 나머지는 모두 그만 두게 하여 돌려보내면 사람들의 원망이 없어지고 나라에는 저축이 있게 될 것입니다.

광종은 자신이 장상을 죽인데 따른 불안을 해소하기 위해 시위군을 증강했다는 것이다. 그런데 앞서 인용한 사료 B에는

> 하물며 광종의 말년에 세상이 어지럽고 참소가 일어나 모든 형벌에 연루된 이는 대부분 죄 없는 사람이었으며, 역대의 훈신숙장이 모두 베임을 면치 못하여 다 죽게 되었습니다.

라고 하여, '훈신숙장'이 화를 당한 것이 광종 말년이라고 하였다. 여

48) 이기백, 「고려경군고」, 『고려병제사연구』, 일조각, 1969, 57쪽.

기의 '훈신숙장'이 앞 사료 D의 '장상'과 동일한 존재임은 두말할 나위가 없으므로, 시위군의 증강은 광종 말년 이후의 사실이 된다. 그러나 이는 논리적으로 설득력이 있어 보이지 않는다. 시위군의 증강이 선행되었고, 이를 바탕으로 공신의 숙청 작업이 단행되었다고 이해하는 것이 보다 타당할 것이다.

앞의 D에는 '태조의 (시위군은) 궁성의 숙위에만 충당되었다'고 했는데, 이는 광종대의 시위군이 궁성숙위 이외의 임무까지 수행하고 있었음을 시사한다.[49] 궁성숙위 이외에 그들이 수행한 임무는 무엇이었을까. 광종의 왕권강화를 뒷받침하는 것이었다고 생각된다. 요컨대 광종은 시위군을 이용하여 공신이 보유한 사병을 제거했고 나아가 공신을 숙청했다고 이해된다.

광종은 '주현의 풍채있는 자'를 뽑아서 시위케 했다 한다. 여기의 '주현의 풍채있는 자'를 단순히 신체가 건강하다는 의미로만 해석해서는 곤란하다. '주현의 실력있는 자', 즉 호족세력으로 이해하는 것이 보다 합리적일 듯하다. 최승로가 이들을 '시위군졸軍卒'로 표현했음을 들어 여기에 이의를 제기할 수도 있겠다. 그러나 이들이 꼭 후대의 군졸과 같은 의미로 사용했다고는 생각되지 않는다. '시위 군졸'에는 시위군의 지휘관도 포함되어 있었다고 해석하는 것이 순조로워 보인다. 당시에 무신과 일반군인을 확연히 구분해서 표현했는가도 의문이지만, 설사 그렇더라도 유학자인 최승로가 그러한 구분을 염두에 두었을 것 같지는 않다. 시위군의 못마땅한 점을 지적한 최승로였고 보면, 시위군의 지휘관들도 '군졸'로 표현했을 가능성은 커 보인다.

---

49) 하현강, 「호족과 왕권」, 『한국사』 4, 국사편찬위원회, 1974, 146쪽.

사료 D에 따르면, 시위군은 경종조에 줄어들었다. 그 이유에 대해서는 최승로의 언급이 없다. 그러나 그들이 공신 숙청의 선봉에 섰음을 상기하면, 정치세력의 변화가 초래된 경종대에 그들의 후퇴는 당연한 것으로 여겨진다. 따라서 경종대에 화를 당한 '후생참적'은 주로 시위군 계통의 인물들이었다고 생각된다. 그렇게 생각되는 또 하나의 이유는 그들이 성종대에까지 원망의 대상이 되었다는 점이다. 공신들의 사병과 공신의 제거에 앞장 선 그들은 최승로의 입장에서 보면 '참적' 일 수밖에 없었을 것이다.

'후생참적'이 주로 시위군 계통의 인물들이었다면, '후생'의 개념에 대한 정의도 보다 확대되어야 할 것이다. 즉 '후생'에는 유학자들뿐만 아니라 시위군 계통의 인물들도 포함되어야 하는 것이다.

광종이 등용했던 유학자들이 유교적인 소양을 갖춘 호족 출신들이었음을 감안하면, 시위군에서 중요한 역할을 담당했을 '주현의 풍채있는 자'들도 일정한 세력기반을 갖춘 자들이었다고 생각된다. 그들 역시 지방의 호족 출신이었을 것이다. 요컨대 유학을 업業으로 삼지 않았던 지방의 군소호족들은 시위군을 통해 중앙정계에의 진출을 모색했던 것으로 이해된다.

광종대의 시위군은 공신세력의 원망의 대상이었음에도 불구하고, 그들의 일부는 성종대까지 건재하였다. 비록 정치세력이 뒤바뀌었다 하더라도 시위군 자체를 혁파할 수는 없었을 것이다. 소수의 핵심적인 인물들만 제거하면 시위군은 다시 후대 국왕들의 세력기반으로 활용될 수 있는 성질의 것이었다.

(3) '후생'의 진출배경

왕권강화를 위한 광종의 정책은 왕 8년 이후부터 실시된 것으로 이해되어 왔다. 이는 최승로가 '후생이 다투어 나아갔다'고 표현한 시기와 일치된다. 따라서 광종은 '후생'을 등용하여 왕권강화를 위한 정책을 수행해 나갔다고 할 수 있다. 여기서는 새로운 정치세력인 '후생'이 대두하게 된 배경을 검토하려고 한다.

광종은 즉위와 더불어 국초의 공역자들을 포상하였다. 즉

> 대광大匡 박수경朴守卿 등에게 명하여 국초國初의 공역功役이 있는 자를 살펴서 정定하게 하였다. (그리하여) 4역자四役者에게는 미 25석, 3역자에게는 20석, 2역자에게는 15석, 1역자에게는 12석을 내리고 이를 정례定例의 식록食祿으로 삼았다(『고려사』 권2, 광종 즉위년 8월).

고 하여, 공역자의 등급에 따라 쌀을 차등있게 지급하였다. 여기에 보이는 역役의 의미가 무엇인가는 분명치 않으나, 공역자는 대체로 국초의 공신들을 가리키는 것이 아닌가 한다. 광종은 공신들에 대한 일종의 회유책으로 쌀을 지급했다고 이해되는 것이다.

광종은 정종 사후 순조롭게 즉위한 것 같지 않다. 그의 즉위는 왕위계승쟁탈전에서 얻은 승리의 대가였다고 생각된다. 이는 최승로가 '혜종·정종·광종이 왕위를 계승한 초기에 양경의 문·무가 반 이상이 살상되었다'라고 한 것으로 미루어 그러하다. 양경 가운데 하나인 서경은 정종의 세력 근거지였다. 이 지역의 문·무가 살상되었다면, 그것은 광종초의 사실일 수밖에 없는 것이다.[50] 이와 더불어 정종이

50) 위의 논문, 125쪽.

그의 후원자인 왕식렴王式廉이 죽은 후 4개월 만에 27세의 나이로 죽은 것도 광종의 즉위가 순조롭지 않았음을 알려준다. 이처럼 광종은 왕위를 실력에 의해 탈취한 것으로 생각되는 만큼, 그의 공신에 대한 회유는 당연해 보인다.

광종은 혜종조부터 이미 막강한 실력자로 부상하였다. 다음을 보자.

> 혜종 2년 왕규王規가 왕의 아우 요堯 및 소昭가 역모를 꾸미고 있다고 참소하므로 혜종이 딸로써 소의 처를 삼아 그 세력을 강하게 하였다(『고려사』 권88, 후비전 1 광종비 경화궁부인임씨전).

이보다 자세한 설명은 『고려사』 127 왕규전에 실려 있다. 요와 소가 역모를 꾸미고 있다는 왕규의 참소에 접한 혜종은, 이를 왕규가 요와 소를 해치려는 음모로 판단하고, 자신의 딸을 소의 처로 삼아 그 세력을 강하게 했다는 것이다. 이러한 설명은 논리적이지 않아 적지 않은 의문을 내포하고 있는데, 여기에서 이를 일일이 거론할 여유는 없다. 다만 분명한 것은 소昭, 즉 광종은 혜종조에 이미 왕권에 도전한 인물로 지목될 정도로 강한 세력을 형성하고 있었다는 사실이다. 혜종이 그의 딸을 광종의 처로 삼은 것도 그를 회유하기 위함이었다고 생각된다. 따라서 광종의 즉위는 혜종조부터 이미 예정되어 있었다고 할 수 있다.[51]

왕위에 오른 광종은 그의 즉위년에 광덕光德이라는 연호를 사용하였다.[52] 광종의 연호 제정은 불안한 왕권에 대한 위장책이 아닌가 생각

---

51) 그러나 광종의 세력기반에 대해서는 구체적으로 알 수 없다.

52) 『고려사』에는 광종 원년에 광덕光德이라는 연호를 사용했다 한다(『고려사』 권2, 광종 원년). 그러나 곡성 태안사太安寺 광자대사비廣慈大師碑에는 '光德二年歲次

되기도 한다. 그러나 이제까지 끊임없이 왕권을 위협하던 공신세력을 어느 정도 제어할 수 있는 안정된 상태에서 연호는 사용되었다고 보는 것이 보다 타당해 보인다. 그는 연호 사용을 통해 국왕의 위엄을 내외에 과시하고자 했던 것이다.

최승로는 그의 광종에 대한 평에서, 광종 8년까지의 정치는 '정교正敎가 청평淸平하고' '형상刑賞이 남발되지 않아서' 가히 삼대三代에 견줄 만한 것이었다'고 극찬하였다. 최승로의 이러한 칭찬은 광종이 왕권을 안정시킨 사실을 높이 평가한 것으로 이해된다. 태조에서 성종에 이르는 동안 고려왕조를 섬겨온 최승로는 누구보다 왕권의 안정을 바라고 있었다. 그가 연약했다고 혜종을 비난한 점이나, '사직의 안정'을 그의 상서문에서 여러 차례 강조한 것으로 알 수 있는 일이다. 왕권의 안정은 곧 자신의 지위 안정과 직결되는 것이었기 때문이다. 한편 최승로에 의하면, 광종은 '권귀에 아부하지 않고 항시 호강豪强을 억제했다'고 하는데, 이 역시 안정된 왕권의 배경 없이는 불가능했을 것이다.

왕권의 안정은 지방통제에 눈을 돌릴 수 있는 여유를 제공해 주었다. 광종은 즉위와 더불어

> 원보元甫 식회式會와 원윤元尹 신강信康 등에게 명해서 주현의 세공액歲貢額을 정하게 하였다(『고려사』 권78, 식화지 1 전제 공부).

고 한다. 세공액의 의미나 실시 범위 등에 관해서는 구체적으로 알 수 없으나, 이러한 조치가 지방통제의 일부로서 국가 조세수입의 확대를

庚戌'이라고 하여, 광종 원년 경술년을 광덕 2년으로 기록하였다. 이에 따르면 광덕이라는 연호는 광종 즉위년부터 사용했음을 알 수 있다. 『고려사』와 광자대사비의 기록이 이처럼 다른 것은 『고려사』의 편찬자들이 유년칭원법踰年稱元法을 따랐기 때문으로 이해된다.

가져왔다는 점은 지적되어도 좋을 것이다. 최승로가 광종을 평하여

> 궁실은 반드시 제도를 넘고, 의복과 음식은 반드시 극히 진귀하고 고운 것을 사용하며, 토목의 공사는 때를 가리지 않고, 공예품의 제작은 휴일이 없으니, 대략 계산하여도 보통 때 1년의 경비가 족히 태조 때 10년의 경비가 될 것입니다.

라 한 것도 조세수입의 확대와 연결 지어 이해할 수 있다.

정치적인 안정과 함께 행해진 지방에 대한 통제는 지방호족들이 고려왕조에서 벼슬하는 계기를 마련했을 것이다. 지방의 호족으로 남아 있기보다는 중앙정계에 진출하여 출세를 도모하는 것이 바람직하다는 사실을 그들이 몰랐을 리 없다. 그들 가운데 일부는 과거를 통해 진출하거나 시위부대의 구성원이 되기도 했던 것이다. 결국 '후생'들은 그들이 등용될 수 있는 여건의 성숙에 응하여 그들 스스로의 진로를 개척해나갔다고 할 수 있다.

3. '후생'과 경종 원년 전시과

경종 원년에 처음으로 제정된 '직산관각품전시과職散官各品田柴科'는 관품官品의 고저高低를 논하지 않고 다만 인품人品에 의해 정했다고 한다.[53] 『고려사』 식화지 전제 전시과조에 있는 그 내용을 도시하면 〈표 2〉와 같다.

---

53) 경종 원년의 전시과를 다룬 논문으로는 전기웅, 「고려 경종대의 정치구조와 시정전시과의 성립기반」, 『진단학보』 59, 1985가 있다.

〈표 2〉 경종 원년 시정전시과

紫衫			문반									잡업									무반		
			丹衫			緋衫			綠衫			丹衫			緋衫			綠衫			丹衫		
品位	田	柴	품위	전	시	품위	전	시	품위	전	시	품위	전	시	품위	전	시	품위	전	시	품위	전	시
1	110	110																					
2	105	105																					
3	100	100																					
4	95	95																					
5	90	90																					
6	85	85																					
7	80	80																					
8	75	75																					
9	70	70																					
10	65	65	1	65	55							1	60	55							1	65	55
11	60	60	2	60	50							2	(	)							2	60	50
12	55	55	3	55	45							3	55	45							3	55	45
13	50	50	4	50	42	1	50	40				4	50	42	1	(	)				4	50	42
14	45	45	5	45	39	2	45	35	1	45	35	5	45	39	2	45	35	1	(	)	5	45	39
15	42	40	6	42	30	3	42	30	2	42	33	6	42	30	3	42	30	2	42	32			
16	39	35	7	39	27	4	39	27	3	39	21	7	39	27	4	39	27	3	39	31			
17	36	30	8	36	24	5	36	20	4	36	28	8	36	24	5	36	20	4	36	28			
18	32	25	9	33	21	6	33	18	5	32	25	9	33	21	6	33	18	5	33	25			
			10	30	18	7	30	15	6	30	22	10	30	18	7	30	15	6	30	22			
						8	27	14	7	27	19				8	27	14	7	27	19			
									8	25	16							8	25	16			
									9	23	13							9	22	13			
									10	21	10							10	21	10			

아무런 구체적인 기술 없이 저자가 도표화한 이것이 경종 전시과에 대한 설명의 전부이다. 따라서 우리는 이 표에 의거하여 논리를 전개해 나갈 수밖에 없다.

〈표 2〉에 보이는 자삼·단삼·비삼·녹삼의 구분은 광종 11년의 공복公服제정에 이미 나타난다. '존비尊卑 상하上下의 등급에 따르는 위엄을 분명히 할' 목적으로 제정된 공복제의 내용은 다음과 같다.

> 원윤元尹 이상은 자삼紫衫, 중단경中壇卿 이상은 단삼丹衫, 도항경都航卿 이상은 비삼緋衫, 소주부小主簿 이상은 녹삼綠衫을 입는다(『고려사』 권72, 여복지 1 관복 공복).

여기의 원윤은 국초國初의 관계로서[54] 16등급 가운데 10번째에 속했다(표 3 참조). 한편 중단경·도항경·소주부는 관직으로 이해된다.[55] 따라서 백관공복제는 서로 다른 기준을 가진 관계와 관직을 하나의 체계 속에 포함시킨 것이라고 말할 수 있다.

〈표 3〉 고려 초의 관계

품 계	순 위	관 계 명	품계	순 위	관 계 명
1품	①	三中大匡	5품	⑨	正　甫
	②	重大匡	6품	⑩	元　尹
2품	③	大　匡		⑪	佐　尹
	④	正　匡	7품	⑫	正　朝
3품	⑤	大　丞		⑬	正　位
	⑥	佐　丞	8품	⑭	甫　尹
4품	⑦	大　相	9품	⑮	軍　尹
	⑧	元　甫		⑯	中　尹

*위 표의 작성은 『고려사』 권75, 선거지 3 향직에 의거한 것임.

---

54) 武田幸男, 「高麗時代の郷職」, 『東洋學報』 47의 2, 1964, 192쪽.

55) 末松保和, 「高麗初期の兩班について」, 『東洋學報』 36-2, 1953; 『青丘史草』 1, 笠井出版社, 1965, 150쪽.

광종대의 백관공복제에 관계와 관직이 혼용된 이유는 무엇인가. 우선 생각되는 것은 자삼계층을 제외한 단삼·비삼·녹삼층은 관계를 받지 못했기에 관직으로 구분한 것이 아니었나 하는 점이다. 그러나 원윤이 관계의 맨 마지막이 아닌, 10번 째 위계였다는 점을 고려하면 이러한 설명은 설득력이 없다. 원윤 이하 중윤에 이르는 관계를 받은 인물들이 제외된 이유를 설명하기 어렵기 때문이다. 그렇다면 원윤 이하의 관계를 받은 인물들에게는 관계보다 관직이 중시되었기에 관직으로 구분한 것이 아니었나 하는 생각이 자연스럽게 떠오른다. 즉, 단삼 이하의 계층도 관계를 받기는 했으나, 관계의 상하를 무시하고 관직의 고저에 따라 단삼·비삼·녹삼으로 구분하지 않았을까 하는 점이다. 비록 가설이기는 하지만 이를 반박할만한 근거를 현재로서는 제시하기 어려울 것 같다. 따라서 광종조의 공복제는 관직의 중요성이 크게 반영된 것으로 이해해도 큰 무리는 없어 보인다.

〈표 2〉에서 볼 수 있는 바와 같이 경종 전시과의 자삼은 문·잡·무 어느 반에도 속하지 않았을 뿐 아니라 전시田柴의 지급액에 있어서도 다른 계층을 능가하고 있었음이 주목된다. 자삼은 광종대의 백관공복제에서 원윤 이상의 계층에게 주어진 옷 색깔이었다. 따라서 경종 원년 전시과의 문·잡·무반에 자삼이 보이지 않는 것은, 원윤 이상의 관계를 받은 인물은 문·잡·무 어느 반에도 포함되지 않았음을 의미한다 하겠다.

단삼·비삼·녹삼이 관직에 의한 구분이었음은 앞에서 언급한 바 있다. 그렇다면 경종 원년 전시과의 문·잡·무반에 포함된 인물들은 모두 관직을 제수받았을 것이다. 그러나 관직을 받은 인물이라 하더라도 원윤 이상의 관계를 가진 사람은 여기에서 제외되어 자삼층에 포함되어졌다고 생각된다. 예컨대 경종 즉위년에 집정執政이던 왕선이나[56] 왕선의 뒤를 이어 좌·우집정이 된 순질荀質·신질申質 등이[57] 문반에 속했으리라고는 생각되지 않는 것이다. 물론 이들의 관계는 알 수가 없다. 그러나 당시의 정치적 실력자였음이 분명한 이들이 원윤 이하의 관계를 받았을 까닭도 없고, 또한 문반에 속해 자삼 계층보다 낮은 경제적 대우를 받았을 것으로도 생각되지 않는다. 광평성廣評省의 장관인 광평시중이나 내의성內議省의 장관인 내의성령 등의 경우도 마찬가지였을 것이다. 후대의 개념으로 파악하면 이들이 문반인 것이 분명하지만, 경종 원년 전시과에서는 문반에 속하지 않았음이 확실한 것이다. 따라서 단삼 이하에는 원윤 이하의 관계를 가지고 관직을 받은 인물들이 포함되어 있었던 것으로 이해된다. 궁금한 것은 왜 원윤이 구분의 기준이 되었는가 하는 점인데, 현재 이를 밝힐만한 기록을 발견할 수 없는 점이 아쉽다.

단삼·비삼·녹삼은, 광종대의 공복제도에 의하면, 자삼보다 낮은 계층이었다. 그러함에도 불구하고 이들의 제 1위는 경종 전시과의 토지지급액에 있어서는 자삼의 제 10위와 동일하다. 즉, 논리적으로는 문반 단삼의 제 1품이 받는 전시의 지급액은 자삼의 18품보다 적어야 할 것인데, 실제로는 그렇지 않은 것이다. 비록 원윤 이하의 관계를 받았다고 하더라도 관직이 높으면, 원윤보다 높은 대우를 받았음을 알 수 있다. 경종 원년 전시과에서는 관계보다 관직이 중요시되었던 것이다.

낮은 관계를 받은 자가 높은 관직을 차지했다는 것은, 다음의 사료

---

56) 『고려사』 권2, 경종 원년.

57) 위와 같음.

를 대하면 언뜻 이해되지 않는다.

E-①. (광종 9년) 통직랑通直郎・정위正衛・한림학사翰林學士・사단어대賜丹魚袋 김정언金廷彦(『조선금석총람』 상, 189쪽 옥룡사동진대사보운탑비).
E-②. (광종 26년) 광록대부光祿大夫・대승大丞・한림학사翰林學士・내봉령內奉令・전예부사前禮部使・참지정사參知政事・감수국사監修國史 김정언金廷彦(『조선금석총람』 상, 207쪽 고달사원종대사혜진탑비).

광종 9년에 정위正衛(位)로서 한림학사였던 김정언은 예부사・참지정사・감수국사・내봉령을 역임하는 가운데, 광종 26년에는 관계도 대승으로 올랐다. 즉 관직의 승진에 따라서 관계도 상위의 것을 받았던 것이다. 그렇다면, 관직의 고저는 반드시 관계의 상하와 일치하는가. 참고로 금석문 등에 보이는 광종대의 관직과 관계와의 관계를 도시하면 〈표 4〉와 같다.

표 4를 통해서 알 수 있듯이 내봉령에는 대승大丞이나 대상大相의 관계를 가진 인물이 임명되었다. 또한 대승・대상・정위의 관계를 가진 인물들은 모두 한림학사에 임명될 수 있었다. 요컨대 관직의 고저가 관계의 상하와 반드시 일치하는 것은 아니었던 것이다.

위 표에 의하면, 광평시랑・군부경・병부경 등 차관급에 해당하는 인물들이 원윤 이하의 관계를 받았다. 그들의 관계가 비록 낮았다 하더라도, 관직 없이 관계만을 수여받은 인물들보다 열악한 경제적 대우를 받았다고 보기는 어렵다. 또한 정조正朝의 관계를 받고 광평시랑에 임명된 인물이 지방의 당대등堂大等으로서 정조의 관계를 받은 인물과[58] 동일한 대우를 받았으리라고는 더욱이 생각할 수 없다. 원윤 이

58) 용두사당간기는 청주의 호족 김희일金希一이 당대등堂大等으로서 정조正朝의 관계

〈**표 4**〉 고려 광종대의 관계와 관직의 비교

관 계	관 직	典 據
三重大匡		
重大匡		
大匡		
正匡		
大丞	內奉令, 翰林學士, 禮部使, 參知政事	高達寺元宗大師惠眞塔碑
佐丞		
大相	翰林學士, 兵部令, 禮賓卿, 元奉省令, 侍中, 內奉省令	鳳巖寺靜眞大師圓悟塔碑, 大安寺廣慈大師碑
元甫		
正甫		
元尹	殿中監	鳳巖寺靜眞大師圓悟塔碑
佐尹	廣評侍郎, 軍部卿, 內議承旨舍人	鳳巖寺靜眞大師圓悟塔碑 高達寺元宗大師惠眞塔碑
正朝		
正衛	守兵部卿, 翰林學士	鳳巖寺靜眞大師圓悟塔碑 玉龍寺洞眞大師寶雲塔碑
甫尹		
軍尹		
中尹		

하의 관계를 가지고 있으면서 관직을 차지하지 못한 인물들은 경종 원년의 전시과에서 혜택을 받지 못했던 것으로 생각된다.

국초의 관계는 관직과는 무관하게, 국가의 통치 질서를 유지하기 위한 하나의 방편으로 주어지는 경우가 일반적이었다.[59] 즉 중앙의 행정실무에 직접 종사하지 않은 인물이라도 그들의 세력이나 고려왕

를 받았음을 알려준다(『조선금석총람』 상, 194쪽 용두사당간기).

59) 武田幸男, 「高麗初期の官階」, 『朝鮮學報』 41, 1966, 31쪽.

조에의 협력 여하에 따라 각각 다른 등급의 관계를 받았던 것이다. 따라서 고위 관계를 받은 인물들은 주로 공신들이거나 대호족이었다.[60] 이로 미루어 보면, 백관공복 제정 이전의 원윤 이상 고위관계는 주로 그들이 독차지했을 가능성이 크다. 물론 공신이 아니더라도 관리로 출세하여 관계를 높여간 인물들도 있었을 것이다. 그러나 공신 계열이 아니고서는 관직에 진출하기 어려웠던 것이 광종대 이전의 상황이었음을 고려하면, 이러한 예외는 극히 드물었다고 생각된다. 요컨대 공신 계열이 아닌 지방의 호족들은 관계를 제수받지 못했을 것이며, 벼슬한 이후 관계를 받았다 하더라도 고위 관계는 아니었을 것이다.

비공신계열의 관도官途 진출은 광종대에 활발히 추진되었다. 최승로가 말한 '후생'이 그들이었다. 그들은 비교적 낮은 관계로 관도에 진출했거나 관계조차 받지 못했을지라도 광종대 그들의 정치적 중요성은 컸던 것 같다. 최승로가 '후생'의 진출을 평하여 '차례를 뛰어 빨리 승진하여 한 해를 채우지 않고 문득 경상卿相이 되었습니다'라고 한 것으로도 알 수 있는 일이다. 아울러 경종 원년 전시과의 자삼·비삼·녹삼이 높은 경제적 대우를 받았던 것도 '후생'들의 역할이 컸음을 반영하는 것으로 여겨진다. 요컨대 경종 원년 전시과의 문·무반에는 주로 광종대에 진출한 '후생'들이 주축을 이루고 있었다고 이해되는 것이다.[61]

그렇다면 경종 원년 전시과의 잡업에 속한 인물들은 누구였을까.

60) 예컨대 명주 왕순식의 관계는 대광이었다(『고려사』 권2, 태조 19년 9월).

61) 末松保和는 무, 잡, 무반의 구분은 하급관리에만 적용되는 구분이라고 하였는데(末松保和, 「高麗初期の兩班について」, 156쪽), 이는 저자의 견해와 다를 바 없다.

잡업은 전중殿中 · 사천司天 · 연수延壽 · 상선尙膳 등이었다. 경종대 이전에 이 직에 종사했던 인물들을 찾아보면, 최지몽崔知夢 · 한윤필韓潤弼 · 위수여韋壽餘 등이 눈에 띤다. 최지몽은 혜종 2년에 사천관司天官이었으며,[62] 한윤필은 광종 16년에 원윤으로 수전중감守殿中監을 맡았고,[63] 위수여는 광종조에 사선司膳에 있었다.[64] 그런데 이들 가운데 최지몽과 한윤필을 경종 원년 전시과의 잡업에 소속된 인물로 파악하기는 어렵다. 최지몽은 태조의 공신으로 경종 5년에 대광 · 내의령에 제수된 인물이며,[65] 한윤필은 광종 16년에 이미 원윤의 관계를 받은 인물이었기 때문이다.

경종 원년 전시과의 잡업에 속한 인물들과 관련해서 주목되는 것은 광종대의 과거에 잡업이 있었다는 사실이다. 즉 복업 · 의업에서 급제자를 배출했던 것이다. 그 수가 6인에 불과했지만,[66] 잡업 계통이 인물들이 등용되었음을 알려주는 데는 부족함이 없다. 따라서 이들이 경종 원년 전시과에서 잡업 관료로 파악되었던 것이 아닌가 한다.

경종 원년 전시과에서 관리들을 문반 · 잡업 · 무반으로 구분한 것은 국가의 관료체계가 자리잡아가고 있음을 반영하는 것으로 이해된다. 한편 관직을 보유하고 있더라도 원윤 이상의 관계를 받은 인물들이 문 · 잡 · 무반에 속하지 않은 것은, 그들이 행정관료로서의 파악대상에서 제외되었음을 의미한다. 즉 그들의 가지고 있던 애초의 권리를 국가가 그대로 인정한 것으로 이해되는 것이다. 따라서 자삼 계층의

62) 『고려사』 권92, 최지몽전.

63) 봉암사정진대사원오탑비(『조선금석총람』 상, 196쪽).

64) 『고려사』 권94, 위수여전.

65) 『고려사』 권92, 최지몽전.

66) 『고려사』 권73, 선거지 1 과목 1 선장.

존재는 국가의 이들에 대한 통제가 완전하지 못했음을 의미한다.

광종대 제정된 백관공복에서는 자삼·단삼·비삼·녹삼의 차이가 분명했다. '존비 상하에 따르는 위엄을 분명히 하'기 위해 제정된 것이 백관공복이었던 만큼 당연해 보인다. 그런데 경종 원년 전시과에서는 단삼·비삼·녹삼 간의 차이가 크지 않았다. 즉 문반과 잡업의 단삼·비삼·녹삼은 각각 거기에 속한 관리들이 받는 전시액수에 거의 차이가 없었던 것이다. 그 까닭은 무엇일까. 그 구체적인 이유는 알 수 없지만, 백관공복을 제정한 이후 관제가 개혁된 것과 관련이 있지 않았을까 추측될 뿐이다.

백관공복이 제정된 이후 순군부徇軍部가 군부軍部로, 물장성物藏省이 보천寶泉으로, 그리고 내군內軍은 장위부掌衛部로 개칭되었다.[67] 이러한 명칭의 변화는 내용의 변화를 수반했을 것이다. 단순한 명칭만의 변화란 생각할 수 없기 때문이다. 그리고 광종 12년에는 수영궁궐도감修營宮闕都監이 설치되기도 했다.[68] 한편 광종대에 내사령內史令이 처음 나타나는 것이나,[69] 목종대 설치되었다는 참지정사參知政事가 이미 광종대의 금석문에 보이고 있는 점[70] 등은 광종대의 관제개혁이 상당히 대규모적인 것이었음을 암시해 준다. '후생'의 등용은 기존의 관제를 답습할 수 없게 만들었던 것이다.[71]

---

67) 『고려사』 권76, 백관지 1 병조, 위위시, 소부시.

68) 『고려사』 권77, 백관지 2 제사도감각색.

69) 이기백, 「귀족적 정치기구의 성립」, 『한국사』 5, 1975; 『고려 귀족사회의 형성』, 109쪽.

70) 고달사원종대사혜진탑비(『조선금석총람』 상, 207쪽).

71) 이성무도 경종 원년 전시과에 보이는 단삼층 이하는 광종조 이후 새로운 관료제의 수립을 반영한 것으로 이해하였다(이성무, 『조선초기양반연구』, 일조각, 1980, 5-6쪽).

관제가 고쳐지면, 관부의 중요성이나 그 구성원의 지위도 변화를 초래하기 마련이다. 비록 경종 원년의 전시과에 보이는 단삼·비삼·녹삼의 구분이 광종대 공복제정 당시의 구분을 그대로 따른 것이라고 하더라도, 그러한 차이가 경종대에도 그대로 유지되리라는 보장은 없는 것이다. 즉 광종대 단삼·비삼·녹삼에 속한 관리들 간의 서열이 경종대에 그대로 지켜지지 않았기 때문에, 경종 원년의 전시과에서 관리들이 받는 지급액은 단삼·비삼·녹삼 간에 큰 차이가 나지 않았던 것이다.

경종 원년 전시과에는 문반·잡업과는 달리 무반에는 단삼만이 보일뿐, 비삼·녹삼의 구분은 없다. 그 구체적인 이유는 알 수 없으나 단삼·비삼·녹삼의 구분이 관직에 의한 것이었음을 고려하면, 당시의 무반은 문반이나 잡업처럼 관직의 세분화가 이루어지지 못했기 때문으로 생각된다.

경종 원년의 전시과는 '후생'의 세력이 일단 꺾이고, 공신 계열이 다시 정치적 주도권을 장악한 이후에 제정된 것이었다. 그러함에도 불구하고 후생에 대한 경제적 처우는 소홀하지 않았다. 이는 '후생'이 고려왕조를 지탱하는 세력으로 성장한 때문이었을 것이다. 즉 그들을 기반으로 고려의 관료체제가 자리를 잡아갔다. 결국 '후생'이 경종 원년의 전시과에 의해 경제적 처우를 보장받았다는 것은, 광종대에 진출한 유학자 계통의 인물들과 시위군이 그 이후에도 존속했음을 알려준다.

물론 정치적 주도권을 장악한 공신 계열에 대한 경제적인 뒷받침도 마련되었다. 경종 2년에 제정된 훈전勳田이 그것이었다. 훈전은

> 개국공신 및 향의귀순성주向義歸順城主 등에게 150결에서부터 20결에 이르기까지 훈전을 차등있게 지급하였다(『고려사』 권78, 식화지 1 공음전시 경종 2년 3월).

라 하였듯이, 개국공신과 귀순한 성주 등에게 별도로 주어진 토지였던 것이다.

4. 맺는말

지금까지 저자는 고려 초, 특히 광종대 정치세력의 변화에 대하여 살펴보고, 이를 토대로 경종 원년의 시정전시과를 이해해 보려고 하였다. 여기에서 얻어진 결론은 대략 다음과 같다.

최승로가 '후생'이라고 부른, 광종대에 등장한 새로운 세력에는 과거에 합격한 유학자들뿐 아니라, 시위군과 잡업 계통의 인물들도 포함되어 있었다. 그들은 광종의 왕권강화와 더불어 관도에 진출한 군소호족이 대부분이었다. 광종의 왕권강화책은 공신세력에 대한 견제를 전제로 하는 것이었으므로, 여기에 부응할 수 있는 인물들은 비공신 계열의 군소호족이었던 것이다.

새로운 관료세력의 진출은 관제의 개편을 요구하였다. 기존의 관제만으로는 그들을 포용할 수 없었기 때문이다. 경종 원년 전시과에 보이는 문반・잡업・무반은 바로 이러한 변화를 반영하는 것이었다. 문반・잡업・무반과는 달리 자삼 계층이 별도로 존재한 것은 공신 계열의 관료화가 추진되지 못한 때문이었다.

제2장 서희와 성종대의 정치적 지배세력

1. 머리말

고려 성종대는 경종의 비妃 두 사람이 각기 다른 인물들과 간통한 사건이 발생하였다. 천추태후千秋太后로 불리어진 헌애왕후獻哀王后 황보씨皇甫氏와 헌정왕후獻貞王后 황보씨皇甫氏가 그 장본인들이었다.[1)] 다음의 기록들이 그러한 사실을 알려준다.

A. 김치양金致陽은 동주인同州人으로 천추태후 황보씨의 외족外族인데, 성품이 간교하고 음경이 능히 수레바퀴를 걸만큼 강하였다. 일찍이 거짓 삭발하고 천추궁에 출입하여 추한 소문이 있었으므로 성종이 이를 알고 먼 곳에 유배하였다(『고려사』 권127, 김치양전).

B. 안종安宗 욱郁은 집이 왕륜사의 남쪽에 있어서 경종 비 황보씨의 사제와 가까웠다. 경종이 훙하자 비는 그 사제에 나가 살았는데 욱이 드디어

---

1) 이들은 모두 대종戴宗 욱旭의 딸로써 형제간이었다. 대종 욱은 태조와 신정왕후神靜王后 황보씨皇甫氏의 아들이었는데, 그는 역시 태조의 딸인 선의왕후宣義王后 유씨柳氏와 혼인하여 성종成宗·헌애왕후獻哀王后·헌정왕후獻貞王后를 낳았다. 헌애왕후·헌정왕후는 조모성祖母姓을 취하여 황보씨로 일컬어졌다(하현강, 「고려전기의 왕실혼인」, 『이대사원』 7(1968); 『한국중세사연구』, 일조각, 1988, 138-142쪽. 노명호, 「고려초기 왕실출신의 '항리'세력」, 『고려사의 제문제』, 삼영사, 1986, 74-78쪽. 정용숙, 「족내혼 후비의 성계승문제」, 『고려왕실족내혼연구』, 새문사, 1988, 178-180쪽 참조).

범하여 임신하게 되었다. 일이 발각되자 성종은 욱을 사수현泗水縣에 유배하였다(『고려사』 권90, 종실전 1 태조 자 안종 욱전).

천추태후 즉 헌애왕후 황보씨는 승려인 김치양과 사통했으며(A), 헌정왕후 황보씨는 태조의 아들인 안종 욱과 사통했던 것이다(B). 이로 인해 그들의 상대자인 김치양과 안종 욱은 모두 유배되었다.

천추태후는 목종의 모였다. 그녀와 경종과의 사이에서 태어난 인물이 후일의 목종이었던 것이다. 한편 안종 욱은 헌정왕후와 사통하여 후일의 현종을 낳았다. 사통한 당사자들의 아들이 모두 왕이 된 셈이다. 따라서 이들 사건을 단순한 간통사건으로 처리하기는 어렵다. 그들의 소생들이 국왕이 되었다는 점으로 미루어, 그들은 모두 당시의 정치적 지배세력을 대표하는 인물이었다고 해서 무리는 없을 것이다. 이 두 사건에 주목하지 않을 수 없는 이유가 여기에 있다. 이들의 간통사건이 의미하는 바는 무엇이며, 이들은 어떠한 정치세력을 대표했는가, 또한 그들 양 세력 간의 관계는 어떠했는가 하는 점 등이 밝혀지면 성종대 정치적 지배세력의 성격도 드러나지 않을까 기대된다.

성종 12년(993) 거란의 침입을 계기로 서희가 정치적으로 두각을 나타냈었다. 그는 할지론割地論에 반대한 것으로 유명하다. 그런데 거란의 요구에 따라 서경 이북을 그들에게 떼어주자는 할지론에는 애초에 성종도 찬동하였다. 서희가 반대하자 성종은 서희의 주장을 받아들였던 것이다. 따라서 할지론에 반대한 인물이 서희 한 사람 만이었다고는 생각되지 않는다. 서희로 대표되는 상당수의 인물들이 여기에 반대했기에 성종도 자신의 견해를 바꾼 것으로 여겨진다. 이들은 서희세력으로 불러서 무리가 없을 것인데, 이들의 정치적 성격과 아울러 위에서 언급한 정치세력들과의 관계가 궁금하다. 이에 대한 검토는 성종대의 정치상황을 이해하는 데 도움이 될 것이다.

2. 황주 황보씨와 신라 6두품 출신 세력

김치양과 사통했다는 천추태후는 황주 및 그와 인접한 지역 출신들과 긴밀한 관계를 맺고 있었다. 우선 김치양은 동주인으로 천추태후 황보씨의 외족이었다. 또한 안소광安紹光은 동주同州 토산현土山縣 사람이었는데 목종의 즉위에 공을 세웠으므로, 그의 즉위 후 숙위를 관장했다 한다.[2)] 목종이 천추태후의 아들임을 고려하면 안소광은 천추태후와도 긴밀한 관계를 유지했다고 할 수 있다. 그리고 천추태후가 기거한 천추궁의 관리를 오랫동안 역임한 문인주文仁渭는 장연현長淵縣 사람이었다.[3)] 한편 목종 12년 강조가 목종을 살해하자 태후는 황주에 돌아가 21년을 머물렀다. 이는 그들이 황주지역을 비롯한 서경 부근 호족들의 후원을 받았음을 의미한다. 요컨대 황주 황보씨 세력은 황주라는 특정한 지역에 근거하고 있었던 것이다.[4)]

황주 황보씨는 광종대 후반부터 정치적 주도권을 장악하였다.[5)] 광종의 비가 황보씨였으며 경종의 비 두 사람도 황보씨였다. 성종도 황주 황보씨와 무관한 존재가 아니었다. 성종은 모 선의왕후宣義王后 유

---

2) 『고려사』 권94, 안소광전.

3) 『고려사』 권127, 김치양전.

4) 이 책 제3장 목종 12년의 정변 참고.

5) 이태진, 「김치양 난의 성격-고려초 서경세력의 정치적 추이와 관련하여-」, 『한국사연구』 17(1977), 87-91쪽 및 이 책 제1장 최승로의 상서문에 보이는 광종대의 '후생'과 경종 원년 전시과 참고.

씨柳氏를 일찍 여위어 조모인 신정왕후神靜王后 황보씨의 손에서 성장하였다.[6] 그가 경종으로부터의 내선內禪이 용이했던 이유도 여기에 있었다고 생각된다.[7] 따라서 황주 황보씨는 성종대 이후에도 그들의 세력을 유지할 수 있었다.

한편 헌정왕후 황보씨와 사통한 안종 욱은 문장에 뛰어나고 또한 지리地理에 정통한, 유학적 소양을 갖춘 인물이었다. 성종은 이러한 안종 욱의 아들인 대량원군, 즉 후일의 현종에 대해 지극한 애정을 표시하였다. 어린 대량원군이 아비와 떨어져 있는 것을 불쌍히 여겨 안종 욱의 유배지에 그를 보내기도 했던 것이다.[8] 이는 곧 성종과 안종 욱의 긴밀한 관계를 알려주는 것으로 이해된다. 그런데 성종이 유학에 깊은 관심을 가진 인물이었음은 널리 알려진 사실이다. 그는 지방의 학생들이 학업을 중단하고 귀향하는 것을 안타까워했는가 하면,[9] 최한崔罕과 왕림王琳을 송宋의 국학에 입학시키기도 했던 것이다.[10] 또한 과거합격자 출신의 최량崔亮은 성종의 사우師友이기도 했다. 그렇다면 성종과 안종 욱의 긴밀한 관계는 유학을 매개로 이루어진 것이 아니었나 생각된다.

안종 욱의 아들인 대량원군은 후일 군신群臣들의 추대를 받아 즉위하여 현종이 되었다. 그런데 현종을 옹립한 인물들 가운데는 유학자가 적지 않았다.[11] 최항崔沆과 채충순蔡忠順은 그 대표적인 인물이었다.

---

6) 『고려사』 권1, 후비전 1 태조 비 신정왕태후황보씨전.
7) 이태진, 「김치양 난의 성격」, 91쪽.
8) 『고려사』 권90, 종실전 1 태조 자 안종 욱전.
9) 『고려사절요』 권2, 성종 5년 7월 敎曰.
10) 『고려사절요』 권2, 성종 5년 9월.
11) 김용곤은 「고려 현종대의 문묘종사에 대하여-최치원의 경우를 중심으로-」, 『고

최항은 성종 12년에 등제한 후, 목종 7년과 8년 두 차례에 걸쳐 지공거知貢擧를 역임하였으며, 역시 목종 11년에 지공거를 역임한 채충순은[12] 현화사玄和寺 비문의 음기陰記를 짓고 썼던 인물이다. 그는 과거합격자였을 가능성이 매우 큰 인물이었다.[13] 이로 미루어서도 안종 욱은 유학자들과 연결될 소지를 갖춘 인물이었음을 알 수 있다.

안종 욱과 연결된 세력의 실체와 관련하여 주목되는 또 다른 점은 그의 모계이다. 안종 욱의 모계에 관해서는 고려시대부터 이미 상반된 견해가 있어왔고, 오늘날 학자들의 의견도 일치하지 않고 있다. 즉 신라인 잡간匝干 억렴億廉의 딸인 신성왕태후神成王太后 김씨의 소생이라는 견해가 있는가 하면,[14] 대광大匡 원元의 딸인 대량원부인大良院夫人 이씨의 아들이라는 주장이 있는 것이다.[15] 저자로서는 어느 설이 옳은가 판단이 서지 않는다. 다만 분명한 것은 안종 욱의 모계는, 설사 왕족이 아니었다 하더라도, 신라의 유력한 인물이었을 것이라는 사실이다.

안종 욱이 유학에 조예가 있었고 신라 유력자의 외손이었음을 감안

려사의 제문제』, 삼영사, 1986, 518-524쪽에서 현종의 옹립세력을 경주계로 이해했으나, 유학자로 파악하는 것이 타당할 것 같다. 채충순의 경우만 보아도 그러하다. 그는 음성인陰城人으로 추정되고 있는 것이다(이수건, 「고려전기 지배세력과 토성」, 『한국중세사회사연구』, 일조각, 1984, 186-187쪽).

12) 『고려사』 권73, 선거지 1 과목 선장 목종 7년 4월, 8년 3월, 11년 3월.

13) 박용운, 「과시 설행과 제술과 급제자」, 『고려시대 음서제와 과거제연구』, 일지사, 1990, 333쪽 참조.

14) 하현강, 「고려시대의 역사계승의식」, 『이화사학연구』 8, 1976; 『한국중세사연구』, 일조각, 1988, 385-386쪽 및 「고려전기의 왕실혼인에 대하여」, 『이대사원』 7, 1968; 『한국중세사연구』, 131-132쪽, 141-142쪽.

15) 荻山秀雄, 「三國史記新羅紀結末の疑義」, 『東洋學報』 10의 3, 1920, 398-401쪽 및 이기백, 「『삼국사기』론」, 『문학과 지성』, 1976년 겨울호; 『한국사학의 방향』, 일조각, 1995, 23-24쪽에서는 안종 욱이 신성왕후 김씨의 소생이었다는 데 의문을 제기하였다.

하면, 그와 연결된 세력은 신라 6두품 출신의 유학자들이었을 것으로 추측된다.[16] 신라 6두품 출신들은 경종대 이후 정치적으로 두각을 나타냈었다. 경종이 김부金傅를 상부尙父로 삼았다거나,[17] 김부의 딸이 경종의 비인 헌숙왕후獻肅王后 김씨였다는 사실이 이를 반영한다. 이러한 사정은 성종대 초반까지 지속되었다. 성종 원년 6월 경관京官 5품 이상은 각기 봉사封事를 올려 시정時政의 득실得失을 논하라는 성종의 지시에 따라, 최승로는 시무28조를 올렸는데, 그 대부분이 성종에 의해 받아들여져 정책에 반영되었다. 이는 최승로로 대표되는 신라 6두품 출신 유학자들이 성종대 초기의 정치를 주도했음을 의미한다.[18] 실제로 경주 출신인 최량崔亮은 광종대의 과거합격자 출신으로 성종의 사우師友가 되었고, 후일 관직이 내사문하평장사에 이르렀다.

최승로는 그가 올린 시무책 가운데 8조목을 불교에 대한 비판에 할애하였다.[19] 그는 토속신앙에 대해서도 부정적이었다. 음사淫祠를 제한하고 그 대신 나쁜 일이 있으면 도덕적으로 자신을 책망하는 마음을 가질 것을 건의하였다. 그런데 천추태후와 사통했다는 김치양은 승려였다. 그는 성숙사星宿寺라는 절을 세웠는가 하면, 또한 궁성의 서북 모

---

16) 이점은 전기웅, 「라말여초 지식인계층의 형성」, 『나말여초의 정치사회와 문인지식층』, 혜안, 1996, 157-164쪽에서 지적된 바 있다.

17) 『고려사』 권2, 경종 즉위년 10월 甲子.

18) 이기백, 「고려 귀족사회의 형성」, 『한국사』 4, 국사편찬위원회, 1975; 『고려귀족사회의 형성』, 일조각, 1994, 38-39쪽.

19) 김철준, 「최승로의 시무28조」, 『조명기기념논총』, 1965; 『한국고대사회연구』, 지식산업사, 1975, 371-378쪽.
하현강, 「최승로의 정치사상」, 『이대사원』 12, 1975; 『한국중세사연구』, 149-150쪽.
이기백, 「최승로의 그의 정치사상」, 『최승로상서문연구』, 일조각, 1993, 173-174쪽.

통이에 시방사十王寺를 건립하기도 하였다.[20] 그리고 천추태후 역시 불교에 깊은 관심을 가지고 있었다. 그녀가 김치양과 함께 사경寫經을 제작하여 자신들의 복을 기원한 것으로 알 수 있다.[21] 안종 욱, 그리고 그와 연결된 최승로로 대표되는 신라 6두품 출신 세력이 천추태후를 후원한 황주 황보씨와 정치적 성격을 달리했음은 당연하다.

천추태후와 연결된 인물들은 서경을 중시하였다. 그들이 황주 및 그와 인접한 지역 출신들이었음을 감안하면 무리가 아니다. 목종의 즉위 후 서경을 호경鎬京이라고 고친 것도[22] 이와 무관하지 않았다. 이는 서경의 지위향상을 의미했던 것이다.[23] 한편 최승로는 정종에 대한 평에서, 정종의 가장 큰 실정은 서경천도를 계획한 것이었다고 비판하였다. 이는 서경을 중시한 세력들을 겨냥한 것이었다고 생각된다. 그는 서경보다는 동경東京을 중시했던 것이다. 성종 6년 경주를 동경으로 승격시킨 것이 최승로의 영향력을 반영한 것이라는 지적은[24] 설득력이 있어 보인다. 이러한 사실은 황주 황보씨와 신라 6두품 출신 세력이 정치적 견해를 달리했을 뿐만 아니라, 나아가 갈등을 빚고 있었음을 알려준다.

황주 황보씨와 신라 6두품 출신 세력의 정치적 갈등은 어디에서 연

---

20) 김치양이 건립한 시방사는 그 도상이 기괴하여 형용하기 어려웠다 한다. 따라서 김치양의 불교신앙은 도교나 토속신앙과 혼합되어 대단히 미신적인 색채를 띠고 있었다는 해석이 있다(최병헌, 「고려중기 현화사의 창건과 법상종의 융성」, 『한우근기념논총』, 1981, 241-242쪽).

21) 이 책 제3장 목종 12년의 정변 참고.

22) 『고려사』 권3, 목종 원년 7월 癸未.

23) 김상기, 「묘청의 천도운동과 칭제건원론에 대하여」, 『국사상의 제문제』 6, 1960; 『동방사논총』, 서울대 출판부, 1974, 73쪽.

24) 하현강, 「고려서경고」, 『역사학보』 35 · 36, 1967; 『한국중세사연구』, 332쪽.

유했을까. 단순한 주도권 싸움이었을까. 성종에게 후사가 없었다는 사실을 염두에 두면서 다음의 기록을 검토해 보자.

> (천추태후)가 김치양과 더불어 간통하여 아들을 낳고, 그로써 왕위를 이으려 하였다. 그때 현종은 대량원군大良院君이었는데, 태후가 그를 꺼리어 억지로 출가시켜 삼각산 신혈사에 우거寓居케 하였으므로 세상에서 신혈소군神穴小君이라 칭하였다. 태후가 여러 번 사람을 보내어 살해하기를 꾀하였다(『고려사』 권88, 후비전 1 경종 비 헌애왕태후 황보씨).

위의 사료는 목종이 즉위한 후의 사실을 기록한 것으로 여기에서 검토하고 있는 시기와는 다소 시간적인 차이가 있다. 안종 욱과 헌정왕후 사이에서 태어난 대량원군 즉 후일의 현종은 성종에 의해 안종 욱의 유배지인 사수현에 보내졌다가 성종 15년에 안종 욱이 죽자 다음해에 서울에 돌아왔다.[25] 그런데 천추태후는 대량원군을 핍박하여 중이 되게 했을 뿐만 아니라 여러 번 죽이려고 했다 한다. 자신과 김치양과의 사이에서 출생한 아들로서 왕위를 잇게 하기 위함이었다는 것이다. 이것이 사실인가의 여부는 확인하기 어렵지만, 그들이 대량원군을 왕위를 넘볼 수 있는 존재로 인식하고 있었다는 사실은 주목된다.

당시의 천추태후는 목종의 모후로서 천추전에 거처하면서 정치를 오로지하였다. 김치양 역시 목종의 즉위와 더불어 유배지에서 소환되어 관직에 임명되고 곧 이어 정치권력을 장악하였다.[26] 이러한 인물들이 고아인 어린 대량원군을 꺼렸다는 것은 쉽게 이해가 되지 않는

25) 『고려사』 권90, 종실전 1 태조 자 안종 욱전.
26) 『고려사』 권127, 김치양전.

다. 그런데 그의 부가 안종 욱이었음을 고려하면, 천추태후가 꺼려한 것은 안종 욱과 연결된 세력이었음을 직감할 수 있다. 안종 욱을 후원한 세력들이 대량원군을 중심으로 다시 결집할 것을 천추태후는 두려워했던 것이다.

안종 욱의 아들인 어린 대량원군이 안종 욱과 연결된 세력을 기반으로 후일 왕위를 넘볼 수 있는 존재로 부상했다는 사실을 통해, 성종대 안종 욱 역시 유력한 왕위계승자의 한 사람이었음을 짐작할 수 있다. 후사가 없는 성종의 뒤를 이을 수 있는 인물로는 경종의 아들인 출생한 송誦, 즉 후일의 목종이 있었다. 성종이 경종으로부터 왕위를 물려받았음을 염두에 두면, 송이야말로 가장 유력한 왕위계승자였다고 할 수 있다. 그런데 신라 6두품 출신들의 지지를 받은 안종 욱이 경쟁자로 등장한 것이다. 송의 모인 천추태후가 안종 욱을 경계했음은 당연하다. 결국 황주 황보씨와 신라 6두품 출신들은 성종의 후계를 놓고 갈등을 빚었던 것으로 이해된다.

신라 6두품 출신을 대표하는 최승로는 성종 8년에 사망하였다. 이후 천추태후의 소생인 송이 성종 9년 개령군開寧君에 봉해짐으로써[27] 성종의 뒤를 이어 즉위할 수 있는 기틀을 마련하였다. 안종 욱과의 경쟁에서 송이 승리했던 것이다. 성종도 서경에 거동하여 그곳에 서원을 설치하는 등[28] 서경에 큰 관심을 보였다. 신라 6두품 출신 세력이 크게 약화된 대신 황주 황보씨가 정치적 주도권을 장악했음은 물론이다.

안종 욱은 성종 11년에 헌정왕후와 사통한 죄로 유배되었다. 그런데

---

27) 『고려사』 권3, 성종 9년 12월 戊申.

28) 『고려사절요』 권2, 성종 9년 12월.

(11년)성종이 욱을 사수현에 유배하면서 말하기를 '숙叔이 대의大義를 범했으므로 유배시키니 삼가하고 초조하게 생각하지 말라'하고 내시알자內侍謁者 고현高玄으로 압송케 하였다(『고려사』 권90, 종실전 1 태조 자 안종 욱전).

는 기록을 대하면, 성종은 안종 욱의 유배에 소극적이었다는 느낌을 지우기 어렵다. 그는 안종 욱을 유배하면서 위로했던 것이다. 이러한 사정은

성주聖主의 일언一言은 마땅히 바꾸지 않을 것이니, 어찌 끝내 고기 잡는 갯가에서 늙게 하겠는가(위와 같음).

라고 한 안종 욱의 말을 통해서도 짐작된다. 위의 기록은 자신을 압송한 고현이 돌아갈 때 안종 욱이 그에게 주었다는 성종에게 바치는 시의 일부분이다. 성종은 안종 욱에게 빠른 시일 안에 소환하겠다는 언질을 주었던 것 같다.

그렇다면 성종은 왜 안종 욱을 유배했을까. 안종 욱이 유배되게 된 계기를 알려주는 다음에 주목해 보자.

(헌정왕)후가 안종의 집에서 자는데, 가인家人이 섶을 뜰에 쌓고 불을 질렀다. 불이 바야흐로 크게 번지자 백관이 달려가 구하고 성종 역시 급히 가서 이유를 물었다. 가인이 드디어 사실을 고하였으므로 이에 안종을 유배하였다(『고려사』 88 후비전 1 경종 비 헌정왕후 황보씨전).

헌정왕후의 '가인'이 불을 지른 까닭은 안종 욱과 헌정왕후의 간통 사실을 널리 알리기 위함이었다고 이해된다. 안종 욱의 유배에는 이 헌정왕후의 '가인'이 결정적인 역할을 수행했음을 알 수 있다. 문제는

이 '가인'이 누구이며 왜 이러한 행동을 했는가 하는 점이다.

불을 지른 헌정왕후의 '가인'이 헌정왕후의 가족인가 아니면 집에서 부리는 노복奴僕인가 분명치는 않다.[29] 그런데 노복이 일부러 집에 불을 지르지는 않았을 것이다. 여기의 '가인'은 헌정왕후의 가족으로 이해되는데, 헌정왕후의 가족이었다면 천추태후의 가족이기도 했다. 둘은 자매간이었기 때문이다. 따라서 헌정왕후의 집에 불을 지른 '가인'은 천추태후 황보씨의 사주를 받은 인물이었다는 느낌을 지우기 어렵다. 천추태후와 안종 욱이 정치적으로 대립관계에 있었음을 감안하면 이러한 추측은 무리일 것 같지만은 않다. 요컨대 천추태후의 압력에 의해 안종 욱은 유배되었다고 생각된다.

최승로의 사망 이후 송이 개령군에 책봉되어 성종의 후계자가 되었음은 위에서 언급한 바 있다. 이로 인해 안종 욱이 받은 충격은 대단했을 것이다. 위기의식을 느꼈을 가능성마저 배제하기 어렵다. 안종 욱으로서는 정치권력을 장악한 황주 황보씨와 타협할 필요가 있었고, 이를 위해 헌정왕후와 사통한 것이 아닌가 의심된다. 그런데 황보씨 세력을 끌어들이려는 안종 욱의 행동은 천추태후의 입장에서는 용납하기 어려운 것이었다. 안종 욱의 이러한 행동은 곧 황보씨 세력의 분열을 획책하는 것과 다를 바 없기 때문이다.

한편 천추태후와 사통했다는 김치양의 유배 시기는 잘 알 수 없다. 다만 안종 욱의 유배가 천추태후의 압력의 의해 이루어진 것과 마찬가지로, 김치양의 유배에 천추태후의 반대세력이 영향력을 행사했을 가능성은 크다. 그렇다면 김치양의 유배 시기는 최승로가 사망하기 이

---

29) 가인에는 이 두 가지 의미가 모두 내포되어 있다(諸橋轍次, 『大漢和辭典』 3권 1026쪽).

전이 아니었나 의심된다. 결국 안종 욱의 유배는 천추태후를 대표로 하는 황주 황보씨의 신라 6두품 출신 세력에 대한 정치적 승리를 의미하는 것이었다.

3. 서희세력의 성장과 그 정치적 성격

최승로로 대표되는 신라 6두품 출신 세력은 성종 8년 최승로의 사망을 계기로 크게 약화되었다. 그러나 광종대 과거를 주관했거나 과거에 합격한 인물들은 이후에도 여전히 중요한 지위를 점하였다. 성종대 유교적 제도 정비를 주도한 때문으로 여겨진다. 신라 6두품 출신들이 정계를 주도했다면 그들은 관계를 장악했다고 할 수 있다. 한림학사로서 성종 10년과 14년의 과거를 관장한 백사유白思柔, 그리고 왕 16년의 과거를 주관한 유방헌柳邦憲은[30] 광종대의 과거급제자였다. 또한 광종대 이래 성종대까지 11번이나 지공거를 역임하였던 왕융王融은 성종이 돌아갈 무렵 평장사였다.[31]

그러한 가운데 성종 12년 거란이 고려에 침입한 것을 계기로 서희가 정치적으로 부상하였다. 서희는 광종 11년에 과거에 합격하였다. 좌주座主는 쌍기雙冀였고 동년우同年友로는 최광범崔光範이 눈에 띤다. 그는 순서를 뛰어넘어 광평원외랑에 임명되었는데, 이는 그에 대한 광종의 총애를 나타내는 것이었다. 그의 부 서필徐弼도 광종의 신임을 받았던 인물이었다.[32] 서필은 광종의 정책을 비판했음에도 불구하고 중용

30) 『고려사』 권93, 유방헌전.

31) 『고려사』 권3, 성종 16년 10월 戊午.

32) 오성, 「고려 광종대의 과거합격자」, 『고려광종연구』, 39-42쪽.

되어 내의령에까지 올랐던 것이다. 이러한 사실들로 미루어 서희는 광종의 왕권강화책에 매우 적극적이었을 것으로 추측된다. 그는 성종대에도 정치적 승진을 계속했는데, 왕 2년 좌승左丞을 거쳐 병관어사가 되었다. 그러나 그가 두각을 나타낸 것은 거란의 침입을 물리친 이후였다. 성종은 해주에 갔을 때, 서희를 막사로 찾아가 함께 술을 마셨을 만큼[33] 그를 신임하였다.

성종 12년 고려에 침입한 거란의 소손녕蕭遜寧은 서경 이북의 땅을 자기들에게 떼어줄 것을 요구하였다. 이에 고려 조정은 대책회의를 열었는데, 항복하자는 의견과 서경 이북의 땅을 떼어주자는 견해 등이 제기되었다. 성종은 할지론에 따르려고 했으나 서희가 그들과 승부를 겨루어볼 것을 강력하게 건의하자 결국 그의 의견을 수용하였다. 애초에 할지론에 따르려 했던 성종이 서희의 견해를 수용했다는 것은 서희로 대표되는 그의 세력이 만만치 않았음을 알려주는 것이다. 실제로 성종은 자신의 뜻에 거슬리는 상소문을 올린 공빈령供賓令 정우현鄭又玄을 죄주려고 하였으나 서희가 반대하자 도리어 정우현을 감찰어사에 임명했을[34] 정도였다. 그렇다면 서희세력에 속한 자들은 어떠한 인물들이었을까.

서희와 같이 할지론에 반대한 인물로는 이지백李知白이 있었다. 그가 과거에 합격했다는 기록은 없으나 간의대부·민관어사 등의 관직을 역임한 것으로 미루어 유학에 소양이 있던 인물로 이해된다. 이몽유李夢游 역시 서희와 정치적 성격을 같이한 인물이었다. 그는 성종대 세 차례에 걸쳐 지공거를 역임했을 뿐만 아니라, 내외주장內外奏狀과 행이

33) 『고려사』 권94, 서희전.

34) 위와 같음.

공문行李公文에 관한 식式을 정하는데 기여하였다.[35] 그는 성종의 유교적 제도정비와 밀착되어 있던 인물이었던 것이다.[36] 그런데 이몽유는 서희·이지백과 함께 현종 18년에 성종의 배향공신에 책봉되었다. 성종의 배향공신으로는 이들 외에 최승로와 최량이 있었는데, 그들은 일찍이 목종 원년에 이미 배향공신이 되었다. 이들과는 달리 서희·이지백·이몽유가 현종 18년에야 비로소 배향공신이 된 것은 당시의 정치적 상황을 떠나서는 이해하기 힘들다.[37] 당시는 왕가도王可道·강감찬姜邯贊 등 거란에 대한 강경론자들이 정치적 주도권을 장악하고 있던 시기였다. 현종 20년에는 일찍이 치사致仕한 강감찬이 다시 정계에 복귀했는가 하면,[38] 왕가도에 의해 개경의 나성이 축조되었던 것이다. 그들은 거란에 대한 강경론이 정당하다는 것을 알릴 필요가 있었고 이를 위해서 일찍이 할지론에 반대한 서희와 이지백을 성종의 배향공신에 책봉했다고 이해되는 것이다. 따라서 그들과 함께 배향공신이 된 이몽유 역시 할지론에 반대한 인물이었다고 해서 무리는 없을 것이다.

할지론에 반대했는가의 여부는 확인할 수 없지만, 서희와 같은 정치적 성격의 인물로는 또한 성종대 과거에 합격한 정우현을 들 수 있다. 그와 서희의 관계에 대해서는 위에서 언급한 바 있다. 이들 이지백·이몽유·정우현 등은 서희세력이라고 불러서 무리가 없을 것이다.

서희세력에 포함된 인물들은 과거에 합격하는 등 모두 유학에 밝은

35) 『고려사』 권3, 성종 6년 8월 乙卯.

36) 이기백, 「고려 귀족사회의 형성」, 41쪽.

37) 위와 같음.

38) 『고려사』 권94, 강감찬전.

존재들이었다.[39] 그렇다면 서희세력과 최승로로 대표되는 신라 6두품 출신들과의 관계는 어떠했는가 궁금하다. 이를 알아보기 위해 서희세력의 일원인 이지백의 상소문과 최승로의 상서문을 비교해서 검토해 보기로 하자.

C. 전민관어사 이지백이 주하기를 '(중략) 경솔하게 적국에 토지를 떼어주는 것보다는 선왕의 연등燃燈·팔관八關·선랑仙郞 등의 일을 다시 행하고 다른 나라의 이법異法을 행하지 말아서, 국가를 보전하고 태평을 이룩해야 할 것입니다. (중략)'하니, 성종이 그렇게 여겼다. 그때 성종이 화풍華風을 즐기고 사모하는 것을 국인國人이 기뻐하지 않았으므로 지백이 이러한 건의를 하였다(『고려사』 권94, 서희전).

D-①. 비록 중국의 풍속을 중하게 여겼다 하여도 중국의 법은 취하지 않았고, 중국의 선비를 예우했다 하여도 중국의 어진 인재는 얻지 못하였습니다(『고려사』 권93, 최승로전, 광종평).

D-②. 우리나라에서는 봄에는 연등(회)를 베풀고 겨울에는 팔관(회)를 열어 널리 사람을 징발하므로 노역勞役이 매우 번거롭습니다. 원컨대 이를 줄여서 민력民力을 펴게 하십시오(『고려사』 권93, 최승로전, 시무책 제13조).

C는 이지백의 상소이며 D-①은 최승로의 광종평, 그리고 D-②는 최승로의 시무책이다. 이지백은 연등·팔관 등의 행사를 다시 행할 것을 건의하였다. 이지백이 이러한 건의를 올린 것은 성종이 화풍을 즐기고 사모했기 때문이다. 이지백은 이에 대해 비판적이었던 것이다. 한편 최승로는 중국의 법을 취하지 않은 것을 비난하였다(D-①). 그는 화풍 자체를 거부하지 않았던 것이다.[40] 아울러 그는 연등·팔관회의

39) 서희세력의 대부분이 유학자들이었다는 데 대해서는 구산우, 「고려 성종대 대외관계의 전개와 그 정치적 성격」, 『한국사연구』 78, 1992, 58쪽 참조.

40) 구산우, 「고려 성종대 대외관계의 전개와 그 정치적 성격」, 39쪽.

폐지를 주장했는데(D-②), 그의 주장은 성종의 정책에 그대로 반영되어 성종 6년 팔관회가 폐지되었다.[41] 이지백과 최승로는 정치적 견해를 달리했던 것이다.

최승로는 신라 6두품 출신의 유학자였다. 그는 성종 2년에 과거를 주관하여 강감찬을 발탁하기도 하였다.[42] 그러한 최승로였지만 '남북의 용인庸人'·'비재非才' 등의 용어를 동원하여 광종대의 과거합격자들을 비난하였다.[43] 이는 과거합격자들이 광종의 총애를 받고 왕권강화에 적극적인데 대한 불만을 표현한 것이었다. 최승로는 광종의 왕권강화에 비판적이었던 것이다. 그런데 서희는 광종의 왕권강화에 적극적이었다고 여겨지는 인물이다. 그는 광종대의 과거합격자로서 광종의 총애를 받았던 것이다. 따라서 최승로가 광종대의 과거합격자 모두를 비판한 것은 아니라 하더라도, 최승로의 비판 대상에 서희가 포함되었을 가능성을 배제하기는 어렵다. 그렇다면 유학자라는 공통점에도 불구하고, 서희의 정치적 입장은 최승로의 그것과는 일치하지 않았다고 할 수 밖에 없다.[44] 다만 최승로계열 가운데도 과거합격자의 경우는 서희와 긴밀한 관계를 유지했던 듯하다. 최량의 경우는 그 대표적인 예가 아닌가 한다. 경주 출신으로 최승로계열이었다고 생각되는 최량은 성종 12년 거란이 침입하자 서희·박양유와 함께 북계에 주둔하면

41) 罷兩京八關會(『고려사절요』 권2, 성종 6년 10월).

42) 『고려사』 권73, 선거지 1 과목 선장 성종 2년 3월.

43) 『고려사』 권92, 최승로전 광종평.

44) 채희숙, 「고려 광종의 과거제 실시와 최승로」, 『역사학보』 164, 1999, 95쪽. 서희의 정치적 입장이 최승로의 그것과 일치하지 않음은 하현강과 이기백에 의해서도 지적되었다. 다만 서희를 서경세력(하현강, 「고려시대의 서경」, 334-336쪽), 혹은 개경 근방 호족 출신의 관료들(이기백, 「고려 귀족사회의 형성」, 53쪽)로 파악하고 있는 점은 채희숙과 다르다.

서 적을 방어한 후 내사문하평장사가 되었다.[45] 서희와 최량은 모두 광종대의 과거합격자라는 공통점을 가지고 있었던 것이다.

그렇다면 서희세력과 황주 황보씨의 관계는 어떠했을까. 다음을 주목해보자.

> (소)손녕이 (서)희에게 말하기를 '그대 나라가 신라 땅에서 일어났고 고구려의 땅은 우리의 소유인데 너희가 침식侵蝕하였다. 또 우리와 땅을 접하고 있으면서도 바다를 건너 宋을 섬기는 까닭에 오늘의 출병이 있게 된 것이니 만일 할지하여 바치고 조빙朝聘을 닦으면 무사할 것이다'고 하였다. 희가 말하기를 '아니다. 우리나라는 곧 고구려를 옛 터전으로 하였으므로 고려라 이름하고 평양에 도읍을 정했다. 만일 지계地界로 논한다면 상국上國의 동경東京도 모두 우리 경내에 있는 셈인데 어찌 침식했다고 할 수 있는가. (중략)'고 하였다(『고려사』 권94, 서희전).

거란의 소손녕은 고려가 신라 땅에서 일어났으므로 고구려의 땅은 자신들에게 돌려주어야 한다고 했다. 이에 대해 서희는 고려가 고구려를 계승한 나라라는 것을 강조함으로써, 그가 요구한 할지론을 일축하였다. 기왕의 견해 가운데는 서희가 할지론에 반대한 것을 들어 서희를 서경세력으로 파악하기도 한다. 서희가 할지론에 반대하고 거둔 외교적 성과는 곧 서경세력의 건재와 승리를 의미한다는 것이다.[46] 그러나, 비록 서희가 황주 황보씨와 대외관계에 대한 견해를 같이 했다고 하더라도, 이천 출신인 서희를 서경세력으로 파악할 수는 없을 것이다.

---

45) 『고려사』 권93, 최량전. 『고려사절요』 권2, 성종 12년 10월.

46) 하현강, 고려시대의 서경, 336쪽.

서희가 고려가 고구려를 계승한 국가라고 한 것은 거란에 대처하기 위한 임기응변이 아니었다. 고려가 고구려를 계승한 국가임은 그 명칭만을 통해서도 드러나는 것이다.[47] 한편 서희는 과거합격자였다. 그는 고려왕조를 통해 자신의 지위를 유지하기 위해 과거에 합격한 인물이었던 것이다. 따라서 서희는 고려의 건국이념에 충실할 수밖에 없었다. 서희가 고려가 고구려를 계승한 국가임을 내세워 할지론을 일축한 것은 당연한 것이었다.

서희는 중앙집권화에 적극적이었던 것 같다. 유학자인 최승로가 성종에게 올린 시무 28조에서 지방관 파견을 적극 건의했던 것은[48] 이와 관련해서 참고된다. 지역적인 기반에 의존하기보다는 자신의 학문을 통해 관리로 진출하는 것이 유학자들, 특히 과거합격자들이었음을 고려하면 당연한 것이 아닌가 생각된다. 결국 과거합격자를 중심으로 한 유학자들이 대부분인 서희세력은, 황주라는 특정한 지역을 기반으로 중앙에서 정치적 주도권을 장악하려한 천추태후 황보씨와 정치적 견해를 달리했다. 서희세력은 천추태후로 대표되는 황주 황보씨 세력의 새로운 경쟁자가 되었던 것이다.

4. 맺는말

성종대 초반의 정치는 천추태후를 주축으로 하는 황주 황보씨 세력과 최승로로 대표되는 신라 6두품 출신 세력이 주도하였다. 이들은 각

47) 박한설, 「고려 왕실의 기원-고려의 고구려계승이념과 관련하여-」, 『사총』 21·22합집, 1977, 109-110쪽.

48) 『고려사』 권92, 최승로전 시무책 제7조.

각 안종 욱과 송, 즉 후일의 목종을 성종의 후계자로 옹립하려 함으로써 갈등을 빚었다. 안종 욱은 문장에 뛰어나고 지리에 밝은 인물로서 그의 모는 신라계였다. 따라서 그는 신라 6두품 출신들의 지지를 받았다. 이에 반해 목종은 천추태후를 비롯한 황주지역 호족들의 후원을 받았다.

성종 8년 최승로의 사망을 계기로 신라 6두품 출신 세력은 크게 약화되었다. 따라서 천추태후의 소생인 목종은 최승로의 사후인 성종 9년에 개령군에 봉해졌다. 이로써 목종은 성종의 뒤를 이어 즉위할 수 있는 기틀을 마련하였다. 이와는 달리 안종 욱은 경종의 비인 헌정왕후 황보씨와 사통한 죄로 유배되었다. 안종 욱의 유배는 신라 6두품 출신 유학자들에 대한 천추태후를 대표로 하는 호족 황주 황보씨의 정치적 승리를 의미하는 것이었다.

신라 6두품 출신들과는 달리, 광종대 과거를 주관했거나 과거에 합격한 인물들은 최승로가 사망한 이후에도 여전히 중요한 지위를 점하였다. 성종대 유교적 제도 정비를 주도한 때문으로 여겨진다. 그런데 성종 12년 거란의 침입을 물리친 것을 계기로 서희가 정치적 두각을 나타냈다. 이들 서희세력은 지역성을 탈피했다. 그들이 지역적 배경보다는 학문을 바탕으로 중앙정계에 진출했음을 고려하면 당연하다. 서희세력은 천추태후로 대표되는 황주 황보씨 세력의 새로운 경쟁자였던 것이다.

제3장 목종 12년의 정변

1. 머리말

한국사를 연구하는 데 있어서 금석문金石文이나 고문서古文書의 중요성을 부인할 사람은 아무도 없을 것이다. 이들은 사서의 기록을 보완해 줄뿐만 아니라 어느 면에서는 보다 정확한 지식을 우리에게 전해주기 때문이다.

금석문은 어떠한 사실을 기념하기 위한 기념비적인 것이라고 할 수 있다. 따라서 여기에는 수식이나 과장이 섞여 있을 수도 있다. 이와 달리 고문서는 시대적인 필요에 의해 작성된 것이다. 그것이 만들어지지 않으면 안 될 조금 더 절실한 상황을 고문서는 내포하고 있는 것이다. 그러한 점에서 고문서는 금석문과는 다른 중요한 일면을 지니고 있다.

그러함에도 불구하고 고문서에 대한 학계의 관심은 여전히 미흡한 것 같다. 고려시대의 사경발문寫經跋文도 그 가운데 하나에 속한다. 현존하는 고려시대의 사경발문은 적지 않은데, 그에 대해서는 지금까지 자료 소개에 그치고 있을 뿐 그 역사적 고찰은 거의 이루어지지 않고 있는 실정이다.[1)]

고려시대의 사경발문 가운데 저자가 주목한 것은 목종 9년(1006)에 사성寫成된 대장경의 발문이다. 이는 현존하는 고려 사경 가운데 최고의 것일 뿐만 아니라, 그 발원자發願者가 천추태후千秋太后 황보씨皇甫氏와 김치양金致陽이었다는 데 우리의 흥미는 더해진다. 천추태후와 김치양은 불미한 관계를 맺고, 그들 사이에서 난 아들을 왕위에 올리기 위해 목종 12년(1009) 정변을 꾀했던 것으로 알려진 인물들이기 때문이다.

천추태후와 김치양이 대장경을 사성한 데에는 그럴만한 이유가 있었을 것이다. 어떠한 동기에서 그들은 사경을 제작하게 되었을까. 이를 밝히기 위해서는 먼저 천추태후와 김치양에 대한 보다 면밀한 검토가 행해져야 할 것이다. 그리고 이들에 관한 분석을 토대로 목종 12년의 정변을 이해해 보려는 노력이 뒤따라야 할 것이다.[2] 목종 12년의 정변이 그들과 관련을 맺고 있는 이상, 이러한 노력은 불가능하지만은 않을 것이다.

이러한 일련의 작업은 결국 천추태후와 김치양의 사경 제작 동기를 통해서 목종대의 정치적인 변화를 알아보려는 것이라고 할 수 있다.

---

1) 고려시대의 사경발문에 대한 저서로는 권희경, 『고려의 사경』, 글고운, 2000이 있다.

2) 목종 12년의 정변을 다룬 논문으로는 池內宏, 「高麗穆宗朝の禍亂」, 『東洋學報』 9-3, 1919; 『滿鮮史硏究』, 中世二冊, 1937, 荻山秀雄, 高麗顯宗の即位に關する高麗史の曲筆を論す, 東洋史硏究 12, 1922, 그리고 이태진, 「김치양난의 성격-고려초 서경세력의 정치적 추이와 관련하여-」, 『한국사연구』 17, 1977 등이 있다.

2. 목종대의 사경발문

고려시대의 사경사업에 대한 관심은 일찍이 태조에 의해서 표명된 바 있다. 태조는 정진대사靜眞大師에게

> 정원貞元년 간 이래로 신본新本 경론經論이 점점 많아졌기 때문에 근년에 민구閩甌를 사신으로 보내어 대장경 모두를 구해 오도록 하여, 항상 기원하여 많은 경전을 읽어 널리 퍼지게 했습니다. 요즈음 다행히 병화가 진압되어 불교의 가르침을 진작시킬 수 있습니다. 대장경 한 본을 다시 베껴 개경과 서경 양도에 나누어 두려고 하는데, 어떻게 생각 하십니까(봉암사정진대사원오탑비, 『조선금석총람』 상, 202쪽).

라 하여, 대장경의 사경을 제의였다. 이러한 태조의 뜻은 이루어지지 못했으나, 정종대에 이르러 정진대사가 의희본義熙本 화엄경 여덟 질帙을 사경했다 한다.[3] 이와는 별도로 혜종대에도 화엄경 3본이 사경되었다는 기록이 있다.[4] 그리고 최승로崔承老가 성종에게 올린 시무책時務策의 제 18조에서,

> 사경과 소상塑像은 다만 오랫동안 전하려는 것인데, 어찌 진귀한 보배로 장식을 해서 (사람들로 하여금) 도둑질하려는 마음을 자극시킬 필요가 있겠습니까(『고려사』 권93, 최승로전).

라 하여, 호화로운 사경의 장식을 비난한 사실로도 당시에 사경사업이 널리 행해지고 있었음을 짐작할 수 있다.

---

3) 봉암사정진대사원오탑비(『조선금석총람』 상, 202쪽).
4) 보원사법인국사보승탑비(『조선금석총람』 상, 226쪽).

사경사업이 행해졌다는 초기의 기록에도 불구하고, 현존하는 최고의 고려사경은 목종 9년(1006)에 사성된 대장경 가운데 대보적경大寶積經의 잔권殘卷이다. 여기에서 검토하려는 사경발문은 바로 이 대보적경의 말미에 수록된 것이다. 그 내용은 다음과 같다.[5)]

> 菩薩戒弟子南贍部洲高麗國應天啓聖靜德王太后 皇甫氏
> 大中大夫・尙書左僕射・判三司・隴西縣開國男食邑三百戶　金致陽
> 　　　　同心發願寫成金字大藏經
> 　　　　　統和二十四年 七月 日　謹記
> 　　　　　　　書者　崔成朔
> 　　　　　　　用紙十六幅
> 　　　　　初校 華嚴業了眞炤世大師 曇昱
> 　　　　　重校 華嚴業大師　　　　　緣密

발문에서 볼 수 있듯이, 발원자는 응천계성정덕왕태후 황보씨와 김치양이었다. 응천계성정덕왕태후 황보씨는 곧 경종이 비妃이며 목종의 생모인 헌애왕태후獻哀王太后 황보씨이다. 목종이 18세로 즉위하자 태후는 섭정을 행하면서 천추전千秋殿에 거처하였기 때문에 천추태후로 불린 인물이다.[6)] 그는 황주黃州 지방의 대호족이었을 것으로 추측되는 황주 황보씨 출신이었다. 황주 황보씨는 태조 이래로 고려왕실과 혼인을 맺고 있었는데, 황보씨를 중심으로 이를 도시하면 다음과 같다.

---

5) 이 사경발문은 神田喜一郞, 「中國の裝飾經について」, 『大和文華』 50, 1969에 처음 소개되었다 한다. 그러나 저자는 이 논문을 구해 보지 못하고, 大和文華館, 『高麗佛畵』, 1978와 황수영, 「고려국왕발원의 금・은자대장」, 『고고미술』 132, 1976에서 이를 재인용하였다.

6) 『고려사』 권88, 후비전 1 경종 비 헌애왕태후 황보씨전.

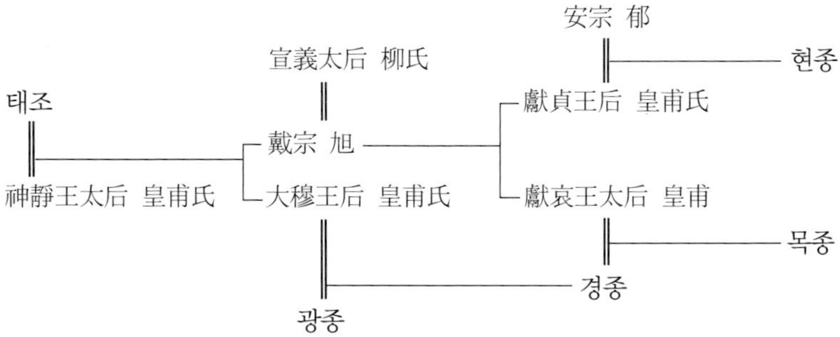

태조의 비인 신정황태후神靜王太后 황보씨는 태위·삼중대광·충의공 제공悌恭의 딸이었다.[7] 제공을 『고려사』에 帝弓, 弟弓·悌弓 등으로 표기된 인물과 동일인으로 간주할 수 있다면,[8] 그는 누구보다 태조에 적극 협력한 인물이었다.[9] 태조 18년(935) 나주 일대를 수복할 책임자를 선발하는 논의에서, 그는 유금필庾黔弼을 천거하여 태조의 승낙을 얻었다.[10] 유금필은 태조의 통일전쟁 수행과정에서 커다란 공을 세운 인물이었다. 이러한 유금필을 제공이 태조에게 천거했다는 사실은, 태조와 제공의 긴밀한 관계 내지는 제공이 무시할 수 없는 세력의 보유자였음을 알려준다.

표 1에서 볼 수 있듯이, 고려왕실과 황주 황보씨의 혼인은 엄밀한 의미에서 태조와 신정왕태후 황보씨에 국한된다고 할 수 있다. 그녀를 제외한 황주 황보씨 출신 후비들은 모두 태조의 자녀로서 외가外家의 성姓을 취했을 뿐이었다.[11] 외가의 성을 따른 황주 황보씨계 후비들이

7) 『고려사』 권88, 후비전 1 태조 비 신정왕태후 황보씨전.

8) 이태진, 「김치양난의 성격」, 79쪽.

9) 위와 같음.

10) 『고려사』 권92, 유금필전.

11) 『고려사』에는 딸이 외가外家의 성姓을 칭한 것이

황주의 황보씨와 어느 정도의 밀접한 관계를 유지하고 있었는지 구체적으로 밝히기는 어렵다.[12] 그러나 그들이 왕후로 책봉된 이면에는 제공으로 대변되는 황주 황보씨 세력이 전연 작용하지 않았다고 보기는 힘들다. 또한 광종이 노비안검법奴婢按檢法을 실시할 때 대목왕후 황보씨가 반대했던 것이나,[13] 천추태후가 목종 12년의 정변 이후 황주에 돌아가 거처한 사실도[14] 왕후들과 황주 황보씨의 밀접한 관계를 알려주는 좋은 예일 것이다.[15] 널리 알려져 있는 바이지만, 광종의 노비안검법은 호족세력을 억압하려는 것이었다. 대목왕후 황보씨가 이를 반대한 것은 황주의 대호족인 황보씨를 의식했기 때문이 아니었나 생각된다. 천추태후가 정변 후 황주에 귀거한 것도 그가 의지할 수 있는 세력이 황주지방에 존재하고 있었음을 나타내 주는 것이다. 이러한 사실로 미루어 보면, 황주 황보씨는 목종대까지 강력한 지방세력으로 존속하고 있었다고 할 수 있다. 다시 말하면, 황보씨계 후비들의 황주 지방과의 밀착은 황주 황보씨가 강력한 지방 토착세력으로 남아 있었기에 가능했다고 생각되는 것이다.

> 태조는 옛 것을 본받아 풍속을 고칠 뜻을 가지고 있었으나 토습土習에 젖어서 자기 아들을 자기 딸에게 장가들이면서 딸은 그 외가의 성을 칭하게 하였는데, 그 자손들도 이것을 가법이라고 생각하고 이상하게 여기지 않았으니 유감스러운 일이다(『고려사』 권88, 후비전 서).

라 하여, 고려의 토습이었다 한다.

12) 이제까지 외가의 성을 따른 후비들을 너무 일방적으로 외가측 세력으로 취급해 왔다는 느낌을 지우기 어렵다. 이에 관해서는 보다 면밀한 검토가 행해져야 할 것이다.

13) 『고려사』 권88, 후비전 1 광종 비 대목왕후 황보씨전.

14) 『고려사』 권88, 후비전 1 경종 비 헌애왕태후 황보씨전.

15) 이 점에 대해서는 이수건씨가 이미 지적한 바 있다. 이수건, 「고려시대의 土姓연구(상)-토성연구(其二의 Ⅱ)-」, 『아세아학보』 12, 1976, 74쪽.

김치양에 대해서는

> 김치양은 동주인洞州人이니 천추태후 황보씨의 외족이었다. 성품이 간교하고 음경陰莖이 능히 수레바퀴를 걸만큼 강했다. 일찍이 거짓 삭발하고 천추궁에 출입하였는데, 심히 추한 소문이 나돌았으므로 성종이 이를 알고 그를 먼 곳에 유배하였다. 목종이 즉위하면서 불러 합문통사사인閤門通事舍人을 제수除授하고 수년이 안 되어 귀총貴寵이 비할 바가 없었다. 갑자기 우복야겸삼사사右僕射兼三司事에 임명되니 백관百官의 임명이 모두 그의 손에서 나왔다. 친당이 널리 포열布列하고 권세가 온 나라를 기울였다(『고려사』 권127, 김치양전).

는 기록이 참고된다. 동주의 김씨였던 그가 어떻게 천추태후의 외족이 되는가는 분명치 않으나, 그가 황주의 황보씨와 연관을 맺고 있었던 것만은 사실로 받아들여도 좋을 것 같다.

동주인으로 김씨인 인물로는 김행파金行波가 있었다. 그는 태조가 서경에 행차했을 때 두 딸을 태조에게 바치고, 태조로부터 김씨를 성姓으로 하사받았다.[16] 태조의 혼인정책이나 사성정책賜姓政策이 호족들에 대한 회유의 한 수단이었던 점을 상기한다면, 김행파는 동주의 대호족이었음이 분명하다. 그런데 그는

> 이 해에 대승大丞 질영質榮·행파行波 등의 부형자제父兄子弟 및 여러 군현의 양가良家 자제를 옮겨 서경을 채웠다(『고려사』 권1, 태조 5년).

는 기록이 말해주듯, 서경에 이주한 인물이었다. 서경에 이주한 인물들이 태조의 측근세력이었는지 아니면, 위협적인 존재였는지는 판단

16) 『고려사』 권88, 후비전 1 태조 비 대서원부인 김씨전.

하기 힘들다. 다만 그들이 중앙의 정치에 깊이 관여하지 못했으리라는 점은 지적되어서 좋을 것이다.

김치양이 김행파와 혈연적으로 연결되었는가 여부는 확인할 수 없다. 그러나 그러했을 가능성을 배제하기 어렵다. 지역이나 성씨가 일치한다는 점을 가볍게 넘겨버릴 수만은 없기 때문이다. 김치양이 황보씨의 외족이었다는 것도 그가 김행파와 혈연적으로 연결되었을 가능성을 높여준다. 황주의 대호족이던 황보씨와 혼인했을 정도라면 김치양 역시 동주의 대호족 출신이었을 것이므로, 김행파와 같은 집안이었다고 추측되는 것이다.

사료 A에도 나타나 있지만, 김치양의 정치적 진출은 목종의 즉위와 더불어 활발해졌다. 그는 유배에서 풀려 합문통사사인에 임명되고 오래지 않아 벼슬이 우복야 겸 삼사사에 이르렀다. 김치양은 이러한 지위를 이용하여 '백관의 임명을 마음대로 하고, 친당을 포열시켜 권세가 중외를 기울였다'한다. 그가 이처럼 정권을 오로지할 수 있었던 것은, 두말할 나위도 없이, 섭정을 행하던 천추태후와의 관계에 힘입었기 때문이다. 그들은

> 이 해에 태후 황보씨가 김치양과 통하여 아들을 낳았는데, (그를) 왕으로 삼으려는 모의를 하였다(『고려사』 권3, 목종 6년).

고 하여, 그들 사이에서 태어난 아들을 왕위에 올리려는 계획까지 모의하고 있었다 한다.

'친당을 포열시켰다'는 표현이 말해주듯, 김치양은 그와 정치적 성격을 같이한 인물들을 대거 등용하였던 것 같다. 그들이 누구였는가와 관련해서는

> (강조康兆가) 군사를 보내 (김)치양 부자 및 (유庾)행간行簡 등 7인을 죽이고, 그 당黨 및 태후의 친속親屬인 (이李)주정周禎 등 30여 인을 섬에 유배하였다(『고려사』 권127, 강조전).

는 기록이 참고된다. 위의 기록은 후일 강조에 의해 살해되거나 유배된 김치양 일파에 관한 설명인데, 이에 따르면 강조에 의해 죽음을 당한 인물은 김치양과 유행간 등이었고, 이주정이 유배되었다. 유행간과 이주정은 김치양의 당여였음이 분명하다. 이들과 더불어 동주지역 출신 인물들도 김치양에게 협력했을 가능성이 크다.

김치양과 동주와의 관계는 다음의 사료에서 보다 분명하게 알 수 있다.

> (김치양은) 또한 농민을 역사役事시켜 동주에 사당祠堂을 세워 성숙사星宿寺라고 이름하였다(『고려사』 권127, 김치양전).

그가 동주에 성숙사를 세웠다는 사실은 자신의 출신 지역에 대한 지대한 관심의 한 표현이었을 것으로 추측된다. 이제까지 중앙의 정치에서 소외되어 왔던 김치양이었고 보면, 중앙정부보다는 그의 세력 근거지라고 할 수 있는 자신의 출신 지역과 밀착되어 있었음은 당연해 보인다. 따라서 김치양과 정치적 성격을 같이 한 인물들 역시 동주 지역의 출신으로, 그와 족적 유대관계를 맺고 있었던 사람들이 대부분이었을 것이다.

한편 앞서 제시한 사경발문에서 볼 수 있듯이, 사경의 초교初校와 중교重校는 모두 화엄종華嚴宗의 승려들이 맡았다. 이는 천추태후와 김치양이 화엄종과 밀접한 관련을 맺고 있었음을 시사하는 것이다. 천추태후가 화엄종과 가까웠음은 그의 원찰인 진관사眞觀寺가[17] 화엄종 계통의 사찰이었던 것으로도[18] 짐작된다. 그런데 화엄종은 황주 황보씨에 의해 비호를 받은 불교 종파였다.[19] 그렇다면 김치양 역시 화엄종의 승려였으며, 그의 출신지인 동주에서도 화엄종은 환영받았던 것이 아닌가 생각된다.

김치양과 천추태후가 대장경을 사경한 이유는 발문에 밝혀져 있지 않다. 그런데 거의 모든 사경이 발원자의 복을 기원하기 위해 제작된 것임을 감안하면, 이 사경의 발원동기도 예외는 아니었을 것이다. 더구나 그들은 사경만이 아닌, 다른 불사佛事를 통해서도 그들의 복을 기원했다. 이는

> (김치양은) 또 궁성의 서북 모퉁이에 시방사十王寺를 세웠는데, 그 도상圖像이 기괴하여 형용하기 어려웠다. 몰래 이지異志를 품고 음조陰助를 구하기 위해 모든 기명器皿에 다 그 뜻을 새겼는데, 종명鐘銘에 '동국東國에 나서 같이 선종善種을 닦고 뒤에 서방西方에 가는 날에는 함께 보리菩提를 증명하리라'고 하였다(『고려사』 권127, 김치양전).

고 하여, 시방사를 짓고 모든 그릇에 그 뜻을 새김으로써 '음조'를 구했다는 사실로 확인할 수 있는 일이다.

복을 기원하는 행위는, 복된 상태에서도 나타날 수도 있지만, 그보

---

17) 『고려사』 권3, 목종 2년 7월.

18) 진관사가 화엄종 계통의 사찰임은

> 진관사에 행사하여 새로 만든 화엄·반야경을 열람하였다(『고려사』 권7, 문종 5년 정월 癸亥).

는 것으로 추측된다.

19) 김두진, 「균여의 생애와 저술」, 『역사학보』 75·76합집, 1977, 69-78쪽.

다는 어딘가 불안한 상태에서 행해지는 것이 보다 일반적이라고 생각된다.[20] 그런데 위에서 보았듯이, 김치양과 천추태후가 '음조'를 구했다는 점을 고려하면, 그들은 무엇인가 불안한 상태에서 복을 기원했다고 이해하는 것이 순조로워 보인다. 궁금한 것은 무엇이 그들을 불안하게 만들었을까 하는 점이다. 당시 그들은 권력의 핵심에 올라 있었다. 그렇다면 그들을 불안하게 만든 요인은 정치적인 것이었을 가능성이 크다. 이와 관련하여 다음의 기록은 참고된다.

> (천추태후가) 충신忠臣·의사義士를 더욱 꺼려하여 죄가 아닌 것을 죄로 모함하였는데, 목종은 이를 능히 금하지 못하였다(『고려사』 권88, 후비전 1 경종 비 헌애왕태후 황보씨).

천추태후가 꺼려했다는 '충신·의사'가 누구인가는 위에 드러나 있지 않다. 그러나 그들이 김치양의 동조세력이 아니었음은 분명하다. 즉 김치양과 천추태후를 불안하게 했던 것은, 바로 이러한 반대세력이었다고 생각된다. 그들이 구체적으로 어떠한 인물들이었는가는 목종 12년(1009)의 정변을 검토하는 과정에서 구체적으로 드러날 것이다.

3. 목종 12년(1009)의 정변

목종 12년에 일어난 정변을 이해하기 위해서는 정변의 발생과 경과에 관해 서술한 다음의 기록부터 검토해 보자.

---

20) 거란의 침입을 당했던 현종조에 대장경의 조조雕造가 행해졌고, 고종 때 몽고의 침입을 물리치기 위해 대장경의 재조再雕사업이 행해졌던 사실은 이를 반영하는 좋은 예가 아닌가 한다.

임신壬申일에 상정전詳政殿에 행차하여 관등觀燈하였다. 대부유고大府油庫에서 화재가 났는데, 불길이 천추전千秋殿에까지 번졌다. 왕이 전우殿宇와 부고府庫가 불에 탄 것을 보고, 슬픔을 이기지 못하고 병이 나서 정사를 돌보지 못하였다. (중략) 갑술甲戌일에 왕태후가 장생전長生殿으로 들어왔다. 왕이 병으로 인해 여러 날 동안 내전內殿에 거처하면서 군신群臣을 만나는 것을 싫어하였다. (중략) (재신宰臣들이) 두 번씩이나 (만나보기를) 청했으나 허락하지 않았다. 어느 날 왕이 재추宰樞 채충순蔡忠順을 침실 안으로 불러 측근을 물리치고 말하기를, '과인의 병은 점차 회복되어 간다. 듣건대 밖에서 왕위를 엿보는 자가 있다고 하는데, 경卿은 이를 아는가' 하고 물었다. (충순이) '신臣도 들었으나 그 실상은 파악하지 못했습니다'라고 대답하였다. 왕은 베개 위의 봉서封書를 집어 충순에게 내어줬는데, 이는 유충정劉忠正이 올린 글이었다. 그 글에 '우복야 겸 삼사사 김치양이 넘보아서는 안 될 일을 도모하기 위해, 국왕의 측근들에게 뇌물을 주어 심복을 삼고, 저에게 안에서 지원해 달라고 청하므로, 신이 타일러서 거절했으나 감히 아뢰지 않을 수 없습니다'라고 하였다. (중략) 충순이 보고 나서 '형세가 급하니, 마땅히 일찍 도모해야 하겠습니다'라고 하였다. 왕이 말하기를 '짐朕의 병이 위독하여 곧 죽을 것이다. 태조의 손자로는 오직 대량원군大良院君이 있다. 경과 최항崔沆은 본래부터 충성심을 가지고 있으니, 마음을 다하여 그를 보좌하여 사직이 다른 성姓으로 넘어가지 않도록 하라'고 하였다. 충순이 밖으로 나와 (왕의 뜻을) 최항에게 전하니, 최항이 말하기를 '신이 항상 이를 걱정하였는데, 이제 임금의 뜻이 이와 같으니 사직의 복이다'라고 하였다. (중략) 충순이 대궐에 들어가 왕에게 아뢰기를 '마땅히 문文·무관武官 한 사람씩을 택해, 군교軍校를 거느리고 가서 (대량원군을) 맞이하도록 해야 할 것입니다'고 하였다(『고려사절요』 권2, 목종 12년 정월).

위 사료를 통해서 보면, 정변의 구체적인 발단은 대부유고와 천추전의 화재에서 비롯되었음을 알 수 있다. 화재가 발생하자 왕은 슬픔을 이기지 못해 병이 났고, 이를 틈타 김치양이 모반을 꾀했다는 것이다. 천추전의 화재는 김치양이 모반을 꾀하기 위해 사전에 계획했던 것 같은 느낌을 받게 한다.[21] 그러나 천추전이 천추태후의 처소였다는 점을 감안하면, 어딘가 석연치 않다. 천추전의 화재는 천추태후의 생명을 노리는 것일 수도 있었기 때문이다.

그렇다면 우발적인 화재였을까. 이와 관련해서는

> 왕이 (최)항에게 말하기를 '지난번에 부고府庫가 불타고 변變이 일어난 것은 모두 나의 부덕에서 연유한 것이니 누구를 원망하겠는가 (하략)'라고 하였다(『고려사』 권3, 목종 12년 2월 戊子).

라는 기록이 참고된다. 목종은 대부유고의 화재를 자신의 실정失政과 연결시켰던 것이다. 이는 대부유고와 천추전의 화재가 당시의 정치적인 상황과 무관하지 않았음을 시사한 것으로 생각된다.

목종은

> 천성이 침착하고 의지가 강해 어려서부터 국왕의 풍도風度가 있었다. 활쏘기와 말 타기를 잘하고 술을 좋아하고 사냥을 즐기었다(『고려사』 권1, 목종 12년 2월 戊子).

는 인물이었다. 이러한 그의 개인적인 성품으로 미루어, 그가 단순한 천추전의 화재에 충격을 받아 '슬픔을 이기지 못하고 병이 나서 정사를 돌보지 않았다'는 것은 선뜻 이해하기 어렵다.[22] 더구나 목종은 자신의 병이 나아간다고 했다가 다시 자신의 병이 위독하여 곧 죽게될

---

21) 池內宏은 김치양이 '불궤'를 꾀하기 위하여 천추전의 방화를 기도한 것으로 이해하였다(池內宏, 「高麗穆宗朝の禍亂」, 185쪽).

22) 池內宏, 「高麗穆宗朝の禍亂」, 185쪽에서도 이는 지적되었다.

것이라고 했다 한다. 따라서 목종 12년의 정변을 기술한 『고려사절요』 기록은 앞뒤가 맞지 않아 그대로 믿기 어렵다.[23]

화재의 발생과 더불어 많은 관리들이 궁성과 관청에서 숙위하였다. 그들 가운데는 국사國師와 같은 승려와 최항·채충순을 비롯한 재상들과 목종이 총애한 신하인 유충정와 유행간庾行簡 등도 끼어 있었다. 그리고 친종장군 유방庾方, 중랑장 유종柳琮·탁사정卓思政·하공진河拱辰 등 무신들은 밤새도록 문을 지켰으며, 호부시랑 최사위崔士威는 대정문별감大定門別監이 되어 모든 궁문을 닫고 계엄하였다. 이 화재사건은 왕이 정사를 돌볼 수 없을 정도의 긴박한 정치적 현실을 반영하고 있었던 것이다.

화재 이후 목종은 '여러 날 동안 병석에 있었는데, 항상 내전에 거처하면서 관리들을 만나는 것을 싫어했'으며, '재신宰臣'들이 두 번씩이나 왕을 문병하기를 청하였으나, 허락하지 않았다. 그러한 목종이 채충순을 불러 최항과 함께 대량원군을 옹립하라고 지시했다 한다. 채충순으로부터 목종이 대량원군에게 양위하려 한다는 것을 전해들은 최항은, '신이 항상 걱정하였는데, 왕의 뜻이 이와 같으니 사직의 복이다'라고 하여, 지극히 당연한 것으로 받아들였다. 목종이 양위할 뜻을 밝히기 이전부터 최항·채충순은 대량원군의 영립을 계획하고 있었다는 느낌을 지우기 어렵다. 최항·채충순 등이 목종에게 양위를 강요한 것은 아니었을까. 궁성의 문들을 폐쇄하고 계엄을 실시한 최사위가

---

23) 荻山秀雄 역시 『고려사』의 기록에 대해 의문을 표시하였다. 그는 현종대 실록의 편찬사업에는 김심언·주저·윤징고·황주량·최충이 참여하였으나 실질적인 감수자가 최항이었던 까닭에 그가 관여한 목종대의 정변에 관해서는 곡필이 이루어질 수밖에 없었다고 하였다(荻山秀雄, 高麗顯宗の即位に關する高麗史の曲筆を論ず, 東洋史研究 12, 1922, 375쪽).

후일 현종을 추대한 공로로 공신에 책봉된 사실도[24] 이러한 추측을 설득력 있게 한다.

최항은 최언위崔彦僞의 손자였다. 최언위는 평장사를 역임했으며, 최항의 부 최광원崔光遠은 벼슬이 비서소감秘書少監에 이르렀다.[25] 최항은 성종 12년에 과거에 합격하여 관도에 진출한 후, 목종 7년과 8년, 2차에 걸쳐 지공거知貢擧를 역임하였다.[26] 이러한 사실은, '밝은 식견과 높은 재주[明識高才]'의 소유자라는 현종의 그에 대한 평가를[27] 빌리지 않더라도, 그가 뛰어난 유학자였음을 짐작케 해준다.

채충순은 『고려사』에 그 출신을 잘 알 수가 없다고 하였다.[28] 다만 목종 11년에 지공거를 역임한 것으로 미루어 그 역시 과거합격자였을 가능성이 매우 크다. 그가 현종조에 두 번이나 예부상서禮部尙書에 임명된 것이나,[29]

> 주저周佇는 송宋의 온주인溫州人인데 목종 때 상선을 따라왔다. 학사 채충순이 그 재간이 있는 것을 알고 가만히 임금께 상주上奏하여 머물게 하였다. 처음에 예빈성禮賓省 주부主簿를 제수하였다가 몇 달이 안 되어 습유拾遺를 제배하고 드디어 제고制誥를 맡기었다(『고려사』 권94, 주저전).

라는 기록도 유학자로서의 그의 지위를 짐작케 한다. 그는 후일 현화사玄化寺 비문碑文을 찬撰한 주저를[30] 천거한 장본인이었던 것이다.

---

24) 『고려사』 권4, 현종 10년 12월 丁酉.
25) 『고려사』 권92, 최언위전 및 93 최항전.
26) 『고려사』 권73, 선거지 3 과목 1 선장 목종 7년 4월 및 목종 8년 3월.
27) 『고려사』 권93, 최항전.
28) 『고려사』 권93, 채충순전.
29) 『고려사』 권4, 현종 3년 2월 戊午 및 현종 7년 정월 己巳.

그렇다면 최항·채충순에게 동조한 인물들은 누구였을까. 이와 관련해서는 목종이 폐위되고 현종이 즉위하면서 단행된 인사이동이 주목된다.

유윤부柳允孚 - 문하시중
유방헌柳邦憲 - 문하시랑평장사
강조康兆 - 이부상서 참지정사
진적陳頔 - 형부상서 참지정사
유진劉瑨·왕동영王同潁 - 상서좌우복야
최항·김심언金審言 - 좌우산기상시
채충순 - 이부시랑 좌간의대부(『고려사』 권4, 현종 즉위년 3월).

최항 채충순이 과거 출신자였음은 위에서 언급했는데, 유방헌과 김심언 역시 과거 출신이었다. 유방헌은 광종대에, 그리고 김심언은 성종대 과거에 급제했던 것이다. 요컨대 목종에게 양위를 강요하는 등 정변에서 주도적인 역할을 한 인물들은 과거합격자 출신이었던 것이다. 이들 과거 출신자들은 성종대 통치체제 정비를 주도함으로써 이후 목종대에 이르기까지 중앙관계를 장악하고 있었다.[31]

과거합격자 출신의 관리들은 대량원군 즉 후일의 현종을 목종의 후계자로 염두에 두고 있었던 듯하다. 대량원군 왕순王詢은 태조의 아들 왕욱王郁이 경종의 또 다른 비인 헌정왕후獻貞王后 황보씨와 사통해서 낳은 아들이었다. 이 때문에 왕욱은 성종에 의해 사수현泗水縣(사천)에 유배되었다가 그곳에서 사망하였다. 그리고 대량원군의 모인 헌정왕

---

30) 현화사비(『조선금석총람』 상, 241쪽).

31) 채희숙, 『고려초 유학자 출신 관료의 정치적 동향』, 전남대 박사학위 청구논문, 2006, 82쪽.

후 황보씨는 그가 태어나자 곧 사망했다. 이로 인해 대량원군은 다섯 살 때 고아가 되었는데, 천추태후는 그를 핍박하여 강제로 승려를 만들어 목종의 원찰인 개경 숭교사崇敎寺에 거처하게 했다. 그리고 15세가 되던 목종 9년에는 삼각산 신혈사神穴寺로 옮겼다.

대량원군의 부父인 왕욱은 일찍이 성종의 후계경쟁에서 신라 6두품 출신 유학자들의 지지를 받았다. 후사가 없던 성종의 후계로는 경종과 헌애왕후 황보씨 사이에서 태어난 왕송王訟, 즉 후일의 목종이 유력하였다. 그는 황주 황보씨의 지원을 받고 있었다. 그런데 여기에 왕욱이 성종의 후계자 경쟁에 뛰어들었던 것이다.[32] 왕욱은 문장에 뛰어나고 또한 지리地理에 정통한, 유학적 소양을 갖춘 인물이었다. 그리고 그의 모후는 신라 유력자의 딸이었다. 따라서 그와 연결된 세력은 신라 6두품 출신의 유학자들이었을 것으로 추측된다.[33] 천추태후가 대량원군을 강제로 출가시킨 것은 김치양과의 사이에서 태어난 아들을 왕위에 올리기 위함이었다고 하는데, 만일 대량원군이 왕이 될 가능성이 전연 없는 인물이었다면, 천추태후가 그를 핍박했을 리 없다. 대량원군은 출가하기 이전부터 과거 출신 관리들에 의해 목종에 대신할 인물로 내정되어 있었던 것 같다.

천추태후와 김치양은 과거합격자 출신 유학자들과 갈등을 빚을 소지를 갖추고 있었다. 앞서 지적한 대로 천추태후는 황주 황보씨였으며 김치양은 황주지역과 가까운 동주 출신이었다. 그들은 황주라는 지역을 기반으로 중앙의 정계를 장악했다고 할 수 있다. 더구나 김치양은

32) 이 책 제2장 서희와 성종대의 정치적 지배세력 참고.

33) 전기웅, 「라말여초 지식인계층의 형성」, 『나말여초의 정치사회와 문인지식층』, 혜안, 1996, 157-164쪽.

승려였을 뿐만 아니라 그의 불교신앙은 도교나 토속신앙과 습합되어 대단히 미신적인 색채를 띠고 있었다.[34] 유학을 바탕으로 관계에 진출한 과거 출신자들이 그들을 달가워했을 까닭이 없다.

천추태후는 자신의 정적들에 대해 강력하게 대처하지 못했던 듯하다. 오히려 그들을 두려워했음은 앞에서 살펴보았듯이, 그녀가 김치양과 함께 사경을 제작하여 자신들의 복을 기원한 것으로 알 수 있다. 비록 천추태후가 목종의 모후로서 섭정을 행했다고는 하지만 과거 출신 관리들은 점차 정치의 실권까지 장악해갔던 것이 아닌가 생각된다. 목종의 재위기간 동안 많은 과거합격자가 배출된 것도 이러한 사실과 무관하지 않을 것이다. 제술과의 경우 목종 12년 재위기간 동안 7차례의 과거를 실시하여 121명을 급제시켰다. 이는 성종이 재위 16년간 14차례의 과거를 실시하여 82명의 급제자를 낸 것보다 더 많은 숫자인 것이다.[35] 실제로 김치양은 왕이 채충순을 불러 대량원군을 맞이하게 한 것을 알고도 어찌하지 못하고 여러 날 동안 주저하였다 한다.[36] 이로 미루어 보면 그는 난을 꾀하기는커녕 대량원군의 옹립에 대해 이렇다 할 대책마저 세워놓지 않았던 듯하다. 따라서 정변의 계기가 된 천추전의 화재를 주도한 인물도 김치양이 아니었다고 생각된다. 최항과 채충순에 의한 것이었을 가능성이 매우 커 보인다.[37]

---

34) 최병헌, 「고려중기 현화사의 창건과 법상종의 융성」, 『한우근기념논총』, 지식산업사, 1981, 241-242쪽.

35) 권순형, 「고려 목종대 헌애왕태후의 섭정에 대한 고찰」, 『사학연구』 89, 2008, 60쪽.

36) 『고려사』 권127, 김치양전.

37) 목종 12년의 정변을 주도한 세력에 대한 학계 연구자들의 견해는 일치되지 않고 있다. 荻山秀雄은 최항 등 신라계가 난을 주도한 것으로 이해한 반면(荻山秀雄, 위의 논문, 360쪽, 373쪽), 池内宏와 이태진은 김치양이 난

최항·채충순 등의 대량원군 옹립 계획에는 무신들도 참여하였다. 화재가 발생한 날 친종장군 유방과 중랑장 유종·탁사정·하공진이 밤새도록 문을 지켰다는 것으로 알 수 있는 일이다. 그리고 누구보다 주목되는 인물은 현종 즉위 후의 논공행상 성격을 띤 인사이동에서 이부상서참지정사에 임명된 강조이다. 정변 당시 강조의 직책은 중추사中樞使·우상시右常侍로서 서북면순검사西北面巡檢使였다. 『고려사』에 따르면 김치양이 난을 일으키자 왕이 강조로 하여금 들어와 지키게 했는데, 천추태후가 내신內臣을 파견하여 이를 저지하려고 했다 한다. 그런데 강조가 군사를 이끌고 개경에 도착한 후

> 임금을 폐하고 새로 다른 임금을 맞아 세우기로 뜻을 모았는데, 왕이 이미 대량군을 맞이하라고 했다는 사실을 알지 못했다. 이에 (서경)분사分司의 감찰어사 김응인金應仁을 보내어 군사를 거느리고 가서 대량군을 맞이하게 하였다(『고려사절요』 권2, 목종 12년 정월).

는 기록을 대하면, 강조를 서울로 불러들인 것은 목종이 아니라 목종의 폐위를 결정한 인물들이었음을 알 수 있다. 최항·최충순 등 정변을 주도한 문신들은 군사력을 보유한 무신의 힘을 빌릴 수밖에 없었기에 강조에게 사전 연락을 취했다고 여겨진다. 따라서 강조가 군사를 끌고 서울에 오는 것을 막으려한 인물은 천추태후 아닌 목종이었을 것이다. 강조가 서울에 오자, 궁전을 숙위하고 있던 무신 탁사정·하공진 등이 그에게 적극 동조하였다.[38]

을 일으킨 것으로 이해하였다(池內宏, 「高麗穆宗朝の禍亂」, 東洋學報 9, 1919, 185쪽 및 이태진, 「김치양난의 성격」, 『한국사연구』 17, 1977, 101쪽).

38) 『고려사』 권94, 하공진전.

한편 후일 현종 원년 고려에 침입한 거란군에 의해 강조가 살해되자, 고려조정은 '강조의 당'인 탁사정 · 박승朴昇 · 최창崔昌 · 위종정魏從政 · 강은康隱 등 무신들을 유배하였다.[39] 이들은 '강조의 당'이라는 표현으로 미루어 강조와 정치적 견해를 같이 한 인물들이었음에 틀림없다. 목종의 폐위와 현종의 옹립에 그들이 협력했을 가능성을 배제하기 어렵다. 결국 목종을 폐위하고 대량원군을 옹립한 목종 12년의 정변에는 문무양반이 대거 참여하였다. 대량원군을 옹립하라는 목종의 명을 받은 채충순이 '마땅히 문文 · 무관武官 한 사람씩을 택해, 군교軍校를 거느리고 가서 (대량원군을) 맞이하도록 해야 할 것입니다'라고 목종에게 건의했다는 것도, 문무양반이 현종 옹립의 주체였음을 알 수 있게 한다.

정변의 과정에서 강조는 김치양과 아울러 유행간을 살해하였다. 유행간은

> 목종이 사랑하여 용양龍陽의 총애가 있었으므로, 별안간 합문사인閤門舍人에 올랐다. 임금이 명령을 내릴 때는 매번 먼저 행간에게 물은 연후에 시행하였다(『고려사』 권123, 유행간전).

이라 할 정도로 목종의 신임을 받았던 인물이다. 따라서 유행간의 살해는 목종의 살해를 예견케 하는 것이었다. 실제로 목종은 강조에 의해 살해되었다. 그런데 강조에 의한 목종의 살해는 최항 · 채충순과의 상의 아래 이루어진 것이 아니었다. 강조가 목종을 살해하자 최항이 이를 질책했다는 것으로 알 수 있다.

---

39) 『고려사절요』 권3, 현종 2년 8월.

목종은 '항상 김치양을 내쫓고자 하였으나 태후의 마음을 상하게 할까 두려워하여 감히 내쫓지 못했다'고[40] 한다. 이러한 목종을 당시의 관리들이 달가워했을 까닭이 없다. 목종의 이러한 태도는 오히려 김치양을 옹호하는 것으로 비쳐졌을 가능성이 있다. 그렇다면 강조에 의한 목종의 살해도 강조의 개인적인 충동이 빚어낸 우발적인 것만은 아니었을 것이다. 강조가 목종을 살해한 배후에는 당시 관리들의 목종에 대한 불만이 하나의 요인으로 자리 잡고 있었다고 생각된다. 그리고 여기에는 강조의 공명심도 작용했을 것이다. 즉 목종의 양위와 대량원군의 영립이 의해 이미 결정된 것을 안 강조는 정변 후 정치적인 기선 제압을 위해 목종을 살해했을 가능성이 큰 것이다. 실제로 현종이 즉위한 직후에는 강조를 비롯한 무신들이 정권을 주도하였다.

결국 중앙의 관리로 자리 잡은 고려의 양반들이 특정 지역을 기반으로 중앙의 정치를 오로지 하려한 천추태후와 김치양에 불만을 품고, 그들을 비호한 목종을 제거하고 현종을 옹립한 것이 목종 12년의 정변이었던 것이다.[41]

---

40) 『고려사』 권127, 김치양전.

41) 이태진은 목종대에 '서경세력이 관인화官人化 과정을 현저히 해 나갔다'고 하면서, '김치양의 소생자에 의한 찬위簒位의 도모가 서경세력 다수에 의해서도 반대에 봉착하게 되는 데는 그 세력 자체의 이와 같은 관인적官人的 속성의 심화가 한 요인으로 들어질 수 있을 것 같다'고 하였다(이태진, 「김치양난의 성격」, 101쪽). 그러나 '관인화'되어 가는 것이 '서경세력'만은 아니었을 것임을 고려하면, 결국 특정한 지역의 출신들이 정계를 장악하는 것을 고려의 관리들이 용납하지 않은 과정에서 목종대의 정변은 일어났다고 해석하는 것이 합리적일 듯하다.

4. 맺는말

지금까지 저자는 김치양과 천추태후의 발원에 의해 사성寫成된 대장경의 제작 동기를 통해서 목종대의 정치적인 변화를 살펴보았다.

목종대의 정치는 목종의 모후인 천추태후와 그녀의 외족인 김치양이 주도하였다. 천추태후는 황주 황보씨였으며, 김치양은 황주와 가까운 동주 출신이었다. 이처럼 황주라는 특정지역을 기반으로 천추태후와 김치양이 목종대의 정치를 주도한데 대해, 최항·채충순 등 과거출신 관리들이 불만을 품었다. 그들은 지역기반에 의존하기보다는 유학 등 자신의 능력을 바탕으로 중앙관계에 진출한 인물들로서, 성종대 제도정비에 참여한 이후 관계를 장악하고 있었다.

최항·채충순 등은 천추태후와 김치양, 그리고 그들을 비호하고 있던 목종을 제거하고 현종을 옹립하기 위해 정변을 일으켰다. 여기에는 강조를 비롯한 군사력을 보유한 무신들도 참여하였다. 다만 정변의 과정에서 강조가 목종을 살해한 것은 최항·채충순 등과의 상의 아래 이루어진 것이 아니었다. 강조는 이러한 독단적이고 강경한 행동을 통해 난에서의 주도권을 장악하려고 했던 듯하다. 따라서 목종대의 정변은 중앙의 관리로서 자리를 잡아가던 문무양반이 특정지역을 기반으로 중앙정계를 장악하려는 인물들을 제거하기 위해 일으킨 사건이었다고 할 수 있다.

김치양과 천추태후는 양반 관리들의 그들에 대한 불만을 사전에 간파했던 듯하다. 그러나 그들은, 당시의 정권을 오로지했음에도 불구하고, 양반들을 제어하지 못했다. 따라서 그들은 정치적으로 항상 불안한 상태에 있었다. 그러한 불안은 그들로 하여금 사경寫經의 제작과 같은 불사佛事를 통해 그들의 복을 기원하게 만들었다. 이처럼 지역을 기반으로 한 인물이 정치적으로 건재하기 어려웠다는 사실은 양반 중심의 중앙집권체제가 점차 확고해져가고 있었음을 알려준다.

제4장 현종대 과거 출신 관리의 정치적 주도권 장악

1. 머리말

고려의 현종은 여러 면에서 주목되는 임금이다. 우선 그는 목종말의 정변으로 인해 왕위에 올랐다. 정변을 일으킨 인물들은 그를 옹립하여 왕으로 추대하고 목종을 살해했던 것이다. 또한 그는 태조 다음으로 많은 14명의 후비를 거느린 것으로도 유명하다. 그리고 이후 고려의 국왕들이 모두 현종의 자손들이었음도 간과하기 어렵다. 따라서 현종대를 기준으로 하여 고려의 시대를 구분하는 연구자도 있다.[1] 현종대는 그만큼 커다란 변화가 수반한 시기였던 것이다. 그러함에도 불구하고 현종대 변화가 가능했던 이유를 밝힌 논고는 없다.

현종대의 변화와 관련하여 주목되는 것은 당시 정치적 지배세력의 성격이다. 현종대의 변화를 주도한 인물들은 아무래도 당시의 정치적 지배세력이었을 것이기 때문이다. 따라서 정치적 지배세력의 성격이

1) 최병헌, 「고려중기 현화사의 창건과 법상종의 융성」, 『한우근기념논총』(지식산업사, 1981), 239쪽.
김용곤, 「고려 현종대의 문묘종사에 대하여-최치원의 경우를 중심으로-」, 『고려사의 제문제』(삼영사, 1986), 512쪽.

드러나면, 변화가 가능했던 이유도 자연스럽게 드러나지 않을까 기대된다.

현종대의 정치적 지배세력에 대한 기왕의 연구는 신라계[2] 혹은 경주계[3] 유신儒臣이 정치적 주도권을 장악했음을 지적하였다. 아울러 근기近畿지방의 호족 출신이 현종대 재추宰樞의 대부분을 점했다거나[4], 과거급제자 등 학문적인 능력을 지닌 인물들이 특히 현종 후반기에 재추에 많이 올랐다는 연구,[5] 그리고 이계吏系 관료가 현종의 옹립과 현종 초의 정치를 주도했다는 주장도[6] 있다. 이러한 연구들이 현종대 정치세력을 이해하는데 도움이 되었음은 두말할 나위도 없다. 다만 현종대의 정치세력이 그 이전과 어떻게 다르며, 그들이 이후의 정치적 변화에 어떠한 영향을 미쳤는가에 대한 구체적인 설명이 없어 아쉬움을 남긴다.

이러한 문제들을 해결하기 위한 방법으로 저자는 현종대에 일어난 무신의 난과 지방제도의 개편에 주목해 보려고 한다. 고려시대에는 의종 이전인 현종대에도 무신의 난이 일어났는데, 무신들이 왜 난을 일으켰으며, 그 결과는 어떠했는가 궁금하다. 한편 현종대에 개편된 지방제도는 고려지방제도의 근간이 되었다는[7] 점에서 특히 주목된다.

---

2) 荻山秀雄, 「高麗顯宗朝の卽位に關する高麗史の曲筆を論す」, 『東洋學報』 12-3 (1922), 372-376쪽.

3) 김용곤, 앞의 논문, 523쪽.

4) 김태욱, 「고려 현종대 재추의 사회적 기반」, 『이기백기념논총 (상)』(일조각, 1994).

5) 김태욱, 「고려 현종대의 재추」, 『역사학보』 144(1994).

6) 김두향, 「고려 현종대 정치와 이계(吏系) 관료」, 『역사와 현실』 55(2005).

7) 이기백, 「고려 지방제도의 정비와 주현군의 성립」, 『고려병제사연구』(일조각, 1968), 199쪽.

누가 무슨 이유로 지방제도의 개편을 주도했을까.[8] 결국 무신의 난이 일어나게 된 원인과 지방제도 개편의 배경을 통해 현종대 정치적 지배세력의 성격과 그들로 인해 야기된 변화를 파악해 보려는 것이 본고의 목적이다.

2. 무신란과 과거 출신 관리

현종 5년(1014) 상장군 김훈金訓·최질崔質 등 무신들은 군인들을 이끌고 난을 일으켰다.[9] 이 난이 일어나게 된 원인과 그 경과가 『고려사절요』에는 다음과 같이 기록되어 있다.

> A. 상장군 김훈·최질 등이 여러 위衛의 군사를 거느리고 난을 일으키자, 중추원사中樞院使 장연우張延祐와 일직日直 황보유의皇甫俞義를 유배하였다. 경술년庚戌年의 전쟁(현종 원년 거란의 침입) 이후 군인들의 수를 늘렸기 때문에 백관의 녹봉이 부족하였다. 유의 등의 건의에 따라 경군京軍의 영업전永業田을 빼앗아 녹봉에 충당하자, 무관들이 크게 불만을 품었다. 또 (최)질은 변방에서 군공을 세워 여러 번 무관직에 임명되었으나 문관직에 임명되지 못한 사실을 불쾌하게 여겼다. 이에 이르러 김훈·최질과 박성朴成·이협李協·이상李翔·이섬李暹·석방현石邦賢·최가정崔可貞·공문恭文·임맹林猛 등이 영업전을 빼앗긴 군인들의 분노를 부추기고, 여러 위의 군사

---

8) 현종대 지방제도 개편의 사회적 배경을 다룬 연구는 있다. 이에 따르면 거란의 침입과 토목공사의 남설에 따라 소농민의 부세 부담은 가중되었고, 이로 인해 심각한 사회불안이 야기되자, 이러한 위기를 수습하기 위해 지방제도의 개편이 추진되었다 한다(구산우, 「고려 현종대 향촌지배체제 개편의 배경과 성격」, 『한국중세사연구』 1, 1994, 76-98쪽).

9) 현종대 무신란을 다룬 연구로는 마종락, 「고려전기 정치권력과 유학사상-현종대의 김훈, 최질 등의 군인란을 중심으로-」, 『진단학보』 80(1995)가 있다.

를 꾀여 북치고 소리 지르며 궁중에 함부로 들어갔다. (그들은) 연우와 유의를 결박하여 매를 때려 거의 죽게 하고, 합문閤門 안으로 들어가 왕에게 호소하기를 '유의 등이 우리의 토지를 빼앗은 것은 자신들의 이익을 도모하기 위한 것이지, 나라의 이익을 위한 것이 아닙니다. 만약 발뒤꿈치를 잘라서 신에 맞게 한다면 몸이 어찌 되겠습니까. 모든 군사가 흉흉하고 분함과 원망을 이기지 못하고 있으니, 청컨대 나라의 좀을 제거하여 여러 사람의 마음을 즐겁게 해 주십시오'라고 하였다. 왕이 그들의 뜻을 어기기 어려워, 그 청에 따라 (장연우와 황보유의를)제명하고 유배했던 것이다(『고려사절요』 3 현종 5년 11월 癸未).

무신들이 난을 일으킨 까닭은 여러 차례의 전공에도 불구하고 문반직을 얻지 못한데다가 황보유의 등이 경군의 영업전을 탈취하여 백관의 녹봉에 충당한 데 있었다. 현종 원년(1010) 거란의 침입을 물리친데 공을 세운 무신들은 자신들의 정치적 지위가 향상되기를 기대하였다. 그러나 그들의 기대와는 달리, 그들은 문반직에 임명되지 못했다. 이에 무신들은 장연우 등이 경군의 영업전, 즉 군인전軍人田[10]을 빼앗아 관리의 녹봉에 충당한 것을 계기로, 군인들을 부추기어 난을 일으켰던 것이다.

무신란을 일으킨 김훈·최질 등이 '문관직에 임명되지 못한 것을 불쾌하게 여겼다'는 것으로 미루어 보면, 그 이전에는 무신들도 문반직을 역임할 수 있었던 것 같다. 후술되겠지만, 실제로 무신란의 성공 이후 '무관 상참常參 이상에게 문관을 겸하게 해 달라'는 무신들의 요청을 왕은 수락하였다.[11] 그러한 전례가 있었기에 현종이 여기에

---

10) 군인전을 영업전이라고도 불렀음은 이기백, 「고려 군역고」, 『고려병제사연구』, 153쪽에 지적되어 있다.

11) 『고려사』 권4, 현종 5년 11월.

쉽게 따랐던 것이 아닌가 생각한다. 또한 목종대 과거에 합격한 강민첨姜民瞻이[12] 무반으로 출사한 것도 무반의 지위가 문반에 비해 크게 열악했던 것은 아님을 알 수 있게 한다. 그는 대장군을 거쳐 상장군에 이르렀는데,[13] 무반의 지위가 문신의 그것에 비해 크게 열악했다면, 과거합격자인 그가 무반직을 택했을 까닭이 없는 것이다. 그러나 현종대 이후는 사정이 달라졌다. 무신들은 전공을 세워도 문반직에 임명되지 못했던 것이다. 왜 이처럼 달라졌을까.

위의 기록에 의하면, 경군의 영업전을 탈취하여 백관의 녹봉에 충당할 것을 건의함으로써 무신들의 불만을 야기시킨 인물은 중추원사 장연우와 일직, 즉 승선承宣인 황보유의였다.[14] 그러나 장연우나 황보유의 두 사람 만에 의해 그러한 결정이 내려졌다고는 생각되지 않는다. 그들은 그러한 사실을 건의한 인물들이었다. 그들의 건의를 받아들여 경군의 영업전을 백관의 녹봉에 충당할 것을 결정한 인물들은 당시의 정치적 실력자들이었음이 분명하다. 군공을 세운 무신들에게 문관직을 제수하지 않은 것도 그들이었을 것이다. 그들이 누구였으며, 왜 그러한 결정을 내렸을까 궁금하다. 이를 밝히는 것은 곧 무신란 발발의 배경을 이해하는 것과 같다고 할 수 있다.

현종은 목종말의 정변에 의해 왕위에 오른 인물이었다. 그는 일찍이 목종과 왕위를 다투었던 왕욱王郁의 아들로서 대량원군大良院君으로 불리어졌는데, 즉위하기 직전에는 승려였다. 이러한 현종의 옹립을 추

---

12) 박용운, 「과시 설행과 제술과의 급제자」, 『고려시대 음서제와 과거제연구』(일지사, 1990). 335쪽. 『고려사』 권94, 강민첨전.

13) 『고려사』 권94, 강민첨전.

14) 일직日直이 승선이었음은 박용운, 「고려시대의 중추원에 대한 고찰」, 『고려시대 중추원 연구』(고대 민족문화연구소, 2001), 14-16쪽 참고.

진한 인물들은 최항崔沆과 채충순蔡忠順이었다. 그들은 목종의 폐위와 현종의 옹립을 기도했던 것이다.[15] 한편 황보유의는 정변의 주도세력에 의해 현종을 데려오기로 내정된 인물이었다. 최항과 채충순은 황보유의로 하여금 신혈사에 머물고 있던 대량원군을 데려오도록 했던 것이다.[16] 이 일은 계획대로 시행되지 않았지만, 황보유의는 현종의 옹립에 기여한 인물이었다고 할 수 있다. 장연우 역시 현종의 옹립에 일정한 기여를 했던 듯하다. 그가 현종 5년에 중추원사라는 고위직에 올랐으며, 현종을 옹립하는 데 공을 세운 황보유의와 정치적 견해를 같이 한 것으로 미루어 그렇게 생각된다.

최항은 평장사를 역임한 최언위崔彦撝의 손자로서 성종 12년에 과거에 합격한 후, 목종 7년과 8년 두 차례에 걸쳐 지공거를 역임하였다. 그리고 목종 11년에 지공거知貢擧를 역임한 채충순은, 기록에는 없지만, 과거합격자였을 가능성이 매우 큰 인물이었다.[17] 현종의 옹립은 과거 출신 문신들이 주도했던 것이다.[18]

그러나 문신인 최항과 채충순은 정변에 필요한 군사력을 보유하지 못했다. 이에 그들은 서경에 머물고 있던 서북면순검사西北面巡檢使 강조康兆를[19] 끌어들였다. 최항 등의 요구에 부응하여 군대를 이끌고 서울에 온 강조는, 김응인金應仁을 보내 대량원군을 맞이하고 그를 즉위시

---

15) 이 책 제3장 목종12년의 정변 참고.

16) 『고려사절요』 권2, 목종 12년 정월.

17) 박용운, 「과시 설행과 제술과 급제자」, 333쪽.

18) 주 15)와 동일.

19) 강조의 관직은 『고려사』 권3, 세가 목종 12년 정월에는 서경도순검사西京都巡檢使, 『고려사』 권127, 강조전에는 서북면도순검사西北面都巡檢使라고 기록된 반면, 『고려사절요』 권2, 목종 12년 정월에는 서북면순검사西北面巡檢使로 되어 있다.

켰다. 이는 황보유의를 보내 대량원군을 맞이하려 했던 최항·채충순의 계획과는 별도로 취해진 조치였다. 그리고 곧 이어 목종을 유배하고 살해하였다.[20] 이 역시 최항·채충순과 상의 아래 이루어진 것이 아니었다. 강조는 이러한 독단적이고 강경한 행동을 통해 난에서의 주도권을 장악하려고 했던 듯하다.

실제로 현종이 즉위한 직후에는 강조가 정권을 장악하였다. 강조는

> 은대銀臺·중추원中樞院·남북원南北院을 파罷하고 중대성中臺省을 설치하여 세 기관의 업무를 모두 속하게 하였는데, 강조로서 중대사中臺使를 이현운李鉉雲으로서 중대부사中臺副使를 삼았다(『고려사절요』 권2, 목종 12년 3월).

고 하여, 은대·중추원·남북원을 통합한 기구의 장관이 되었던 것이다. 이는 그가 정변의 과정에서 군사력에 의존하여 주도권을 장악한 결과일 것이다. 강조의 출신은 분명치 않다. 그런데 그가 서북면순검사를 역임했다거나 서경에서 군대를 이끌고 개경으로 왔던 사실 등을 고려하면[21] 무신이었다고 이해된다. 이는 정변 당시 궁전을 시위하던 무신 탁사정卓思政·하공진河拱辰 등이 강조에게 적극 동조한 사실을[22] 통해서도 짐작되는 일이다.

그러나 강조는 현종 원년 고려에 침입한 거란군에 의해 살해되었다. 강조가 살해되자 강조의 당인 탁사정·박승朴昇·최창崔昌·위종정魏從政·강은康隱 등 무신들도 유배되었다.[23] 그리고 이후에는

---

20) 『고려사절요』 권2, 목종 12년 정월-2월.

21) 『고려사』 권127, 강조전.

22) 『고려사』 권94, 하공진전.

23) 『고려사절요』 권3, 현종 2년 8월.

위수여韋壽餘를 문하시중으로, 유진劉瑨을 문하시랑으로, 최사위崔士威를 내사시랑평장사로, 최항을 이부상서・참지정사로, 박충숙을 상서좌복야로, 채충순을 예부상서로 삼았다(『고려사절요』 권3, 현종 3년 2월).

는 기록을 통해 확인할 수 있듯이, 최항과 채충순 등이 고위직에 올랐다. 따라서 강조의 당이 제거된 이후는 최항과 채충순 등 현종의 옹립세력이 정치적 주도권을 장악하였을 것이라는 추측이 자연스럽다.

현종의 옹립을 주도했으면서도 강조에게 한때 정치적 주도권을 빼앗긴 최항・채충순 등은 군사력을 보유한 무신을 경계하지 않을 수 없었다. 강조가 살해된 직후, 탁사정 등 무신들이 유배된 이유가 여기에 있었다. 또한 앞의 사료 A에서 보았듯이, 군공을 세운 무신을 문반직에 임명하지 않은 것도 무신에 대한 경계심 때문이었다고 생각된다. 따라서 무신들의 정치적 지위는 열악해질 수밖에 없었고, 이에 불만을 품은 김훈・최질은 무신란을 일으켰던 것이다. 결국 현종대 무신을 문반직에 임명하지 않고, 황보유의와 장연우가 경군의 영업전을 백관의 녹봉에 충당할 것을 건의한 데에는 강조가 제거된 이후 정치를 주도한 최항과 채충순 같은 과거 출신 관리들의 의도가 반영되어 있었다.

무신란의 결과 무신들의 요구는 현종에 의해 수용되었다. 중추원사 장연우와 일직 황보유의가 제명되어 유배되고,

B. 김훈 등이 무관 상참관 이상은 모두 문관을 겸하게 하기를 청하고, 또 어사대御史臺를 폐지하고 금오대金吾臺를 설치하며, 삼사三司를 폐지하고 도정서都正署를 설치하기를 청하니 그에 따랐다(『고려사절요』 권3, 현종 5년 11월 乙酉).

라고 하였다. 금오대와 도정서가 어떠한 기구인가를 잘 알지 못하는 현재로서는 무신들이 이의 설치를 요구한 이유를 분명하게 밝히기 어렵다. 다만 상참관 이상의 무관들이 문관을 겸하게 했다는 사실은 주목된다. 이를 통해 무신들의 불만 가운데 하나가 해결되었던 셈이다.

그러나 김훈과 최질 등은 무신란을 일으킨 지 4개월 만에 제거되었다. 이에 관한 기록으로는 다음이 있다.

> C. 왕이 (서경의) 장락궁長樂宮에서 군신에게 연회를 베풀고, 김훈·최질·이협·최가정·석방현·이섬·김정열金貞悅·효암孝嵓·임맹·최구崔龜 등 19인을 목 베었다. 이때에 무신이 권력을 장악하여 문관직을 겸하니 정사政事가 여러 곳에서 나와 조정의 기강이 문란하였다. 화주방어사和州防禦使 이자림李子琳이 비밀히 일직 김맹에게 말하기를 '왕은 어찌 한漢 고조高祖의 운몽유행雲夢遊行을 본받지 않느냐'고 하였다. 김맹이 그 뜻을 알아차리고 왕에게 아뢰니 왕이 그 말을 받아들였다. 자림은 일찍이 서경장서기西京掌書記가 되었을 때 자못 인심을 얻었으므로, 즉시 서경유수판관西京留守判官에 임시로 임명하고 먼저 가서 준비하게 하였는데, 이때에 이르러 김훈 등이 취醉한 것을 틈타서 군사를 거느리고 습격하여 살해하였다(『고려사절요』 권3, 현종 6년 3월 甲午).

김훈 등의 제거를 국왕에게 제의하고 실행한 인물은 이자림이었다. 그런데 그는 과거출신자였다.[24] 과거 출신자가 국왕에게 무신란을 주도한 인물들의 제거를 제의했고, 국왕이 이를 받아들였다는 사실은 과거출신자의 정치적 비중이 컸음을 말해준다.

결국 무신란을 야기한 것도 과거 출신 관리들이었으며, 진압한 것

---

24) 『고려사』 권94, 왕가도전.

도 그들이었다. 이는 곧 무신란 직전에 정치적 주도권을 장악한 인물들은 과거 출신 관리였으며, 이후에도 그들이 정치적 주도권을 장악했다는 것과 다를 바 없다.[25] 무신란을 주도한 인물들을 제거한 이자림, 즉 이가도李可道가 국왕으로부터 사성賜姓을 받아 왕가도王可道가 되었다거나, 그가 현종에게 납비納妃한 사실 등은 현종대 과거 출신 관리의 정치적 지위를 가늠해보는 좋은 예가 될 것이다. 왕가도는 이후 덕종 때까지 왕비의 아버지로서 정치권력을 장악했던 것이다.[26]

3. 지방제도의 개편 배경

고려의 지방제도는 성종 2년(983)의 12목牧의 설치를 시작으로 하여, 성종 14년(995)에 크게 정비되었다. 이때에 12절도사節度使와 7도단련사都團練使, 11단련사團練使, 15자사刺史 등의 지방관제가 새로 마련되었던 것이다. 그런데 이 지방제도는 꼭 10년 뒤인 목종 8년(1005)에 후퇴하였다. 도단련사·단련사·자사 등이 없어짐으로써 지방관수가 크게 줄어들었던 것이다.[27]

지방제도의 조정은 현종대에 들어서도 여러 차례 행해졌다. 이에 관한 기록을 시대 순으로 정리해 보면 다음과 같다.

D-①. (현종 3년) (최사위는) 장연우·황보유의와 더불어 동경유수東京留守

---

25) 과거 출신 관리들이 현종대의 정치를 주도했음은, 박창희, 「고려시대 관료제에 대한 고찰」, 『역사학보』 58(1973), 47-48쪽에서 지적된 바 있다.

26) 『고려사』 권94, 왕가도전.

27) 『고려사절요』 권2, 목종 8년 3월.

를 파罷하고 경주방어사慶州防禦使를 둘 것과 12주州의 절도사를 없애고 5도호・75도 안무사安撫使를 둘 것을 건의하였다(『고려사』 권94, 최사위전).

D-②. (현종 9년 2월)여러 도의 안무사를 파하고 4도호・8목・56지주군사知州郡事・28진장鎭將・20현령縣令을 설치했다(『고려사절요』 권3, 현종 9년 2월).

D-③. 현종 13년 4월에 최사위가 주奏하여 '향리鄕吏의 칭호가 복잡하니 이제부터는 모든 주・부・군・현의 리吏는 그대로 호장戶長이라고 부르며, 향鄕・부곡部曲・진津・역驛의 리는 다만 장長이라고 부릅시다' 하니 이에 따랐다(『고려사』 권75, 선거지 3 전주 향직).

현종 3년(1012) 절도사를 없애고 5도호부와 75도 안무사를 두었다(D-①). 이 75도 안무사는 7도 안무사의 착오라는 견해가 있기도 하나,[28] 그대로 믿어서 좋다고 생각한다. 1명의 안무사가 몇 개의 도를 순찰하면서 관리들의 공과를 감찰하고 백성들의 질고를 살필 수 있으므로, 안무사를 설치한 것은 7개 지역에 7인이었지만 그들은 75개 지역을 감찰했다고 해석할 수 있기 때문이다.[29] 이처럼 지방관수가 대폭적으로 증가한 것은 목종 8년의 후퇴에서 다시 전진적인 자세를 취했음을 말해주는 것이다.[30] 아울러 절도사를 폐지하고 안무사를 설치한 것은 군정적인 체제에서 민정적인 체제로의 전환을 의미하는 것이었다.[31] 즉 지방의 절도사에게 군사력이 집중되는 것을 방지하기 위

---

28) 변태섭, 「고려전기의 외관제-지방기구의 행정체계-」, 『고려정치제도사연구』(일조각, 1971), 128-129쪽 및 하현강, 「후기도제에의 전성과정」, 『한국중세사연구』(일조각, 1988), 236-238쪽. 『고려사』 지리지에 안무사가 설치된 지역이 7개에 불과하기 때문이다.

29) 이기백, 「고려 지방제도의 정비와 주현군의 성립」, 『고려병제사연구』, 198쪽 및 김갑동, 「고려 현종대의 지방제도 개혁」, 『한국학보』 80(1995), 264-265쪽.

30) 이기백, 위의 논문, 198쪽.

31) 하현강, 앞의 논문, 238쪽.

한 조치였던 것이다.[32)]

현종 9년(1018)에는 동왕 3년의 지방제도가 다시 개편되었다. 우선 안무사가 없어지고, 4도호·8목·56지주군사·28진장·20현령이 설치되었다(D-②). 그리고 수도인 개성부에 대한 개편이 이루어져 경기京畿가 성립하였다.[33)] 이로써 중앙의 행정력이 군현 단위에까지 미치게 되었는데, 이는 현종대의 향촌 통제력이 성종대에 비해 크게 강화되었음을 알려준다.[34)] 즉 현종 9년의 지방제도 개편은, 지방사회의 여건을 충분히 고려하지 못한 성종 14년 개편의 한계성을 보완하여, 지방사회의 반발을 줄이고 지방통치의 효과를 끌어내려는 것이었다.[35)]

지방관제의 정비와 함께 향리에 대한 여러 가지 규제책이 마련되었다. 향리의 칭호를 통일했음은 위의 사료 D-③에서 확인할 수 있는 바와 같은데, 이 밖에도 정丁의 다소를 기준으로 한 주·부·군·현의 대소大小에 따라 호장 등 향리의 인원수를 규정했는가 하면,[36)] 향리들의 서열에 따라 그들이 입을 수 있는 옷을 규정한 공복제도가 제정되었다.[37)] 향리에 대한 견제는 곧 지방세력에 대한 구체적인 통제와 다를 바 없다. 따라서 현종대의 지방세력은 제도상 지방관을 보좌하는 향리의 지위로 전락하게 되었다.[38)]

현종 9년에는 또한 각 수령들이 거느릴 수 있는 아종衙從들의 숫자

32) 김갑동, 앞의 논문, 265-266쪽.

33) 변태섭, 「고려시대 경기의 통치제」, 『고려정치제도사연구』, 245-246쪽.

34) 구산우, 앞의 논문; 『고려전기 향촌지배체제 연구』(혜안, 2003), 177쪽.

35) 윤경진, 「고려 성종 14년의 군현제 개편에 대한 연구」, 『한국문화』 27(2001), 143쪽.

36) 『고려사』 권75, 선거지 3 전주 향직 현종 9년.

37) 『고려사』 권72, 여복지 2 관복 장리공복.

38) 하현강, 「고려초기의 지방통치」, 『한국중세사연구』, 203-204쪽.

가 정해졌고,[39] 외관外官들이 지켜야 할 6개의 조항이 만들어졌다.[40] 외관들이 지켜야 할 6조목은 이에 앞서 성종대 김심언金審言의 건의에 따라 수용된 바 있다. 현종대의 6조는, 지방관의 향리들에 대한 감찰을 강조하는 등, 김심언의 그것과 크게 다르지 않다. 그러함에도 불구하고 현종대 외관 6조가 다시 제정된 이유는 성종대 향촌지배가 성과를 거두지 못했기 때문일 것이다. 이에 수령권의 강화를 통해 향촌사회를 장악하려는 의지를 다시 드러냈다고 생각된다.[41] 그렇다면 이러한 지방제도 개편은 어떠한 배경 아래 추진되었을까.

앞의 기록 D-①에 따르면, 현종 3년에 지방제도 개편을 건의한 인물은 최사위와 장연우, 그리고 황보유의였다. 그리고 D-③에서 향리의 칭호를 통일할 것을 주장했던 사람도 최사위였다. 그런데 이들은 현종의 옹립에 커다란 기여를 한 인물들이었다. 장연우와 황보유의에 대해서는 이미 설명한 바 있다. 최사위 역시 현종이 즉위하는 데 공을 세운 인물이었음은 그가 현종의 옹립을 모의할 당시 궁성의 문들을 폐쇄하고 계엄을 실시한 인물이었다거나[42] 후일 현종을 추대한 공로로 공신에 책봉된 사실로[43] 알 수 있는 일이다. 따라서 현종의 옹립에 주도적인 역할을 한 인물들이 지방제도의 개편에 적극적이었다고 할 수 있다. 사실 당시의 정치적 지배세력이 아니었다면, 지방제도의 개편을 추진하지도 못했을 것이다. 문제는 왜 이들이 지방제도의 개편에 적극적이었는가 하는 점이다.

---

39) 『고려사』 권72, 여복지 2 로부 외관아종.

40) 『고려사』 권75, 선거지 3 선용수령 현종 9년 2월.

41) 구산우, 앞의 논문; 『고려전기 향촌지배체제 연구』, 478쪽.

42) 『고려사』 권3, 목종 12년 정월 壬申.

43) 『고려사』 권4, 현종 10년 12월 丁酉.

목종대의 정치권력은 황주 황보씨 등 서경지역의 출신들이 장악하였다.[44] 목종 자신이 황주 황보씨를 비롯한 황주지방 호족의 비호를 받아 즉위한 인물이었음을 감안하면 당연해 보인다. 목종의 모후인 천추태후千秋太后 황보씨皇甫氏와 불륜을 맺고 아들을 낳았다는, 동주洞州 출신 김치양金致陽은 그 대표적인 인물이었다. 그리고 유행간庾行簡은 평산 출신으로 이해되는데,[45] '임금이 명령을 내릴 때는 매번 먼저 (유)행간에게 물은 연후에 시행하였'으며, 그는 이를 믿고 백관을 경멸하였다 한다.[46] 목종이 서경을 호경鎬京이라고 하여 중시한 것도 서경지역의 출신 인물들에 대한 회유의 의미가 내포되어 있었던 것이 아닌가 한다.

목종대의 정치를 특정 지역의 출신들이 주도한 것과는 달리, 현종대의 정치를 주도한 인물들의 출신 지역은 다양했다. 최항은 신라 6두품 출신인 최언위崔彦撝의 손자였다. 채충순의 출신지나 세계世系는 잘 알 수가 없는데, 그가 제양현개국자濟陽縣開國子에 책봉된 사실을 들어 음성陰城 출신으로 비정한 견해가 있다.[47] 황보유의는 본관이 황주인가 아니면 경상도 영천永川인가 분명치 않다. 고려전기에 진출한 황보씨로서는 황주가 유일하기에 황주 황보씨일 가능성이 큰 것으로 이해되고 있다.[48] 최사위는 그의 묘지명에 수주인水州人으로 되어 있다.[49]

---

44) 이태진, 「김치양난의 성격-고려초 서경세력의 정치적 추이와 관련하여-」 『한국사연구』 17(1977), 94-98쪽.

45) 이수건, 「고려전기 지배세력과 토성」, 『한국중세사회사연구』(일조각, 1984), 160쪽.

46) 『고려사』 권123, 유행간전.

47) 이수건, 앞의 논문, 186쪽.

48) 이수건, 위의 논문, 161쪽.

49) 최사위묘지명(김용선 편저, 『고려묘지명집성』, 한림대출판부, 2006, 25쪽).

그가 청하현개국남淸河縣開國男의 작위를 받은 사실을 들어 그를 경주계로 이해하려는 견해도 있으나,[50] 묘지명에 따라 수주, 즉 오늘날의 수원水原 사람으로 이해하는 것이 타당해 보인다. 그리고 장연우는 영주瀛州 상질현인尙質縣人(전라북도 흥덕興德)이었다.[51] 한편 강조의 출신지는 잘 알 수 없다. 그런데 신천강씨信川康氏로 태조의 비인 신주원부인 信州院婦人 강씨康氏가 있었음을 감안하면, 강조 역시 황해도의 신천信川 출신으로 이해된다.[52] 한편 국왕인 현종도 특정지역에 연고를 가진 인물은 아니었다. 그의 부 왕욱은 신라계라고 해서 크게 무리가 없는 인물이다. 그렇다고 현종이 경주에 지역적 연고를 가지고 있었던 것 같지는 않다. 현종이 거란의 침입 시 경상도 아닌 전라도 쪽으로 피난한 것이나 왕욱의 유배지였던 사천泗川을 고향으로 삼았던 것으로[53] 미루어 짐작된다. 요컨대 현종대는 특정한 지역의 출신들이 정치를 주도한 것이 아니었다.[54]

지방제도의 개편은 효과적으로 지방을 통제하려는 의도에서 비롯된 것이었다. 현종대의 정치를 주도한 최항과 채충순이 과거 출신이었다는 사실은 이와 관련하여 시사하는 바 크다. 그들은 지방의 세력을 기반으로 하기보다는 유학을 바탕으로 중앙정부에 봉사하는 존재들이었다. 그들이 지방세력을 견제하고 중앙집권화를 이루려 했을 것임은 쉽게 짐작된다. 성종대 최승로崔承老가 중앙집권화를 적극 주장한 사실에서 그 예를 찾을 수 있다. 최승로는 그의 시무 28조에서 중앙집권화

50) 김용곤, 앞의 논문, 519쪽 주 17.
51) 『고려사』 권94, 황보유의전 부 장연우전.
52) 이수건, 앞의 논문, 171-172쪽.
53) 사주는 곧 풍패의 땅이다[泗州是豊沛之地](『고려사절요』 권3, 현종 13년 2월 참조).
54) 김용곤, 앞의 논문, 528쪽.

를 주장했는데, 성종 2년 12목의 설치는, 일찍이 안정복安鼎福이 밝힌 바와 같이, 최승로의 건의에 따른 것이었다.[55] 결국 현종대 지방제도를 개편하여 중앙집권화를 꾀한 것은 현종대 정치적 지배세력이 문신들, 특히 유학자들이었다는 사실과 무관하지 않았다. 그들은 특정한 지역의 출신들이 주도권을 장악한 목종대의 정치에 불만을 품었다.[56] 그들이 특정 지역에 편중되지 않은 중앙집권적 정치체제를 추구했음은 당연한 것이었다.

4. 문신 중심 정치체제의 강화

이제까지의 검토로 현종대의 정치적 주도권은 유학자, 그 가운데서도 과거 출신 관리들이 장악했음을 알았다. 이제 이를 토대로 현종대의 변화를 검토할 차례가 되었다.

현종 6년(1015) 국방과 군사 관계의 일을 맡아 본 도병마사都兵馬使가 최초로 기록에 나타난다. 따라서 도병마사는 현종 초에 하나의 기구로 완성되었다고 생각되는데, 이는 재신 중에서 임명된 판사判事와 추밀樞密 및 3품 이상의 관리 가운데 임명된 사使로 구성된 회의기관이었다.[57] 고려의 재신과 추밀에 2품 이상의 문신들이 임명되었고, 무신의 경우 최고위직인 상장군이 3품이었음을 감안하면, 도병마사의 구성원은 주로 문신이었다고 할 수 있다. 결국 문신들이 국방과 군사관계의 일을 장악하기 위해 설치한 기구가 도병마사였던 것이다.

---

55) 이기백, 「고려 지방제도의 정비와 주현군의 성립」, 189쪽.

56) 위와 같음.

57) 변태섭, 「고려도당고」, 『고려정치제도사연구』, 85-86쪽.

현종 9년 거란이 3차로 침입했을 때, 강감찬姜邯贊과 강민첨은 대거란전의 총사령관과 부사령관에 각각 임명되었다.[58] 그런데 이들은 모두 과거에 합격한 인물들이었다. 물론 과거 출신자가 출정군의 사령관에 임명된 것이 이때가 처음은 아니었다. 이미 성종 12년 거란의 침입 당시부터 이러한 현상은 나타났다. 거란의 침입에 대비한 출정군의 지휘부는 상군사上軍使에 시중 박양유朴良柔, 중군사中軍使에 내사시랑 서희徐熙, 하군사下軍使에 문하시랑 최량崔亮으로 구성되었는데,[59] 서희와 최량은 과거 출신자였던 것이다. 그런데 성종대 초반에는 최승로를 비롯한 신라 6두품 출신의 유학자들이 정치의 주도권을 장악했으며, 성종 12년 무렵부터는 서희와 같은 과거 출신 관리들이 두각을 나타낸 시기였다. 즉 성종대 과거 출신 관리들이 출정군의 사령관에 임명된 것은 그들이 정치적 주도권을 장악했던 상황과 무관하지 않았던 것이다. 이와 마찬가지로, 현종대 강감찬과 강민첨이 출정군의 사령관이 된 것 역시 과거 출신들이 정치적 주도권을 장악한 결과였다고 생각한다.

현종대에는 신라 유학자인 설총薛聰과 최치원崔致遠이 높이 평가되었다. 현종은 왕 11년 최치원을 공자孔子의 묘정廟庭에 종사從祀케 했으며,[60] 14년에는 그를 문창후文昌侯에 추봉하였다.[61] 그리고 13년에는 설총을 홍유후弘儒侯에 추증追贈하고 역시 공자와 함께 제사지내게 하였다.[62] 설총의 경우, '향언鄕言으로 구경九經을 해석'한[63] 유학에 대한 그

---

58) 『고려사절요』 권3, 현종 9년 12월 戊戌.

59) 『고려사』 권3, 성종 12년 10월.

60) 『고려사』 권4, 현종 11년 8월 丁亥.

61) 『고려사』 권4, 현종 14년 2월 丙午.

62) 『고려사』 권4, 현종 13년 정월 甲午.

의 공적이 높이 평가되었기 때문에 공자와 함께 제사지냈을 것으로 추측한 견해가 있는데,[64] 아무튼 이러한 사실들은 모두 과거 출신 유학자들, 나아가 문신들의 정치적 지위 향상을 반영하는 것이었다고 해서 무리는 없을 것이다.

현종대에는 어사대가 활발하게 활동을 전개하였다. 다음의 기록들을 참고해 보자.

> E-①. 감찰어사 이인택李仁澤이 동북면행영병마사 강감찬姜邯贊과 사이가 좋지 못하여 그를 탄핵하기를 그치지 않으므로, 인택의 직을 파할 것을 명했다(『고려사』 권4, 현종 3년 6월).
>
> E-②. 사헌대에서 시중 최사위와 좌복야 박충숙朴忠淑이 구정毬庭의 연회에서 술에 취하여 춤을 춤으로써 실례失禮하고 불경不敬했다고 탄핵하면서 그들의 죄를 논하기를 청하였으나, 허락하지 않았다(『고려사절요』 권3, 현종 13년 11월).
>
> E-③. 어사잡단 최연수崔延壽가 상소하여, 참지정사 이작인李作仁이 태조 공신의 후예임을 사칭하여 그의 아들에게 음직蔭職을 내리게 했으니 그를 면직시킬 것을 청하였다(『고려사절요』 권3, 현종 21년 11월).

E-①에서, 감찰어사 이인택은 동북면행영병마사 강감찬을 개인적인 감정으로 여러 차례 탄핵하였다 한다. 강감찬은 현종 원년 거란의 침입 당시 국왕은 그의 말에 따라 피난을 결정했을 정도로, 현종과 밀착된 인물이었다. 한편 사헌대에서는[65] 현종을 옹립하는데 공을 세운 시중 최사위를 탄핵했는가 하면(E-②) 6품의 어사잡단 최연수가 참지

63) 『삼국사기』 권46, 설총전.

64) 김용곤, 앞의 논문, 524쪽.

65) 사헌대는 어사대의 다른 명칭이었다. 이에 관해서는 박용운, 『고려시대 대간제도연구』(일지사, 1980), 53-57쪽 참고.

정사 이작인을 탄핵하였다(E-③). 이러한 사실들은 모두 어사대가 활발한 활동을 전개했음을 알려준다. 어사대에는 문신들이 포진하고 있었으므로, 어사대의 활발한 움직임은 곧 문신들의 정치적 지위향상을 반영하는 것으로 이해해도 무리는 없을 것이다. 일찍이 무신란을 일으킨 김훈·최질 등이 어사대의 혁파를 요구한 까닭도 여기에 있었다고 생각한다.

고려 현종대의 재추를 분석한 한 연구에 따르면, 확인 가능한 현종대의 재추 41인 가운데 과거 출신자는 16인이었다.[66] 이러한 숫자만을 가지고서는 현종대 재추 가운데 과거 출신자가 차지하는 비율의 고저를 판단하기 어렵다. 현종 이전이나 이후와 비교해야 하기 때문이다. 그런데 주목되는 것은 과거 출신자의 재추직 진출이 현종대 초반보다는 후반에 두드러졌다는 사실이다.[67] 이처럼 현종대 후반 과거 출신자의 재추직 진출이 활발해진 것은 그들이 정치적 주도권을 장악한 결과였다고 해서 큰 무리는 없을 것이다.[68] 결국 현종대 이후는 문신, 그 가운데서도 과거 출신 중심의 정치체제가 훨씬 강화되는 방향으로 나아갔다고 할 수 있다.

---

66) 김태욱, 「고려 현종대의 재추」, 37쪽.

67) 위의 논문, 42쪽.

68) 이와 유사한 견해는 현종대의 재추를 분석한 김태욱에 의해서도 제시되었다. 그는 '유교적인 관료체제는 현종 후반기에 더욱 정비되어, 유교적인 소양이 없이는 관료로서 존재하기 힘든 상황이 전개되었다'고 하였다(김태욱, 「고려 현종대의 재추」, 44쪽).

5. 맺는말

이제까지 무신의 난과 지방제도의 개편 배경을 통해 현종대 정치적 지배세력의 성격을 파악하려 하였다. 여기에서 밝혀진 바는 대략 다음과 같다.

현종 5년 무신들이 난을 일으킨 것은 여러 차례의 전공에도 불구하고 문신직을 역임하지 못한 데 있었다. 이는 현종의 즉위에 공을 세워 정권을 장악한 문신들이 무신들을 정치권력에서 배제하려는 조치의 일환이었다. 이에 무신들은 난을 일으켜 자신들의 불만을 표출하였다. 그러나 무신란은 과거 출신 문신들에 의해 진압됨으로써, 이후는 문신들, 특히 과거출신 관리들의 정치적 주도권 장악이 더욱 확고해졌다.

현종대에는 지방제도가 대폭 개편되었다. 목종대에 후퇴된 지방제도를 원래대로 복구하는 데 그치지 않고, 지방을 훨씬 효과적으로 통제할 수 있는 방향으로 개편한 것이다. 그런데 지방제도 개편을 주도한 당시의 정치적 지배세력은 지역적 기반에 의존한 존재들이 아니었다. 그들 가운데는 과거 출신자들이 적지 않았으며, 출신지 역시 다양했다. 그들은 목종대의 정치가 황주를 중심으로 하는 특정한 지역 출신의 인물들에 의해 주도된 데에 불만을 품고, 지방에 대한 중앙의 통제를 강화할 목적으로 지방제도를 개편했던 것이다.

과거 출신 관리들의 현종대의 정치를 주도한 결과, 현종 때는 유학이 중시되었으며, 어사대가 활발한 활동을 전개하였다. 또한 문신들이 국방과 군사관계의 일을 관장하는 도병마사가 설치되었으며, 재추에 임명되는 과거 출신의 관리들의 수가 늘어났다. 이는 과거 출신 관리들의 현종대의 정치를 주도한 결과였다. 고려는 철저하게 문신, 특히 과거합격자 중심의 중앙집권적인 정치체제가 강화되는 방향으로 나아갔다.

제5장 현종·덕종대 대거란(요) 관계를 둘러싼 관리들 간의 갈등

1. 머리말

충렬왕대의 이승휴李承休는 『제왕운기帝王韻記』에서

> 덕종은 어찌 4년에 그쳤는가. 채우彩羽가 상서로움을 가져왔다[德何止四年 彩羽來呈瑞(『제왕운기』 하 본조군왕세계연대).

고 하여, 덕종의 재위기간이 4년에 불과한 것을 안타깝게 여기고, 덕종을 채우에 비유하여 그가 상서로움을 가져왔다고 높이 평가하였다. 그러나 이승휴와 거의 동시대인이었던 이제현李齊賢은 이러한 이승휴의 견해를 비판하였다. 우선 채우가 상서로움을 가져왔다는 『제왕운기』의 기록은 실록實錄에도 없는 사실이라고 하여 그 전거를 의심하였다. 이어 그는 봉鳳으로 상징된 덕종이 군조群鳥로 표현된 소인배에게 쫓겨갔다는 내용의 속담을 소개하면서, 새들에게 쫓긴 것은 봉이라고 할 수 없다는 점을 들어 『제왕운기』의 황당무계함을 주장하였다.[1] 요컨대 그는 덕종을 대단한 인물로 평가하지 않았던 것이다.

---

1) 『고려사』 권6, 덕종 세가 말미 이제현찬왈.

이제현이 덕종을 낮게 평가한 것은 그가 대거란 강경책을 채택한 때문이었다. 덕종대는 대거란 강경론을 주장한 왕가도王可道 등과 온건론을 주장한 황보유의皇甫俞義 등의 견해가 엇갈렸는데, 덕종은 왕가도의 견해를 채택하여 대거란 강경책을 실시하였다. 그런데 이제현에 따르면, 이는 잘못으로써 덕종은 황보유의의 건의를 받아들여 거란과 우호관계를 맺었어야 했다는 점을 누누이 강조했던 것이다.[2] 한편, 이승휴가 덕종을 높이 평가한 이유가 어디에 있었는가를 알려주는 구체적인 기록은 없으나 이제현이 덕종을 낮게 평가한 것으로 미루어, 이승휴는 덕종의 대거란 강경론에 동조했기에 그를 높이 평가했다고 이해된다.[3] 이처럼 후대인들 간에 치열한 논쟁을 불러일으킬 만큼[4] 덕종대 대거란 관계를 둘러싼 관리들 간의 갈등은 심각했던 것이다. 어떠한 관리들이 왜 대거란 강경론을 폈으며, 온건론을 편 관리들은 누구였고 왜 그러했는가 궁금하다.

덕종대 대거란 관계를 둘러싼 관리들 간의 갈등은 실은 현종대 그것의 연장이었다. 대거란 강경론을 주장한 왕가도나 온건론을 주장한 황보유의는 현종대에 주로 활동하던 인물들로서, 현종대부터 대거란 관계를 둘러싸고 갈등을 빚어왔던 것이다. 현종대 두 번에 걸친 거란

---

2) 『고려사』 권6, 정종 세가 말미 이제현찬왈.

3) 김철준, 「고려중기의 문화의식과 사학의 성격」, 『한국고대사회연구』, 지식산업사, 1975, 404쪽.

4) 이승휴와 이제현의 덕종에 대한 평가가 이처럼 달랐던 것은 그들이 처한 시대 적인 상황이나 그들의 시대인식에 대한 차이와 무관하지 않을 것이다. 이승휴가 원元의 지배를 받은 초기의 인물로서 원에 반감을 가지고 있었던데 반해, 이제현은 원과 긴밀한 관계를 유지한 인물이었던 것이다. 그러한 만큼 이승휴는 대외관계에 있어서 강경노선을 찬양했고, 이제현은 유화적인 노선을 지지했다.

의 침입이 있었음을 고려하면 당연하다. 따라서 저자는 현종대와 덕종대에 전개된 관리들 간의 대거란 관계를 둘러싼 갈등을 모두 검토해 볼 생각이다. 즉 강경론과 온건론의 양상을 구체적으로 검토하고, 이러한 강·온건론이 대두되게 된 정치적 배경을 알아보려는 것이다.[5] 이는 현종·덕종대의 정치상황을 이해하는 데 도움이 될 것이다.

2. 대거란 강경론과 온건론의 전개

현종대와 덕종대에 대거란 강경론을 편 인물들과 온건론을 주장한 인물들이 구체적으로 누구였는가를 알아보기 위해서는 현종·덕종대 대거란 정책이 어떻게 전개되었는가를 먼저 검토해 볼 필요가 있다.

거란이 고려에 처음 침입한 것은 성종 12년(993)이었다.[6] 당시 고려 조정은 이에 대한 대응책을 논의했는데, 거란에 항복하자는 주장과 서경 이북의 땅을 그들에게 떼어주자는 할지론割地論이 서로 엇갈렸다. 성종이 할지론에 따르려고 하자, 거란방어를 직접 담당하고 있던 서희徐熙는 먼저 결전을 시도할 것을 강하게 요구했고, 이지백李知白 등이 여기에 동조하였다.[7] 따라서 거란에 대한 강경론과 온건론은 이때부터 대두했다고 할 수 있다. 즉 거란에 항복할 것을 주장한 인물들이나 할지론에 찬성한 인물들이 온건론자였다고 한다면, 이에 반대한 서희

5) 현종·덕종대의 대거란 관계에 대한 관리들의 강경론과 온건론을 다룬 연구로는 박종기, 「11세기 고려의 대외관계와 정국운영론의 추이」, 『역사와 현실』 30, 1998와 김두향, 「고려 현종대 정치와 이계(吏系) 관료」, 『역사와 현실』 55, 2005가 있다.

6) 『고려사』 권3, 성종 12년 윤12월.

7) 이에 관해서는 김상기, 『고려시대사』, 동국문화사, 1961, 86~91쪽 참고.

등은 강경론자였던 셈이다. 다만 당시 고려가 서희의 외교적 성과에 힘입어 거란의 침입을 효과적으로 물리칠 수 있었음은 널리 알려진 사실이다. 그런데 이 때 거란에 항복할 것을 주장한 인물들이나 할지론에 찬성한 인물들이 구체적으로 누구인가는 드러나 있지 않다.

거란은 현종 원년(1010) 다시 고려에 침입하였다. 강조康兆가 목종을 살해했으므로, 그의 죄를 묻는다는 것을 구실로 내세웠다. 그러나 실은 고려가 송과 지속적으로 통교한 데 대한 불만에서 비롯된 침입이었다. 거란은 성종 12년 고려와 강화를 맺으면서 송보다는 자신들과 더욱 친밀할 것을 요구했는데, 고려가 이를 어기자 불만을 품었던 것이다.[8] 고려는 참지정사 강조를 총사령관으로 삼아 이에 맞섰으나 대패하고, 강조 등은 거란에 사로잡혀 죽음을 당했다.[9] 이후 거란이 개경을 향해 남하하자 고려의 군신들은 항복을 의결하였다. 그러한 가운데 강감찬姜邯贊은 피난하여 후일을 도모할 것을 건의하였다.[10] 당시 피난을 건의한 강감찬은 대거란 강경론자였음이 분명하다. 현종은 강감찬의 요구를 받아들여 피난을 결정하였다.

고려는 현종의 입조入朝를 거란에 약속함으로써 거란군을 물러나게 했다. 그러나 현종은 친조親朝하지 않았다. 이에 거란은 성종대 서희가 설치한 강동6주江東六州의 반환을 요구해 왔는데, 이러한 제의 역시 고려에 의해 거절되었다.[11] 더구나 고려는 현종 5년에 내사사인 윤징고尹徵古를,[12] 그리고 다음 해에는 민관시랑 곽원郭元을 송宋에 사신으

8) 구산우, 「고려 현종대 향촌지배체제 개편의 배경과 성격」, 『한국중세사연구』 창간호, 1994, 76쪽.

9) 김상기, 『고려시대사』, 94~99쪽.

10) 『고려사』 권94, 강감찬전.

11) 김상기, 『고려시대사』, 111~112쪽.

로 파견하여[13] 교섭을 청하였다. 아울러 현종 7년에는 이제까지 사용해오던 거란의 연호를 버리고 송의 대중상부大中祥符 연호를,[14] 그리고 9년에는 천희天禧 연호를 사용하였다.[15] 고려의 이러한 외교정책은 다시 거란의 침입을 불러왔다. 거란은 9년에 소배압蕭排押[16]으로 하여금 10만의 군대를 거느리고 고려에 침입케 했던 것이다.[17] 고려에서는 이에 대비한 출정군을 편성했는데, 사령관에 평장사 강감찬을, 그리고 부사령관에는 대장군 강민첨姜民瞻을 임명하였다.[18] 사령관과 부사령관에 각각 임명된 강감찬과 강민첨은 당시 거란에 대해 강경한 태도를 취한 인물들이었다고 이해해서 큰 잘못은 없을 것이다.

현종 20년(1029) 거란에서는 발해渤海 대조영大祚榮의 7대손이라는 동경장군東京將軍 대연림大延林이[19] 반란을 일으키고 나라를 세워 흥료興遼라고 하였다.[20] 고려의 참지정사 곽원郭元은 이 기회를 이용하여, 현종

12) 『고려사』 권4, 현종 5년 8월 甲子.

13) 『고려사』 권4, 현종 6년 끝 부분.

14) 『고려사』 권4, 현종 7년 끝 부분.

15) 『고려사』 권4, 현종 9년 10월.

16) 현종 9년에 침입한 거란의 총사령관이 『고려사』와 『고려사절요』에는 모두 소손녕蕭遜寧으로 기록되어 있다. 이러나 이것이 잘못임은 池內宏, 「契丹聖宗の高麗征伐」, 『滿鮮史硏究』 中世 第二冊(吉川弘文館, 1937), 256쪽에서 지적된 바 있다. 소손녕은 이미 15년 전에 사사賜死되었고, 이때 참전한 소배압蕭排押은 소손녕의 형이었다(김상기, 『고려시대사』, 117쪽).

17) 『고려사』 권4, 현종 9년 12월.

18) 『고려사』 권4, 현종 9년 11월 戊戌.

19) 대연림이 대조영의 7대손이라고 한 것은 숫자의 착오일 것이라고 김상기는 지적했다. 대연림이 흥료국을 세운 것이 1029년이고, 대조영의 재위 연대가 698~719년임을 고려할 때, 두 사람 사이는 7대 이상이어야 한다는 것이다(김상기, 『고려시대사』, 122쪽 주 60).

20) 『고려사』 권4, 현종 20년 9월 戊午.

6년 거란이 고려의 강동6주 지역에 설치한 두 성을[21] 공격하자는 의견을 제시하였다. 이에 대해 최사위崔士威·서눌徐訥·김맹金猛 등이 반대하였다. 그러함에도 불구하고 곽원은 거란을 공격했는데, 이기지 못하였다.[22]

거란을 공격할 것을 주장한 곽원은 당시 여러 차례 변경을 침입한 여진에 대해서도 강경한 태도를 취했다. 여진에 대한 대책을 국왕이 묻자, 회유보다는 위엄으로써 누르는 것이 옳다고 건의했던 것이다.[23] 따라서 그는 대외정책에 있어서 강경론자였음이 분명하다. 곽원과는 달리, 거란을 치는 데 반대한 인물은 최사위·서눌·김맹이었다. 그렇다고 그들 모두를 대거란 온건론자로 단정하는 것은 성급하다. 서눌은 현종 8년에,[24] 그리고 김맹은 현종 11년에[25] 각각 송에 사신으로 다녀왔는데, 그들의 사행 목적은, 거란에 대한 견제를 요구하기 위함이었다고 생각된다.[26] 이점으로 미루어 보면 그들은 대거란 강경론자였다고 할 수 있으므로,[27] 성급한 단정은 피해야 하는 것이다.

한편 흥료국의 태사太師 대연정大延定은 동북 여진을 이끌고 거란과 싸우면서, 고려에 사신을 보내어 구원을 청하였다.[28] 이에 대해 시중 최사위는 평장사 채충순蔡忠順과 더불어 군대의 파견에 반대하였다. 흥

21) 『고려사』 권4, 현종 6년 정월.

22) 『고려사』 권94, 곽원전.

23) 『고려사절요』 권3, 현종 20년 5월.

24) 『고려사』 권4, 현종 8년 7월.

25) 『고려사』 권4, 현종 11년 끝 부분.

26) 박종기, 「11세기 고려의 대외관계와 정국운영론의 추이」, 166쪽.

27) 이 때문에 박종기는 서눌과 김맹을 대거란강경론자로 분류하였다(박종기, 위의 논문, 166쪽).

28) 김창수, 「고려와 흥료국」, 『황의돈기념논총』, 동국대출판부, 1960, 128~129쪽.

료국과 거란 가운데 누가 승리할지 모르는 상태에서 흥료국을 지원하는 것은 고려에 해가 될 수 있다는 것이 그들의 반대 이유였다.[29] 앞서 곽원의 건의에 따라 거란을 쳤다가 패했으므로, 이들의 주장은 설득력을 가지고 있었다. 고려는 흥료국에 군대를 파견하는 대신, 서북면판병마사 유소柳韶에게 명하여 위원진威遠鎭과 정융진定戎鎭을 설치하고 영평永平의 백성을 이주시켜[30] 그들의 침입에 대비하였다.[31]

흥료국에 군대를 파견하는 것에 반대한 최사위는, 일찍이 현종 6년 고려에 온 거란의 사신 야율행평耶律行平을 고려가 억류하자 그를 본국으로 환송할 것을 주장하기도 했다.[32] 따라서 그는 대거란 온건론자였다. 그와 함께 흥료국에 군대 파견을 반대한 채충순의 경우는 이 한 가지 예만으로 그가 거란에 대해 어떠한 정책을 지지했는가 단언하기 어려운데, 후술되겠지만, 최사위와 정치적 견해를 같이 했던 것으로 미루어 온건론자였다고 해서 큰 잘못은 없어 보인다.

현종의 뒤를 이어 덕종이 즉위한 해(1031년)에 거란에서는 성종聖宗이 죽고 흥종興宗이 즉위하였다. 그런데 성종聖宗의 사위 필제匹梯는 여기에 불만을 품고 반란을 일으켰다. 고려에서는 이 기회를 이용하여, 압록강 성교城橋를 부수고 그들이 억류하고 있던 고려 사신을 돌려줄 것을 요구하기로 하였다.[33] 압록강 성교란, 위에서 언급한 바 있는, 일찍이 현종 6년 거란이 압록강 동쪽에 보주와 선주 두 성을 쌓으면

29) 『고려사절요』 권3, 현종 20년 12월.

30) 『고려사』 권94, 유소전.

31) 『고려사절요』 권3, 현종 20년 12월.

32) 최사위묘지명(김용선 편, 『역주 고려묘지명집성(상)』, 한림대출판부, 2006, 28쪽).

33) 『고려사』 권94, 왕가도전.

서 설치한 다리를 말한다. 그리고 거란이 억류한 고려의 사신은 현종 원년에 거란이 고려에 침략할 조짐을 보이자 그들과의 화친을 위해 파견된 이예균李禮均·왕동영王同穎 등이었다.[34] 고려는 이 두 사건을 거란과의 관계에서 반드시 해결해야 할 문제로 인식해 왔는데, 필제의 반란으로 인해 거란에 내분이 일자, 이를 공론화했던 것이다. 그리하여 성종聖宗의 장례식과 흥종의 즉위식에 참석하는 사신 편에 이 문제를 해결해 줄 것을 거란에 요청하였다.[35] 그런데 사신으로 갔던 김행공金行恭은 돌아와 거란에서 이를 거부했다는 보고를 하였다. 그러자,

> 평장사 서눌 등 29인이 의논하기를 '거란이 우리의 청을 듣지 않았으니 사신을 보내지 말자'고 하였다. 그러나 중추사 황보유의皇甫俞義 등 33명은 '만약 국교를 단절한다면 반드시 민을 괴롭게 할 것이니 화호를 계속하여 민을 휴식시키는 것만 같지 못하다'라고 하였다. 왕은 서눌과 왕가도王可道의 의논을 좇아 하정사賀正使는 정지하고 성종聖宗의 태평太平 연호는 그대로 썼다(『고려사절요』 권3, 현종 22년〈덕종 즉위년〉 11월).

라 하여, 왕가도와 서눌 등 29인은 거란과 절교하기를 건의한 데 반해 황보유의 등 33인은 거란과 우호를 계속할 것을 주장하였다. 덕종은 왕가도 및 서눌의 의논을 좇아 새로운 황제인 흥종의 연호 대신 죽은 성종聖宗의 태평 연호를 그대로 사용하는 한편 하정사의 파견을 정지하였다. 그리고 거란 사신의 입국을 거절하고, 삭주 등에 성을 쌓아 대비하였다.[36] 이때의 왕가도와 서눌 등은 대거란 강경론자였으며,

---

34) 『고려사』 권4, 현종 원년 10월. 이들 사건에 대한 고려정부의 관심에 대해서는 박종기, 「11세기 고려의 대외관계와 정국운영론의 추이」, 152쪽 주 6 참고.

35) 『고려사절요』 권3, 현종 22년(덕종 즉위년) 10월.

36) 『고려사』 권5, 덕종 원년 정월.

황보유의 등은 온건론자였다고 할 수 있다.

이후 고려에서는 거란의 성을 공격하자는 의견이 제시되었다. 이러한 주장을 한 인물은 평장사 유소柳韶였는데, 여기에는 왕가도와 이단李端만이 찬성했을 뿐, 서눌·황보유의·황주량黃周亮·최제안崔齊顔·최충崔沖·김충찬金忠贊 등 많은 관리들이 반대하여 실현되지 못하였다.37)

이제까지의 검토 결과 현종·덕종대 대거란 강경론을 내세운 인물로는 현종대의 강감찬·강민첨·곽원 등과 덕종대의 왕가도가 있었으며, 온건론을 주장한 인물로는 현종대의 최사위·채충순 등과 덕종대의 황보유의 등이 있었음을 확인하였다. 서눌의 경우 현종 8년 거란을 견제하기 위해 송에 사신으로 다녀왔으며, 덕종 즉위년 왕가도와 함께 거란과의 절교를 주장한 점 등으로 미루어 보면, 대거란 강경론자로 파악하는 것이 마땅하다.38) 그러나 그는 현종 20년 대연림이 흥료국을 세운 틈을 타서 거란을 치자는 곽원의 주장이나 후일 덕종대 유소의 거란공격에는 반대했다. 따라서 그를 대거란 강경론자로 단언하기에는 주저된다. 그런데 거란에 대한 공격은 위험이 따르는 것으로, 대거란 강경론자라도 해서 반드시 이를 지지했다고는 생각되지 않는다. 실패했을 경우 그들의 정치적 지위가 위태로워질 수 있기 때문이다. 후술되겠지만, 당시의 대거란 강경론이 거란에 대한 반감에서 비롯되었다기보다는 정치적으로 이를 이용하려는 데 있었음을 감안하면 더욱 그러하다. 요컨대 서눌은 대거란 강경론자로 파악되어서 무리는 없을 것이다.

대거란 강경론을 주장한 인물들 가운데는 과거 출신자들이 많았다.

---

37) 『고려사』 권94, 왕가도전.

38) 박종기, 「11세기 고려의 대외관계와 정국운영론의 추이」, 158-166쪽.

강감찬·강민첨·왕가도·서눌·곽원 등이 그들이었다. 강감찬은 성종 2년에, 왕가도는 성종 14년에, 곽원과 서눌은 성종 15년에 각각 과거에 합격하였다.[39] 그리고 강민첨 역시 과거 출신자였다.[40] 한편 대거란 온건론자들 가운데도 과거 출신자가 있었다. 채충순은 지공거를 역임했던 사실로 미루어 과거 출신자로 이해되고,[41] 덕종대 거란에 대한 공격을 반대했던 황주량과 최충 역시 과거 출신자였다. 즉 황주량은 목종 7년에, 최충은 목종 8년에 각각 과거에 합격했던 것이다.[42] 따라서 과거의 합격 여부가 대거란 강경론과 온건론의 구분 기준이 되는 것은 아님을 알 수 있다.

일찍이 신채호申采浩는 '고려의 대외관계에 있어서 자존自尊의 강경론을 편 인물들은 거의 낭파郎派나 혹 간접으로 낭파의 사상을 받은 자요, 사대론事大論을 주장한 자는 대개 유학자들이었다'고 주장하였다.[43] 신채호의 주장이 정당한 것이라면, 대거란 강경론자들은 유학자들이 아니어야 한다. 그러나 강감찬·왕가도 등 대거란 강경론을 주장한 인물들 대부분이 과거합격자들이었다. 따라서 이 사실만으로 신채호의 견해가 반드시 타당한 것이 아님을 엿볼 수 있다. 한편 김철준金哲埈은 북진파北進派와 사대적인 보수파保守派의 갈등으로 거란에 대한 관리들의 견해 차이를 설명했다.[44] 그에 따른다면, 대거란 온건론자는 사대

39) 허흥식, 「고려예부시등과록」, 『고려과거제도사연구』, 일조각, 1981, 266~267쪽, 박용운, 「과시 설행과 제술과 급제자」, 『고려시대 음서제와 과거제연구』, 일지사, 1990, 331~333쪽.

40) 『고려사』 권94, 강민첨전.

41) 박용운, 「과시 설행과 제술과 급제자」, 333쪽.

42) 박용운, 「과시 설행과 제술과 급제자」, 334~335쪽.

43) 신채호, 「조선역사상 일천년래 제일대사건」, 『단재신채호전집』 (중), 을유문화사, 1972, 108쪽.

적인 보수파였다고 해야 옳다. 그러나 이는 사상 혹은 이념 때문에 대외관계에 대한 견해가 달라졌다는 것과 마찬가지로써 충분한 설명은 되지 못한다. 당시의 관리들이 왜 북진, 혹은 보수를 표방했는가를 밝히지 않으면, 이를 통해 당시의 상황을 이해할 수 없기 때문이다. 따라서 우리는 대거란 관계를 둘러싼 관리들의 견해 차이가 어디에서 비롯되었는가를 새롭게 검토해야 하겠다.

현종·덕종대 대거란 온건론을 주장했던 채충순·최사위·황보유의는 현종의 옹립에 공을 세웠던 인물들이다. 채충순은 최항崔沆과 더불어 목종을 폐위시키고 현종의 옹립을 계획한 장본인이고, 황보유의는 새로운 국왕인 현종을 신혈사神穴寺로부터 모셔오는 임무를 맡았다.[45] 그리고 최사위는 현종의 옹립을 모의할 당시 궁성의 문들을 폐쇄하고 계엄을 실시한 장본인으로서[46] 후일 현종을 추대한 공로로 공신에 책봉되었다.[47] 따라서 그들은 현종의 옹립세력이라고 불러서 마땅하다.[48]

그렇다면 현종·덕종대의 대거란 강경론자는 어떠한 자들이었을까. 강감찬은 현종이 신뢰한 인물이었다. 현종은 동왕 원년 거란의 침입 당시 강감찬의 말에 따라 피난을 결정하였다.[49] 또한 현종은 강감찬

44) 김철준, 「고려중기의 문화의식과 사학의 성격」, 403쪽.

45) 『고려사』 권3, 목종 12년 정월 壬申.

46) 위와 같음.

47) 『고려사』 권4, 현종 10년 12월 丁酉.

48) 현종·덕종대 대거란 온건론을 주장한 인물들이 현종을 옹립한 세력이었음은 박종기, 「11세기 고려의 대외관계와 정국운영론의 추이」, 159쪽에서 지적되었다.

49) 강감찬이 현종 원년 거란의 침입에 강경한 태도를 취한 것은 그가 국왕의 측근 때문이 아니었다. 후술되겠지만, 이때는 현종의 측근세력이 형성되었다고

을 서경유수·내사시랑평장사로 삼으면서 손수 고신告身의 뒤에 그의 공을 높이 평가하는 글을 쓰기도 했다.[50] 강감찬에 대한 현종의 신뢰를 읽을 수 있는 대목이다. 그리고 왕가도는 원래 이가도였는데, 현종이 그에게 왕씨 성을 하사함으로써 왕가도가 되었다. 현종 6년 무신 김훈金訓·최질崔質의 난을 진압하는데 공을 세운[51] 그는 현종에게 딸을 납納하였다.[52] 따라서 그는 현종과 밀착된 인물이었다고 할 수 있다.[53] 그리고 서눌은 성종대에 거란의 침입을 물리친 것으로 유명한 서희의 아들인데, 현종은 그의 딸을 맞아 숙비淑妃로 삼았다.[54] 서눌 역시 강감찬·왕가도와 마찬가지로 현종과 밀착되었던 것이다.

현종의 옹립세력이 아니면서도 현종과 밀착된 이들을[55] 어떻게 불러야 할까. 현종의 측근세력이라고 부르면 어떨까. 현종을 옹립한 인물들 역시 측근이었다고 할 수 있으므로, 이들을 측근세력이라고 부르는데 이의를 제기할는지 모른다. 그러나 현종을 옹립한 인물들의 경우, 옹립세력이라는 보다 적절한 용어가 있으므로, 이들과는 다른 측근들은 측근세력이라고 불러도 좋다고 생각한다. 한편 딸을 현종의 비로 들였던 왕가도는 덕종에게도 납비納妃하여 덕종의 비부妃父가 되었

보기도 어려운 시기이다. 그러나 그는 후일 현종과 밀착되었으며, 대거란 강경론도 지속적으로 견지하였다.

50) 『고려사절요』 권3, 현종 9년 5월.

51) 『고려사』 권94, 왕가도전.

52) 『고려사절요』 권3, 현종 20년 11월.

53) 현화사비(『조선금석총람』 (상), 241쪽)의 음기에도 이가도는 현종의 근신으로 기록되어 있다(差遣近臣中樞副使李可道).

54) 『고려사』 권4, 현종 13년 8월 甲子.

55) 김용곤도 현종을 옹립한 세력과는 또 다른 측근세력의 존재를 인정하였다(김용곤, 「고려 현종대의 문묘종사에 대하여-최치원의 경우를 중심으로」, 『고려사의 제문제』, 삼영사, 1986, 524~528쪽).

다. 그는 현종에 이어 덕종의 측근세력이기도 했던 것이다.

결국 현종의 옹립세력은 대거란 온건론을, 그리고 현종·덕종의 측근세력은 대거란 강경론을 내세웠던 셈이다. 그렇다면 현종을 옹립한 인물들과 현종·덕종의 측근세력이 대거란 정책에 있어서 상반된 견해를 가지고 있었던 까닭은 어디에 있을까.[56] 이에 관해서는 장을 달리해서 검토해 보기로 하자.

3. 대거란 강경론과 온건론의 정치적 배경

우리는 앞장에서 현종을 옹립하는 데 공을 세운 인물들이 아니면서 현종과 밀착된 인물들을 현종의 측근세력이라고 불렀다. 그렇다면 이들 현종의 측근세력은 언제 형성되었을까. 물론 현종의 측근이라고 부를 수 있는 인물들이 일시에 모여 하나의 세력을 형성한 것이 아니고, 시간적인 차이를 두고 측근세력을 이루었을 것이므로 어느 특정한 시기에 측근세력이 형성되었다고 말하기는 어렵다. 그렇다고 하더라도, 측근세력이 형성된 계기가 언제였는가는 언급되어야 할 것이다.

현종의 측근세력 가운데 왕가도와 서눌은 혼인을 통해 현종과 연결된 인물이었다. 그리고 강감찬은 거란의 침입을 물리침으로써 현종으로부터 각별한 대우를 받았다. 그런데 강감찬이 귀주에서 거란의 침입

56) 김두향은 현종대 대거란 정책을 둘러싼 관리들 간의 갈등을 과거 출신 관료와 이계吏系 관료의 대립으로 파악했다. 과거출신 관료들은 학자적 안목을 가지고 대외정책에 임한 반면, 이계 관료들은 행정실무형 관료의 입장에서 대외관계를 보았기 때문으로 설명하였다(김두향, 「고려 현종대 정치와 이계(吏系) 관료」, 225~231쪽).

을 물리친 것은 현종 10년의 일이었다. 한편 왕가도의 딸이 현종의 비가 된 시기는 알 수 없으나, 서눌의 딸이 현종의 비가 된 것은 왕 13년이었다. 이러한 사실만으로는 현종의 측근세력이 언제 형성되었는가를 알 수 없다. 그런데 이와 관련해서 현종 5년에 일어난 무신의 난이 주목된다.

현종 5년 상장군 김훈·최질 등 무신들이 난을 일으켰는데, 난의 원인 가운데 하나는 장연우와 황보유의 등이 경군京軍의 영업전永業田을 빼앗은 것이었다.[57] 그런데 황보유의는 현종의 옹립세력이었다. 장연우 역시 현종의 즉위에 일정한 기여를 했거나, 적어도 현종의 옹립세력과 정치적 견해를 같이 한 인물이었다고 생각한다. 그가 현종의 즉위 이후 직위를 높여 중추원사에까지 오른 것이나, 현종 3년에 최사위·황보유의와 더불어 지방제도 개편을 건의한 것으로 미루어 추측된다.[58] 따라서 그들은 당시의 집권세력인 현종 옹립세력의 지원을 등에 업고 경군의 영업전을 빼앗을 것을 건의했다고 생각된다. 즉 무신난 발발의 빌미를 제공한 것은 현종의 옹립세력이었다고 여겨지는 것이다.

무신의 난은 난의 발발 4개월 후에 진압되었다. 그런데 김훈·최질 등 난의 주모자를 처단한 인물은 이자림李子琳과 김맹金猛이었다. 이자림은 이가도의 다른 이름인데, 화주방어사和州防禦使를 역임한 그는 김맹을 통해 자신의 뜻을 국왕에게 전달하였다 한다.[59] 이는 그가 국왕과 이렇다 할 접촉이 없었음을 말해준다. 그런데 현종 12년에 건립된

57) 『고려사절요』 권3, 현종 5년 11월 癸未.

58) 『고려사』 권94, 최사위전.

59) 『고려사절요』 권3, 현종 6년 3월.

현화사의 비碑[60]에는 이가도가 현종의 근신近臣으로 표기되어 있다. 따라서 이가도가 국왕과 긴밀한 관계를 유지한 것은 무신란을 진압한 현종 6년 이후였다고 할 수 있다. 무신란을 진압한 인물들이 현종의 새로운 측근으로 등장한 셈이다.

한편 강감찬은 현종 5년 사직단社稷壇을 수축할 것을 청하였다.[61] 그런데 사직단의 설치는 왕실의 권위를 드러내는 것과 밀접한 관련이 있다. 따라서 현종 5년 무렵의 강감찬은 현종의 측근으로서 이러한 건의를 했다고 생각된다. 그렇다면 현종 5~6년경부터 강감찬과 무신란을 진압한 인물들을 중심으로 현종의 측근세력은 형성되어 나갔다고 할 수 있다. 현종이 이들을 측근으로 삼아 가까이한 이유는 어디에 있었을까.

현종은 원년 거란의 침입을 피해 나주에 피난하였다. 그런데 피난 중 그는 지방의 세력가들로부터 말할 수 없는 수모를 당하였다. 적성현積城縣 단조역丹棗驛에서는 무졸武卒이 역인驛人과 함께 왕의 임시 처소를 범하려 했는가 하면,

> 왕이 창화현昌化縣에 이르니 리吏가 말하기를 '왕께서는 나의 이름과 얼굴을 아시겠습니까' 하였다. 왕이 일부러 듣지 못한 척하였더니 리가 노하여 장차 난리를 일으키려고 하였다(『고려사절요』 권3, 현종 원년 12월 辛未).

라고 하여, 창화현의 리가 왕을 노골적으로 야유하기도 하였다. 창화현의 현리가 이러한 행동을 취한 이유에 대해서는, 그가 목종세력으로서 목종이 살해되고 현종이 즉위한 데 대해 불만에서 비롯된 것이라

60) 『고려사』 권4, 현종 12년 8월 己未.
61) 『고려사절요』 권3, 현종 5년 7월.

는 견해가 있는데,[62] 아무튼 현종으로서는 참기 힘든 모욕이었음이 틀림없다. 또한 왕이 삼례역에 이르렀을 때는 전주절도사 조용겸趙容謙이 왕을 협박하였는데, 여기에는 왕을 호종한 중앙의 관리들까지 가세하였다.[63] 개경이 거란에 함락되어 고려왕조의 운명이 예측할 수 없는 상황이었음을 감안하더라도, 국왕의 권위가 이렇게까지 추락한 데에는 다른 요인이 있었던 것이 아닌가 생각된다.

현종은 즉위하기 이전 승려였다. 그는 독자적인 세력기반을 가지지 못했던 것이다. 그가 즉위할 수 있었던 것은 목종의 정치에 불만을 품고 있던 군신의 추대를 받았기 때문이다. 따라서 현종이 피난 도중 수모를 겪은 것도 그가 독자적인 세력기반을 가지고 있지 않았던 것과 무관해 보이지 않는다.

물론 현종에게는 그를 옹립한 세력이 있었다. 그의 옹립세력과 현종과의 관계에 대해서는

> 문하평장사 최항과 중추부사 윤징고를 사주泗州에 파견하여 안종安宗의 영구靈柩를 옮겨오게 하였다. 왕이 의식을 갖추어 동교東郊에서 이를 맞이하였다(『고려사』 권4, 현종 8년 4월).

는 기록이 참고된다. 현종의 부父인 안종 욱郁의 이장移葬을 추진한 인물은 현종을 옹립한 최항이었다. 또한 현종의 옹립세력은, 앞에서 언급했듯이 안종 욱을 위해 그의 원찰인 현화사의 창건에 앞장서기도 했다. 이러한 사실들만으로 미루어 보면 현종의 옹립세력은 현종의 왕권강화에 적극적이었던 것 같은 느낌을 받는다. 그러나 사주로부터

62) 정용숙, 『고려시대의 후비』, 민음사, 1992, 133쪽.

63) 『고려사절요』 권3, 현종 2년 정월 壬午.

안종 욱의 영구를 옮겨와 동교에 장사지낸 것이 현종이 즉위하고 8년이 지난 후의 일이었다는 사실은 주목할 필요가 있다. 안종 욱은 유배지인 사주에서 사망하여 그 곳에 묻혔는데, 그는 생전에 유배에서 풀려나 개경에 오기를 간절히 바랬던 인물이다.[64] 따라서 현종은 즉위와 더불어 그의 부의 이장을 추진했을 가능성이 크다. 이는 자신의 권위를 높이기 위해서도 필요한 조치였을 것이다. 그러함에도 불구하고 8년이 지난 후에야 이를 실현할 수 있었다는 것은 현종의 왕권이 확립되지 않았음을 말해주는 것으로 이해된다. 이는 당시 정권을 장악한 현종의 옹립세력이 왕권강화에 적극적이지 않았다는 것과 다를 바 없다.

현종은 14명의 부인을 맞이한 것으로 유명하다. 고려의 국왕들 가운데 태조 다음으로 많은 왕비를 취했던 것이다. 그가 이처럼 많은 왕비를 취한 것은, 두말할 나위도 없이, 그들을 자신의 세력으로 흡수하기 위함이었을 것이다. 왕가도나 서눌의 경우를 통해 알 수 있는 일이다. 따라서 누구보다 현종 자신이 측근세력의 확대에 적극적이었다고 할 수 있다. 그를 옹립한 세력이 당시의 정치를 주도했음에도 불구하고 현종이 측근세력의 형성에 적극적이었다는 것은 그가 옹립세력과 원만한 관계를 유지하지 못했음을 말해준다. 그가 측근세력을 통해 자신을 옹립한 세력을 견제하려고 했을 것이라는 추측은 무리가 없어 보인다.

현종의 측근들 가운데는 군사적 능력을 갖춘 인물들이 많았다. 강감찬은 현종 9년 거란의 침입 당시 총사령관이 되어 그들을 막았으며, 왕가도는 화주방어사를 역임하다가 무신 김훈·최질의 난을 진압하는

64) 『고려사』 권90, 종실전 1 태조 자 안종 욱전.

데 공을 세웠다. 서눌의 경우도, 그의 부父인 서희가 그러했듯이, 군사적 지략을 갖추고 있었던 것 같다. 한편 거란에 대해 어떠한 태도를 취했는가는 알 수 없지만, 현종에게 세 딸을 바친 김은부金殷傅 역시 현종의 측근세력으로 파악할 수 있는데, 공주절도사公州節度使였다는 그의 직함으로 미루어 그는 공주지방의 군권을 장악하고 있던 인물로 판단된다.[65] 이렇게 본다면, 현종의 측근들은 모두 군사적 능력을 갖춘 존재들이었다고 할 수 있다. 그들의 이러한 능력은 현종의 왕권강화에 도움이 되었을 것이다.

실제로 현종의 측근세력으로 분류되는 강감찬은 현종 5년 사직단을 수축하기를 청하였으며,[66] 또한 개경의 나성羅城(外城)을 쌓을 것을 건의하였다.[67] 그리고 왕가도는 현종 20년 개경의 나성 공사를 주도하였다.[68] 그런데 사직단의 수축은 국왕의 정통성을 확보하는 데 기여할 수 있는 것이었다. 그리고 개경의 나성공사는 외적의 침입으로부터 수도를 방위하자는 데 그 목적이 있었지만, 그러나 여기에 국한되지는 않았을 것이다.[69] 국왕의 권위를 높이려는 의도도 내포되어 있었다고 생각된다. 따라서 현종의 측근세력은 현종의 왕권을 강화하는데 주력했다고 할 수 있다. 그들은 왕권을 강화시켜, 이를 배경삼아 정치권력

---

65) 정용숙, 『고려왕실족내혼연구』, 새문사, 1988, 109쪽.

66) 『고려사절요』 권3, 현종 5년 7월.

67) 『고려사』 94 강감찬전; 박용운, 『고려시대 개경 연구』, 일지사, 1996, 18~19쪽.

68) 물론 나성공사에 참여한 인물들은 이가도 이외에 좌복야 이응부·어사대부 황보유의·상서좌승 황주량 등이 있었다. 그러나 이를 주도한 인물이 이가도였음은, 그가 개성의 나성이 완성된 이에 대한 공으로 왕씨 성을 하사받은 것으로 알 수 있다(『고려사』 권94, 왕가도전).

69) 박용운, 『고려시대 개경 연구』, 24쪽.

을 장악하려는 자들이었다.

현종의 측근세력과 옹립세력의 갈등은 불가피했다. 다음을 보자.

> 문하시랑 강감찬이 치사致仕하기를 청하므로 이를 허락하고, 특진검교대부천수현개국자식읍오백호特進檢校太傅天水縣開國子食邑五百戶를 봉封하였다(『고려사절요』 권3, 현종 11년 6월).

현종 11년 강감찬이 벼슬을 그만두기를 청하자 이를 허락했다는 기록이다. 그는 그 전 해인 현종 10년 4월에도 치사를 청하였다.[70] 당시 그의 나이 70을 넘겼음을 고려하면,[71] 그가 치사를 청한 것은 당연해 보인다.[72] 그런데 그는 그해 2월에 귀주龜州에서 거란군을 대파했고[73], 개선해서는 국왕으로부터 각별한 대우를 받았다.[74] 더구나 이보다 10년 뒤인 현종 21년에 다시 문하시중에 나아갔다. 그러한 강감찬이 현종 11년에 늙음을 이유로 치사를 청했고, 치사가 허락되었다는 사실은 간과하기 어렵다. 그가 치사한 것은 자의에 의한 것이었다기보다는 타의에 의한 것이었을 가능성이 커 보인다. 다만 궁금한 것은 무엇이 강감찬으로 하여금 치사를 청하게 만들었는가 하는 점이다.

강감찬이 귀주에서 거란군을 대파한 그 해에 거란은 두 차례에 걸쳐 사신을 파견하였다. 고려가 이에 대한 답례로 사신을 보냄으로써

70) 『고려사절요』 권3, 현종 10년 4월.

71) 강감찬은 현종 22년에 84세를 일기로 졸하였다(『고려사절요』 권3, 현종 22년 8월).

72) 고려에서는 70에 치사를 청하는 것이 일반적이었고, 다만 궤장几杖을 하사받은 경우 계속 일을 볼 수 있었다(이필상, 「여조치사고」, 『유홍열기념논총』, 1971, 156쪽).

73) 『고려사절요』 권3, 현종 10년 2월 己丑.

74) 『고려사절요』 권3, 현종 10년 3월 甲午.

양국 간에는 다시 사신이 왕래하게 되었다. 이는 거란전에서 대승을 이끈 강감찬의 의도와는 다른 것이었다. 따라서 강감찬이 치사를 청한 것은 거란과의 이러한 화해분위기에 반발한 때문이었다고 여겨진다. 그렇다면 당시 조정 내에서 거란과의 화해분위기를 주도한 인물은 누구였을까 하는 의문이 자연스럽게 제기된다.

당시 거란에 사신으로 파견된 인물은 고공원외랑 이인택李仁澤이었다. 그런데 이인택은 일찍이 강감찬과 갈등을 빚어 면직된 경험을 가진 인물이었다.[75] 따라서 그는 강감찬과 달리, 거란과의 화해를 주장했을 가능성은 크다. 그렇다고 이인택이 거란과의 화해를 주도했다고는 생각되지 않는다. 이러한 분위기를 주도한 고위 관리들이 그의 배후에 존재했다고 이해하는 것이 타당할 것이다. 이와 관련해서 주목되는 것이 다음의 사료이다.

> 왕이 안서도安西道의 둔전屯田 1,240결結을 현화사玄化寺에 시납施納하였다. 양성兩省이 재삼 논박하였으나 받아들이지 않았다(『고려사』 권4, 현종 11년 8월 丙戌).

단순한 기록 같지만, 그것이 지니는 상징적 의미를 간과하기 어렵다. 국경지방에 주둔하고 있는 군인들을 위하여 설치된 둔전을 사찰에 시납할 수 있었던 것은 대거란전이 종식되었기에 가능했으며,[76] 아울러 이는 거란과의 화해를 전제로 한 행동이었다고 생각된다. 그런데 현화사는 현종의 선고先考 안종 욱과 선비先妣 헌정왕후獻貞王后 황보씨皇

75) 『고려사절요』 권3, 현종 3년 6월.

76) 최병헌, 「고려중기 현화사의 창건과 법상종의 융성」, 『한우근기념논총』, 지식산업사, 1981, 243쪽.

甫氏의 원찰로서 창건된 사찰이었다. 따라서 둔전을 현화사에 시납한 것은 현종의 의지에 따른 것으로 단정하기 쉽다. 그러나 현화사를 창건하는데 있어서, 그 공사를 감독한 인물은 별감사 최사위와 성조도감사 황보유의였으며, 비문의 글씨를 쓰고 또한 음기陰記를 찬서撰書한 인물은 채충순이었다.[77] 또한 후일 정종대에는 최항의 기일忌日에 그의 명복을 비는 제齋가 현화사에서 베풀어지기도 했다.[78] 즉 현종 못지않게 현종의 옹립세력도 현화사와 깊은 관계를 맺고 있었던 것이다. 따라서 둔전을 현화사에 시납할 것을 주장한 인물들은 현종의 옹립세력들이었다고 이해된다.[79] 결국 거란과의 화해를 추진함으로써 강감찬으로 하여금 치사를 청하도록 한 인물들은 대거란 온건론을 편 현종 옹립세력이었다고 생각된다.

한편 강감찬이 치사한 다음 해 현종 옹립세력의 대표적 존재인 최항도 치사를 청하였다.

> (최항은) 벼슬하기를 즐겨하지 않아 나이 70이 되지 않았는데도 致仕를 청하여 왕이 여러 차례 불러도 나가지 않았다.(『고려사』 권92, 최항전).

위의 기록에는, 치사할 나이가 되지 않았는데도 최항이 치사를 청한 것은 벼슬하기를 싫어하는 그의 개인적인 성품 때문인 것처럼 서술되어 있다. 그러나 그의 치사는 허락되지 않았고, 그는 현종 15년에 현직의 문하시랑평장사로서 졸卒하였다.[80] 따라서 그가 치사를 청한

77) 현화사비(『조선금석총람』 (상), 241쪽)
78) 『고려사』 권93, 최항전.
79) 박종기, 「11세기 고려의 대외관계와 정국운영론의 추이」, 159쪽.
80) 『고려사절요』 권3, 현종 15년 6월.

것은 벼슬을 싫어해서가 아니라, 주위를 의식한 행동이 아니었나 생각되는데, 그가 치사를 청한 것이 강감찬이 치사한 다음 해였음을 고려하면, 강감찬의 치사에 대한 반발을 무마하기 위해 취해진 조치가 아니었나 의심된다. 따라서 위의 기록은, 벼슬을 싫어한 최항의 성품을 알려주는 것이 아니라, 도리어 강감찬으로 대표되는 현종의 측근세력과 최항으로 대표되는 옹립세력간의 갈등이 심각했음을 알려주는 것으로 이해할 수 있을 것이다.

현종의 옹립세력과 측근세력이 갈등을 빚었음은 다음의 기록을 통해서도 엿볼 수 있다.

> 사헌대司憲臺에서 시중 최사위와 좌복야 박충숙朴忠淑이 구정毬庭의 연회에서 술에 취하여 춤을 춤으로써 실례失禮하고 불경不敬했다고 탄핵하면서, 그들에게 죄주기를 청하였으나 (왕은) 허락하지 않았다(『고려사절요』 권3, 현종 13년 11월).

최사위를 탄핵한 곳은 사헌대였는데, 당시의 사헌대부는 이작인李作仁이었다.[81] 그런데 그는 곽원과 친했다고 한다.[82] 곽원이 대거란 강경론자였고 최사위가 온건론자였음을 감안하면, 사헌대가 최사위를 탄핵한 이면에는 대거란 강경론자들의 영향력이 작용하지 않았나 생각된다.

현종의 측근세력과 옹립세력이 정치적 갈등을 빚은 가운데, 현종 18년까지의 정치적 주도권은 대체로 옹립세력이 주도했던 것 같다. 위에서 언급했듯이, 현종 13년 사헌대의 탄핵에도 불구하고 최사위가

81) 『고려사』 권4, 현종 13년 10월 辛酉.

82) 『고려사』 권94, 곽원전.

물러나지 않은 것은 당시가 최사위 등 현종 옹립세력이 실권을 장악한 시기였음을 알려준다. 그러나 현종 18년을 전후하여 이러한 상황은 뒤바뀌었던 듯하다. 다음을 보자.

> 최승로崔承老·최량崔亮·이지백李知白·서희徐熙·이몽유李夢游를 성종成宗에 배향配享시켰다(『고려사』 권5, 현종 18년 4월 壬午).

최승로와 최량은 이미 목종 원년에 성종의 배향공신配享功臣으로 책봉되었다.[83] 따라서 위 기록은 최승로와 최량 이외에, 이지백·서희·이몽유가 현종 18년에 성종의 배향공신으로 추가된 사실을 전하고 있다고 해석해야 할 것이다. 최승로와 최량이 성종의 배향공신에 책봉되고 난 30년 후인 현종 18년에 이지백·서희·이몽유가 추가된 이유는 어디에 있을까. 이들이 성종의 배향공신에 책봉된 데에는 현종 18년 당시의 정치적 분위기가 크게 작용했을 것이다.[84] 즉 이들의 정치적 견해에 동조한 인물들이 당시의 정치를 주도했기 때문으로 이해된다. 그런데 이몽유에 대해서는 잘 알 수 없지만, 서희와 이지백은 성종대 거란에 대한 할지론이 지배적이던 상황 속에서 이에 반대한 인물들이다. 즉 그들은 대거란 강경론자들이었다. 따라서 이지백·서희·이몽유가 현종 18년에 성종의 배향공신으로 추가 책봉되었다는 것은 곧 당시의 정치를 그들과 같은 대거란 강경론자들이 주도했음을 알려준다.

현종 11년에 치사한 강감찬은 현종 21년에 다시 문하시중에 임명되었다.[85] 한편 현종의 옹립세력 가운데 한 사람인 채충순은 현종 22년

---

83) 『고려사』 권3, 목종 원년 4월 壬子.

84) 이기백, 「고려 귀족사회의 형성」, 『고려귀족사회의 형성』, 일조각, 1990, 40쪽.

병으로 관직을 그만두었으며,[86] 곧 이어 최사위가 치사하였다.[87] 이 역시 현종의 옹립세력에 대신하여 측근세력이 정치적 주도권을 장악했음을 알려주는 것인데, '문반으로서 무예를 갖춘 자에게는 장교직을 제수하라'는 왕의 명이 내려진 것은[88] 이러한 분위기의 산물이었다. 현종의 측근세력은 대거란 강경론자들이었고, 그러한 만큼 무예를 갖춘 인물들이 중용되었던 것이다.

그렇다면 대거란 관계에 있어서 현종의 옹립세력은 온건론을, 그리고 측근세력은 강경론은 내세운 까닭은 어디에 있을까. 이와 관련하여 주목되는 사실은 현종의 측근세력이 왕권을 강화시켜, 이를 배경삼아 정치권력을 장악하려는 자들이었다는 점이다. 그들이 대외관계에 있어서 강경한 태도를 취한 것도 이와 무관하지 않아 보인다. 대외관계에서 강경한 태도를 취함으로써 긴장을 조성하고, 이를 국내의 여론통일에 이용하려 했던 것이 아닌가 한다. 외국과의 긴장관계는 국왕에 대한 국내 정치세력의 공격을 약화시킬 수 있기 때문이다.

현종의 측근세력이 위기의식을 조장하여 국내의 정치상황을 자신들의 의도대로 끌고 가기 위해 대거란 강경론을 주장했다면, 현종의 옹립세력은 측근세력의 이러한 정치적 의도를 좌절시키기 위해 대거란 온건론을 내세웠다고 할 수 있다. 그들은 왕권을 강화하여 정치권력을 장악하려는 측근세력과는 정치적 견해를 달리했던 것이다. 결국 대거란 강경론과 온건론은 단순히 외교관계를 둘러싼 견해 차이가 아

85) 『고려사』 권5, 현종 21년 5월 辛未.
86) 『고려사절요』 권3, 현종 22년 정월.
87) 『고려사』 권5, 현종 22년 5월 丁巳.
88) 『고려사절요』 권3, 현종 22년 2월.

니라 정치적 주도권을 장악하기 위한 수단으로 이용되었음을 알 수 있다.

4. 덕종대 대거란 강경론의 후퇴

현종 18년 이후 대거란 강경론자들이 주도하던 정치적 상황은 현종이 사망하고 덕종이 즉위한 이후까지 이어졌다. 덕종이 강감찬에게 공신호功臣號와 식읍食邑을 하사하고,[89] 곽원의 아들 승拯을 등용한 사실로[90] 미루어 짐작된다. 강감찬·곽원은 모두 대거란 강경론을 주장한 인물들이었던 것이다. 이러한 상황에서는 대거란 강경론이 우세할 수 밖에 없었다.

덕종 초의 대거란 강경론을 주도한 인물은 왕가도였다. 그가 현종의 비부妃父로서 현종의 측근세력이었음은 앞에서 설명하였는데, 그는 덕종에게도 딸을 바쳐 덕종의 장인이 되었다.[91] 따라서 그는 현종에 이어 덕종과도 밀착되었다. 덕종대 역시 국왕과 밀착된 인물들이 대외 강경론을 이끌었던 셈이다.

대거란 강경론이 주도하던 덕종대 정계의 분위기는 유소의 거란에 대한 출병 요청을 계기로 반전되었다. 다음의 기록이 그러한 사정을 알려준다.

---

89) 『고려사』 권94, 강감찬전.

90) 곽원은 현종 20년 거란을 공격하다가 패하자 분이 나서 죽은 인물이었다(『고려사』 권94, 곽원전).

91) 『고려사』 권5, 덕종 즉위년 10월 辛巳. 왕가도의 딸은 경목현비敬穆賢妃였다. 덕종의 비로는 이 밖에도 이복 동생인 경성왕후敬成王后와 효사왕후孝思王后, 공부시랑을 역임한 부여扶餘 이품언李稟焉의 딸인 이씨李氏, 그리고 유씨劉氏가 있었다.

> 평장사 유소가 거란의 성을 공파攻破하기를 청하자, 왕이 재상들에게 의논하게 했다. (서)눌과 (황보)유의·황주량·최제안·최충·김충찬 등은 모두 불가하다고 했으나, (왕)가도와 이단李端은 '이 때를 놓쳐서는 안 됩니다'라고 하면서 출병을 간청하였다. 왕이 유사有司에게 태묘太廟에서 점을 치게 하여, 출병하지 않게 되었다. 왕가도가 곧 관직에서 물러나 고향에 돌아가서, 병을 치료하다가 3년 만에 죽었다(『고려사』 권94, 왕가도전).

점괘에 의해 거란에 출병하지 않기로 했다는 것이다. 그러나 점괘의 결과라기보다는 반대한 인물들이 많았기 때문일 것이다. 실제로 왕가도와 이단만이 찬성했을 뿐, (황보)유의·황주량·최제안·최충, 김은부의 아들인 김충찬,[92] 그리고 이제까지 왕가도와 정치적 견해를 같이했던 서눌마저 반대했던 것이다. 이후 고려는 덕종 2년에 이르러 평장사 유소로 하여금 천리장성을 쌓도록 하였다.[93] 그러나 고려의 이러한 대거란 강경책은 양국 간의 마찰을 불러일으켜 거란이 정주靜州에 침입하는 사태가 발생하기도 했다.[94]

덕종대 왕가도의 대거란 강경론에 반대하여 거란과 우호관계를 유지할 것을 주장한 황보유의는 현종의 옹립세력이었다. 따라서 현종의 옹립세력과 측근세력간의 정치적 주도권 장악을 위한 갈등이 덕종대까지 지속되었던 것이 아닌가 하는 의문이 제기된다. 그런데 황보유의를 제외한 현종의 옹립세력 대부분은 덕종의 즉위 이전에 사거死去했다. 물론 현종 옹립세력의 자제들이나 문생門生이 덕종대 고위관리로 진출했을 가능성은 크다. 최항의 경우 목종대에 두 번이나 지공거를

92) 김난원묘지명(『고려묘지명집성』, 24쪽).

93) 『고려사절요』 권3, 덕종 2년 8월.

94) 『고려사절요』 권3, 덕종 2년 10월.

역임함으로써 그가 선발한 급제자 중에는 명사들이 많았던 것이다.[95] 덕종대 중추사에 오른 최충은 대표적인 인물이었다. 그렇다고 하더라도, 이들을 현종의 옹립세력으로 파악할 수는 없다. 따라서 덕종대 대거란 강경론과 온건론의 갈등을 현종의 옹립세력과 측근세력의 갈등으로 이해하기는 어렵다.

그렇다면 유소의 거란에 대한 출병 주장이 온건론의 반대에 부딪쳐 좌절된 까닭은 어디에 있을까. 이제까지 대거란 강경론자들과 견해를 같이했던 서눌이 반대한 것으로 미루어, 유소의 출병 주장은 현실을 무시한 것이었다는 느낌을 지우기 어렵다. 즉 대부분의 관리들은 거란 공격이 현실적으로 무모한 것임을 인식하고 있었던 것이다. 그렇다고 단순히 유소의 주장이 현실을 무시한 무모한 것이었기에 반대했다고만은 여겨지지 않는다. 이러한 사정을 몰랐을 리 없는 유소가 거란공격을 주장한 것을 고려하면, 여기에 반대한 인물들에게도 또 다른 반대 이유가 있었던 것이 아닌가 한다.

우리는 앞서, 현종의 측근들이 대거란 강경론을 주장한 이면에는 이를 통해 왕권을 강화하려는 의도가 있었음을 지적하였다. 덕종대에 왕의 측근인 왕가도 등에 의해 대거란 강경론이 강조된 것도 왕권강화와 무관하지 않았을 것이다. 그렇다면 덕종대 대부분의 관리들이 대거란 온건론을 주장한 것은 대거란 강경론이 국왕의 왕권강화에 이용되고 있음을 간파한 때문이었다고 할 수 있다. 국왕의 측근들이 주장한 대거란 강경론은 관리들 모두의 이익과는 상치되는 것이었다.

대거란 온건론에 부딪쳐 자신의 주장이 받아들여지지 않자 왕가도는 관직에서 물러나 고향인 청주로 퇴거하였다. 이는 그가 정치적으로

95) 『고려사』 권93, 최항전.

실각했음을 의미한다. 결국 왕가도는 3년 후에 청주에서 사망했는데, 그의 사망에 이어 덕종도 재위 4년 만에 19세로 홍거하였다. 이는 박술희가 죽자 혜종이, 왕식렴이 죽자 정종이 홍거한 것과 유사한 것으로 우연이라고 보기 어렵다.[96] 이승휴가 『제왕운기』에서 '덕종은 어찌 4년에 그쳤는가'라고 한 것은 덕종이 살해된 사실을 암시한 것으로, 덕종은 관리들에 의해 살해되었을 가능성을 배제하기 어려운 것이다.

덕종의 사후, 그의 동모제인 정종靖宗이 즉위하였다. 이후 대외관계에 대한 분위기는 덕종대와는 상반된 것이었다. 물론 성을 쌓는 등 거란의 침입에 대비하는 노력은 지속되었다.[97] 그러나 거란의 중희重熙 연호를 사용하는 등[98] 거란과의 우호관계를 유지하려는 경향이 두드러졌다.[99] 특히

> 내사시랑평장사 유징필劉徵弼은 명문의 후예로서 문한文翰으로 여러 왕을 보좌하였으니, 그 공을 록錄할 만하다. 그 아들 작綽에게 공부서령사工部書令史를 제수하라(『고려사』 권6, 정종 6년 3월 壬午 制曰).

고 하여, 전쟁에서의 공보다는 문한으로 왕을 보좌하는 공적이 높이 평가된 것은 이러한 분위기의 산물이었다. 국왕의 왕권강화보다는 관리들 모두의 이익을 중시하는 주장이 훨씬 설득력을 지니게 되었던 것이다. 이러한 상태에서 국왕이 왕권을 강화하는 데는 어려움이 따를

---

96) 김철준, 「고려중기의 문화의식과 사학의 성격」, 403~404쪽.

97) 정종 10년 왕총지王寵之는 동북로병마사인 참지정사 김영기金令器와 더불어 장주長州·정주定州·원흥진元興鎭에 성을 축조하였다(『고려사』 권95, 왕총지전).

98) 『고려사』 권6, 정종 4년 8월 乙丑.

99) 박종기, 「11세기 고려의 대외관계와 정국운영론의 추이」, 153~155쪽 및 171쪽.

수밖에 없었다. 관리들의 견제를 피하기 어려웠기 때문이다.

5. 맺는말

고려 현종·덕종대는 거란에 대해 강경론을 주장한 인물들이 있었는가 하면 온건론을 내세운 관리들이 있었다. 대거란 강경론을 주장한 인물들 가운데는 과거 출신자들이 많았다. 강감찬·강민첨·왕가도·서눌·곽원 등이 그들이었다. 한편 대거란 온건론자들 가운데도 과거 출신자가 있었다. 채충순은 그 대표적인 인물이었다. 따라서 과거의 합격 여부가 대거란 강경론과 온건론의 구분 기준이 되는 것은 아님을 알 수 있다. 현종대 대거란 온건론을 편 인물들은 최사위·채충순·황보유의 등 대체로 현종의 옹립세력이었으며, 이와는 달리 현종의 측근세력은 강경론을 내세웠다.

현종은 즉위하기 이전 승려로서, 독자적인 세력이 없는 인물이었다. 그는 채항·채충순과 강조 등 군신들의 옹립에 의해 왕위에 올랐다. 따라서 현종 즉위 후의 정치는 그의 옹립세력이 주도하였다. 현종은 이들을 견제하기 위해 자신의 측근세력을 형성하였다. 그가 14명의 부인과 혼인한 이유도 여기에 있었다. 김은부·왕가도·서눌·강감찬 등 현종의 측근들은 군사적 능력을 갖춘 자들이었다.

현종의 측근세력은 현종의 왕권을 강화하는데 주력하였다. 그들은 왕권을 강화시켜, 이를 배경삼아 정치권력을 장악하려는 자들이었다. 이를 위해 그들은 대거란 강경론을 주장하였다. 거란과의 긴장관계는 국내 적대세력의 정치적 공격을 약화시킬 수 있었기 때문이다. 그들은 위기의식을 조장함으로써 국내의 정치상황을 자신들의 의도대로 끌고 가려고 했던 것이다. 이러한 사실을 현종의 옹립세력을 비롯한 대부분의 관리들이 몰랐을 까닭이 없다. 이에 그들은 온건론을 내세워 맞섰다. 결국 대거란 강경론과 온건론은 단순히 외교관계를 둘러싼 견해 차이가 아니라 정치적 주도권을 장악하기 위한 수단으로 이용되었다.

현종의 측근세력과 옹립세력이 정치적 갈등을 빚은 가운데, 현종 18년까지의 정치적 주도권은 대체로 옹립세력이 주도하였다. 그러나 현종 18년을 전후하여 이러한 상황은 뒤바뀌었다. 측근세력이 정치를 주도했던 것이다. 따라서 대거란 강경론이 우세하였다. 이러한 정치적 상황은 현종이 사망하고 덕종이 즉위한 이후까지 이어졌다. 덕종대의 대거란 강경론을 주도한 인물은 왕가도였다. 그는 딸을 덕종의 비로 삼아 현종에 이어 덕종과도 밀착되었다.

그러나 대거란 강경론이 우세하던 덕종대 정계의 분위기는 유소의 거란에 대한 출병 요청을 계기로 반전되었다. 대부분의 관리들은 대거란 강경론이 국왕의 왕권강화에 이용되고 있음을 간파하고 이에 반대했던 것이다. 결국 대외강경론은 후퇴하고 이를 주도하던 국왕의 비부 왕가도는 실각하였다. 왕가도의 사망 이후 덕종도 사망했는데, 정종이 그의 뒤를 이어 왕위에 올랐다.

정종 이후는 온건론자들이 정계를 주도하였다. 이는 국왕의 왕권강화에 찬성한 인물들보다는 반대한 관리들이 많았다는 것과 다를 바 없다. 따라서 이후 국왕이 왕권을 강화하는 데는 어려움이 따를 수밖에 없었다. 관리들의 견제를 피하기 어려웠기 때문이다.

제6장 문종-인종조 인주이씨의 정치적 역할

1. 머리말

문종(1046-1083)에서 인종(1122-1146)에 이르는 동안, 고려 왕실은 인주이씨仁州李氏와 중첩적인 혼인관계를 맺었다. 문종은 이자연李子淵의 세 딸을 취했으며, 순종은 이호李顥의 딸과, 그리고 선종은 이석李碩·이예李預·이정李頲의 딸과 각각 혼인하였다. 또한 예종은 이자겸李資謙의 딸과 혼인하였으며, 예종의 아들 인종은 역시 이자겸의 딸인 자신의 이모 두 사람과 결혼하였다. 따라서 인주이씨와 왕실의 혼인에 연구자들의 관심이 모아진 것은 당연하다.[1)]

인주이씨를 언급한 기왕의 연구들은 대체로 인주이씨와 왕실의 관계를 대립적으로 파악하였다. 숙종은 한산후漢山侯 윤昀을 옹립하려는 이자의李資義를 제거하고 즉위했고, 예종은 이자겸을 견제하기 위해 신진세력인 한안인韓安仁 등을 중용했으며, 인종은 결국 이자겸을 제거했다는 점 등이 그 근거로 지적되었다.[2)] 이자연의 세 딸이 문종의 왕비

1) 인주이씨 가문을 다룬 연구로는 다음이 있다.
藤田亮策, 「李子淵と其の家系 (上)(下)」, 『青丘學叢』 13·15, 1933·1934.
윤경자, 「고려왕실과 인주이씨와의 관계」, 『숙대사론』 2, 1965.
이만열, 「고려 경원이씨가문의 전개과정」, 『한국학보』 21, 1980.

2) 이에 관해서는 앞으로 구체적으로 서술될 것이다.

로 들어간 후 정권을 독차지한 인주이씨는 그 후 인종 때까지 7대 80년 동안 인주이씨의 세상을 이루어, 이자겸에 이르러서는 인주이씨의 새로운 왕조를 꿈꾸기도 했다는 것이다. 따라서 왕권은 매우 취약했던 반면 인주이씨의 세력은 매우 강대했다고 한다.[3] 이러한 견해에 따르면 국왕은 인주이씨의 요구에 의해 혼인을 강요당한 것 같은 인상을 지우기 어렵다.

그러나 왕의 의지와는 상관없이 인주이씨의 압력에 의해 국왕이 인주이씨와 혼인했다는 것은 상식적으로 납득이 되지 않는다.[4] 당시의 국왕이 그처럼 무시해서 좋을 존재였다고는 생각되지 않기 때문이다.[5] 저자가 왕실과 인주이씨의 관계를 다시 검토해보려는 이유가 여기에 있다.[6] 특히 이자연의 세 딸을 비로 삼은 문종, 역시 3명의 인주

3) 김윤곤, 「고려 귀족사회의 모순」, 『한국사』 7, 국사편찬위원회, 1977, 40-43쪽.

4) 물론 인종의 경우는 그렇게 이해할 근거가 없는 것이 아니다. 이에 대해서는 후술될 것이다.

5) 박종기, 「12세기 고려 정치사 연구론」, 『허선도기념논총』, 1992, 172쪽, 179쪽.

6) 한편 인주이씨는 법상종法相宗의 후원 세력이었던 데 비하여 왕실 및 인주이씨와 대립된 세력은 화엄종華嚴宗을 후원했다는 점을 들어 왕실과 인주이씨가 갈등관계였다고 주장한 연구도 있다. 즉 인주이씨가 법상종의 현화사玄化寺를 후원했던데 반해 왕실은 화엄종을 후원했다는 것이다(최병헌, 「천태종의 성립」, 『한국사』 6, 국사편찬위원회, 1975, 83-85쪽). 그러나 법상종의 현화사는 인주이씨가 후원하는 사찰이기 이전에 문종의 부父인 현종의 원찰이었다. 그리고 인주이씨만이 현화사와 긴밀한 관계를 유지했던 것은 아니다. 인주이씨는 현화사에 연고관계를 갖은 여러 세력들 가운데 하나에 불과하였다(최병헌, 「고려중기 현화사의 창건과 법상종의 융성」, 『한우근기념논총』, 지식산업사, 1981, 246-247쪽, 노명호, 「이자겸일파와 한안인일파의 족당세력-고려중기 친속들의 정치세력화 양태-」, 『한국사론』 17, 1987, 186쪽). 또한 현화사의 제5대 주지는 이자겸의 백중부伯仲父인 혜덕왕사慧德王師 소현韶顯이었는데, 그의 제자는 문종의 아들이며 의천의 동모제同母弟인 도생승통道生僧統 탱窺이었다. 이와는 달리 인

이씨를 비로 맞이한 선종과 그의 아들인 헌종, 부왕인 숙종과는 달리 다시 인주이씨 이자겸의 딸을 왕비로 삼은 예종, 그리고 역시 이자겸의 딸 두 사람과 혼인한 인종을 중점적으로 검토해볼 작정이다. 이들에 대한 검토만으로도 왕실과 인주이씨의 관계를 아는데 부족함이 없다고 생각하기 때문이다.

2. 문종과 이자연

문종은 현종의 아들로서 정종靖宗의 동모제였다. 정종에게는 애상군哀傷君 방昉·낙랑후樂浪侯 경璥·개성후開城侯 개愷라는 세 아들이 있었다.[7] 이들의 존재에도 불구하고 정종의 사후 그의 동생인 문종이 왕위에 오를 수 있었던 배경이 궁금하나, 이를 알려줄만한 구체적인 사료는 발견되지 않는다.

문종은 이자연의 세 딸을 비로 맞이하였다. 그는 즉위 이전 이자연의 딸인 인예순덕태후仁睿順德太后 이씨와 혼인하여 원년에 왕자 휴烋, 즉 후일의 순종을 낳았는데,[8] 즉위 후 또다시 이자연의 두 딸들을 취했던 것이다.[9] 왜 문종은 이자연의 세 딸과 잇달아 혼인했을까. 다음

주이씨 이자의李資義의 아들인 지소智炤는 화엄종 사찰인 흥왕사의 주지였다. 따라서 법상종과 화엄종을 통해 왕실과 인주이씨가 대립적인 관계였다고 주장할 수 있을까 의문스러운데, 이러한 점은 추만호, 「이자겸의 군사기반 이해(상)-'승군기반'설 검토를 중심으로-」, 『사향』 2, 1985, 42-43쪽에서 이미 지적되었다.

7) 『고려사』 권90, 종실전 1 靖宗 子.

8) 『고려사』 권7, 문종 원년 12월 己酉.

9) 『고려사』 권7, 문종 6년 2월 戊寅.

의 기록에 대한 검토로부터 이에 대한 의문을 풀어나가기로 하자.

A-①. 제制를 내려 '작고한 최제안崔齊顔의 아들에게, 비록 벼슬하기에 어리더라도, 8품직을 특별히 제수하라'고 하였다(『고려사절요』 권4, 문종 원년 12월).

A-②. 내사문하內史門下가 주奏하여 '(중략) 국가가 최항崔沆의 공을 추념하여 현화사에 기재보忌齋寶를 설치하여 매년 (그 아들) 유부有孚를 보내 행향行香토록 했습니다. (중략) (그의 기일에 재를 올릴 수 있도록) 유부에게 3품직을 제수하고 외직에는 보임하지 마십시오'하니 (왕이) 따랐다(『고려사절요』 권5, 문종 14년 3월).

A-③. 문창후文昌侯 최치원崔致遠의 5대손 선지善之를 도염서사都染署史에 임명하였다(위의 책, 문종 28년 9월).

문종대는 최치원과 최항, 그리고 최제안의 후손들에게 특혜를 베푸는 조치가 취해졌다. 최제안(A-①)은 최승로의 손자였으며, 최항(A-②)은 목종대에 두 번이나 지공거를 역임하여 많은 문생들을 취한 인물이었다. 그리고 최치원(A-③)은 신라의 6두품 출신 유학자였다. 따라서 그들 자손이 그들의 공에 힘입어 관직에 임명되었다는 것은 문종대가 유학자들의 정치적 영향력이 큰 시기였음을 알려준다. 이러한 사실은 최충崔冲의 경우를 통해서도 확인할 수 있다.

최충은 일찍이 목종조에 과거에 합격하여 문종조에 문하시중을 역임하였으며, 그의 아들 유선惟善 역시 급제하여 문하시중에 올랐다. 그들은 과거를 통하여 재상의 지위에 오름으로써 문벌을 형성해 나갔던 것이다.[10] 최유선과 그의 동생 유길惟吉이 최충을 부축하고 연회장에

10) 허흥식, 「고려의 과거와 문음과의 비교」, 『한국사연구』 27, 1979; 『고려과거제도사연구』, 일조각, 1981, 230-231쪽.

들어가자 한림학사 김행경金行瓊이 시를 지어 '상서령이 중서령을 모시고 을 장원이 갑 장원을 부축하는구나'라고 했다는 기록은[11] 그러한 사정을 반영하는 것이었다. 더구나 최충은 문종 9년(1055) 치사致仕한 후 곧 최공도崔公徒로 불리어진 사학私學을 설립하였는데,[12] 과거보려는 자는 반드시 먼저 최공도에 들어가서 배웠다고 할 정도로[13] 융성하였다. 따라서 최공도 역시 최충의 정치적 영향력을 배가시키는데 기여했음은 물론이다.

문종은 모든 국정을 재추들과 함께 처리하였다. 즉위 초에 특히 그러했음은 다음을 통해 알 수 있다.

> B-①. 선정전宣政殿에 거동하여 시중 최제안과 평장사 최충 등을 불러 시정時政의 득실得失을 논의하였다(『고려사』 권7, 문종 즉위년 8월 庚申).
> B-②. 선정전에 거동하여 재신宰臣과 어사대御史臺를 불러 시정의 득실을 논의하였다(위의 책, 문종 원년 4월 丙午).
> B-③. 최충 등을 문덕전文德殿으로 불러 군국軍國의 서무庶務에 관해 물어보았다(위의 책, 문종 원년 6월 丁巳).
> B-④. 재상을 문덕전으로 불러 시정의 득실에 관해 물어보았다(위의 책, 문종 1년 7월 壬午).
> B-⑤. 재신을 문덕전으로 불러 시정의 득실을 논의하였다(위의 책, 문종 1년 11월 己丑).

국가의 중대사에 재추들이 관여했다는 것은 매우 당연해 보인다. 그런데 국왕이 모든 국정을 일일이 재추들의 자문을 들어 처리했다는

11) 『고려사절요』 권5, 문종 29년 정월.
12) 박성봉, 「국자감과 사학」, 『한국사』 6, 국사편찬위원회, 1975, 188쪽.
13) 『고려사』 권95, 최충전.

데에 문제가 있다. 이는 문종 개인의 의지에 따른 것이었다기보다는 국왕을 견제하려는 재상들의 의도에서 비롯된 것이었다는 느낌을 지우기 어렵다.

문종은 '공자孔子는 왕들의 스승이니 공경하지 않을 수 없다'고 하였다.[14] 이것만으로 미루어보면 그는 유학을 좋아한 임금으로 이해되기도 한다.[15] 그러나 그의 유학에 대한 관심은 소극적인 것이었다.[16] 유학보다는 불교에 각별한 관심을 표시했던 것이다. 문신들의 집요한 반대에도 불구하고[17] 왕 21년에 2,800간의 흥왕사를 낙성한[18] 것으로 짐작되는 일이다. 한편 문종은 도선道詵의 『송악명당기松嶽明堂記』에 따라 장원정長源亭을 지었다. 그 때문에 그는 술수術數에 혹한 임금이었다는 평가를 받기도 했다.[19] 이처럼 문종이 유학보다는 불교나 풍수지리설에 깊은 관심을 표시한 것은 문신들을 겨냥한 행동이었다고 생각된다. 유학이 문신들의 사상적 기반이었음을 고려할 때 그러하다.

고려는 현종대 이후 무반에게 문반직을 수여하지 않았다. 그런데 문종이 무신에게 상서직尙書職을 겸하도록 하는 등 무신을 중용하자, 중서문하성은 문종의 비호를 받고 있던 무신들을 공격하였다.[20] 문신

---

14) 『고려사』 권8, 문종 15년 6월 癸丑.

15) 김상기, 『고려시대사』, 동국문화사, 1961, 158쪽.

16) 박성봉, 「국자감과 사학」, 187-188쪽.

17) 문하성門下省, 최유선崔惟善, 김원정金元鼎 등이 흥왕사의 역사役事를 반대했다는 기록이 있다(『고려사절요』 권4, 문종 9년 10월, 문종 10년 2월, 『고려사절요』 권5, 문종 11년 5월).

18) 『고려사』 권8, 문종 21년 정월 庚申.

19) 이병도, 『고려시대의 연구』, 아세아문화사, 1980, 139-140쪽.

20) 변태섭, 「고려무반연구」, 『아세아연구』 8의 1, 1965; 『고려정치제도사연구』, 일조각, 1971, 355-357쪽.

들이 무신을 공격했다는 사실에서, 문종의 무신 중용은 문신을 견제하기 위함이었던 것 같다.

문종의 문신에 대한 견제 노력은

> 국자감의 학생으로 근래에 학업에 태만한 자가 많은데, 그 책임은 학관學官에 있다. (중략) 유생儒生으로 국자감에 재학한 지 9년이 되고 율생律生으로 6년이 되었어도 공부에 어두워 성과가 없는 자는 모두 쫓아내라(『고려사』 권74, 선거지 2 학교 문종 17년 8월).

고 한, 그의 국자감에 대한 관심을 통해서도 엿볼 수 있다. 문종은 국자감 학생들의 학업 태만 현상을 한탄하고 이들의 학업을 독려하였다. 그의 국자감에 대한 이러한 관심은 당시에 최공도를 비롯한 사학이 융성했던 것과 무관하지 않아 보인다.[21] 문종은 관학인 국자감을 진흥시킴으로써 사학을 견제하려 했던 것이다. 그런데 사학을 약화시키는 것은 사학을 설립한 문신들의 세력기반을 약화시키는 것과 다를 바 없다. 사실 문신들이 사학과 같은 세력기반을 보유하는 한 강력한 왕권을 행사하기는 어려웠을 것이다. 그러나 문신세력을 약화시키려는 문종의 노력은 성공했던 것 같지 않다. 이후에도 지속적으로 사학이 설립된 것으로[22] 미루어 그러하다.

그렇다면 문종을 후원한 문신은 없었을까. 이와 관련하여 주목되는 인물이 이자연이다.

---

21) 채웅석, 「고려 문종대 관료의 사회적 위상과 정치운영」, 『역사와 현실』 27, 1998, 128쪽.

22) 박성봉, 「국자감과 사학」, 193-195쪽 참조.

(왕이 즉위한 이후) 사직(단)이 여러 사정으로 인하여 설치되지 못했으므로, (왕은) 구제舊制를 참고하여 신단新壇을 쌓으라고 명하였다. 공이 그 일은 감독하였는데, 여러 사실을 고려하여 어긋남이 없이 적절하게 마무리 지었다[23](김용선 편저, 『고려묘지명집성』, 한림대출판부, 2006, 22쪽 이자연묘지명).

문종은 동왕 6년에 사직단을 신축하였는데,[24] 이 공사를 주관한 인물은 이자연이었다. 사직단의 설치는 왕실의 권위를 드러내는 것과 밀접한 관련이 있다. 문종이 이의 설치에 지대한 관심을 표시한 까닭도 여기에 있었을 것이다. 그렇다면 이자연은 국왕을 후원하는데 앞장 선 인물이었다고 이해해서 무리는 없을 것이다.[25]

이자연은 이허겸李許謙의 손자인데, 이허겸은 현종에게 세 딸을 바친 김은부金殷傅의 장인이었다. 현종의 세 비妃는 이자연의 고종姑從이었던 셈이다. 한편 이자연의 부인은 김인위金因謂의 딸이었다. 그런데 김인위의 또 다른 딸은 현종의 비인 원순숙비元順淑妃였으므로,[26] 이자연은 현종과 동서간이기도 했다. 그는 현종 15년 과거에 급제한 후 감찰어사로서 지제고知制誥를 겸임함으로써[27] 고려인들이 영예롭게 여긴[28] 문한관文翰官이 되었다. 덕종조에는 우부승선, 그리고 정종조에 기거주, 지주사겸 지상서이부사를 거쳐 우산기상시, 중추사에 이

23) 社稷之設 因巡未置 詔稽舊制 命築新壇 公監視其事 酌宜以畢.

24) 『고려사』 권7, 문종 6년 2월 辛巳.

25) 채웅석, 「고려 문종대 관료의 사회적 위상과 정치운영」, 132쪽.

26) 藤田亮策, 「李子淵と其の家系 (上)」, 14쪽.

27) 변태섭, 「고려의 문한관」, 『김철준기념논총』, 지식산업사, 1983, 188쪽.

28) 김용선, 「음서제도와 과거제도의 비교」, 『고려음서제도연구』, 일조각, 1991, 143-147쪽.

르렀다. 문신으로서 거쳐야 할 중요한 관직을 두루 거친 셈이다. 이자연은 왕실과 혈연적으로 긴밀한 관계였을 뿐만 아니라, 학문이 뛰어난 인물로서[29] 문신들에게 막강한 영향력을 행사할 수 있는 존재였다. 문종은 이러한 이자연의 후원을 받아 문신들을 견제하려 했던 것 같다.[30] 문종과 이자연 딸들의 혼인은 문신들에 대처하기 위한 방법의 하나였던 것이다.

3. 선종·헌종과 이자의

문종의 뒤를 이어 왕위에 오른 순종은 이자연의 아들인 이호李顥의 딸과 혼인하였다. 장경궁주長慶宮主가 그녀이다.[31] 그런데 순종은 재위 3개월 만에 사망했고, 그의 뒤를 이어 동모제인 선종이 즉위하였다. 선종은 이예의 딸인 정신현비貞信賢妃, 이석의 딸인 사숙태후思肅太后, 이정의 딸인 원신궁주元信宮主를 차례로 맞이하였다. 선종 역시 문종과 마찬가지로 인주이씨와 중첩적인 혼인을 맺었던 것이다. 이예는 이자상李子祥의 아들로 이자연의 조카였는데, 과거를 거쳐 순종대에 지중추원사를 역임하였다. 이석과 이정은 모두 이자연의 아들이었는데, 이정은 문종 31년 문하시중으로 사망했으며, 이석은 문종대에 공부상서를 역

29) 藤田亮策, 「李子淵と其の家系 (上)」, 13쪽.

30) 이자연이 흥왕사의 창건에 따른 폐를 문종에게 간언한 것은(『고려사절요』 권4, 문종 10년 11월), 문종의 정책을 비판하기 위한 것이 아니라, 문신들의 여론을 국왕에게 전달하기 위함이 아니었나 생각된다.

31) 장경궁주는 궁노宮奴와 사통한 것이 발각되어 쫓겨났으며, 여기에 연루되어 왕비의 오빠인 이자겸 등이 관직을 박탈당하였다(정용숙, 『고려시대의 후비』, 민음사, 1992, 147쪽).

임하였다. 선종이 3명의 인주이씨를 비妃로 맞이한 이유는 어디에 있을까.

선종대 정치적 실력자로 부상한 인물은 선종의 동모제인 계림공 희熙, 즉 후일의 숙종이었다. 변경의 일은 특히 숙종이 논의를 주도할 정도였다.[32] 종실宗室은 국정에 관여할 수 없는 것이 고려의 실정이었음을 고려하면,[33] 숙종의 경우는 매우 이례적이었다고 할 수 있다. 이는 그가 군사력을 장악했기에 가능한 일이었다.[34] 선종은 이러한 숙종을 꺼려했다.

> 선종이 매우 위독하자 (곽郭)상尙이 병상에서 간호하였다. 숙종이 침문寢門에 이르러 문병하려고 하자, (곽)상이 말하기를 '지금 임금의 병환이 위독하니, 왕자라도 명령이 없으면 들어오지 못합니다'하고는 들이지 않았다(『고려사』 권97, 곽상전).

곽상은 선종의 측근이었다. 그가 선종을 문병하려고 한 숙종을 저지한 것은 선종의 병이 위독했기 때문만은 아니었을 것이다. 선종이 숙종을 꺼리고 있다는 사실을 곽상은 알고 있었다고 생각된다. 궁금한 것은 선종이 왜 자신의 동생인 숙종을 꺼렸는가 하는 점인데, 숙종이 군사력을 장악하고 변경의 일을 주도했음을 고려하면, 그는 숙종을 왕위를 넘볼 수 있는 존재로 판단했던 듯하다. 그렇다면 선종이 인주이씨와 연이어 혼인한 것은 숙종 등의 위협으로부터 왕위를 유지하기 위함이 아니었나 생각된다. 문종조 이후 인주이씨는 경주김씨, 해주최

---

32) 『고려사』 권10, 선종 8년 9월 庚寅.

33) 『고려사』 권90, 宗室傳 序.

34) 이 책 제7장 숙종·예종대의 여진정벌 참고.

씨 등 당대의 유력한 가문들과 혼인을 통해 연결됨으로써 고려에서 가장 강력한 가문으로 발돋움했던 것이다.[35)]

선종의 우려는 그가 죽고 헌종이 즉위하자 현실로 드러났다. 헌종의 즉위와 더불어 정치적 실권은 숙종이 장악하였다. 그의 측근인 왕국모王國髦가 권상서병부사權尙書兵部事가 되어 권력을 마음대로 행사했다는[36)] 것이 이를 뒷받침한다. 숙종은 곧이어 이자의를 살해하였다.

> 선종은 처음 상서尙書 이석의 딸로 후后를 삼아 왕(헌종)을 낳았는데, 또 (이)자의의 여동생인 원신궁주를 맞아 한산후 윤을 낳았다. 왕(헌종)이 어리고 병이 있어서 국정을 처리하지 못하고 모후母后가 국사國事를 마음대로 하니, 관리들이 어찌할 바를 몰랐다. 자의는 재화를 탐하고 무뢰한 용사를 모아 활 쏘고 말달리는 것을 일삼으면서 항상 말하기를 '주상이 병이 있어 조석朝夕을 보존키 어려운데, 밖에서 (왕위를) 엿보는 자가 있다. 너희들은 힘을 다하여 한산후를 받들어서 신기神器가 다른 사람에게 넘어가지 않게 하라'하고, 군사를 궁중에 모아 대사大事를 행하고자 하였다. 계림공으로 명복궁明福宮에 있던 숙종이 이를 알고 평장사 소태보邵台輔에게 말하기를 '국가의 안위는 재상에게 달려있다. 지금 일이 급하니 공은 대책을 취하라'라고 하였다. 태보가 상장군 왕국모로 하여금 군사를 거느리고 들어와서 시위케 하자, 국모는 장사 고의화高義和를 시켜 먼저 자의를 선정문宣政門안에서 베었다(『고려사』 권127, 이자의전).

11세의 어린 헌종이 즉위하자, 모인 사숙태후思肅太后가 국정을 천단하였다. 이에 이자의는[37)] 자신의 여동생인 원신궁주 소생인 한산후

35) 藤田亮策, 「李子淵と其の家系 (上)」, 30-36쪽.

36) 『고려사절요』 권6, 헌종 원년 정월.

37) 이자의는 이정의 아들이었고, 헌종의 모후인 사숙태후는 이석의 딸이었는데, 이정과 이석은 모두 이자연의 아들이었으므로, 이자의와 사숙태후는 사촌간이

윤을 옹립할 목적으로 '대사大事'를 행하고자 했다. 여기에서 이자의가 행하려 했다는 '대사'는 헌종의 폐위나 살해를 의미한다. 따라서 위의 기록대로라면 이자의는 자신의 조카인 한산후 윤을 즉위시키기 위해 사촌의 아들인 헌종을 제거하려 했고, 이에 선종의 동생인 계림공 희, 즉 후일의 숙종이 이자의를 제거했다고 할 수 있다. 그러나 이를 그대로 믿기는 어렵다.

숙종은 이자의를 제거한 후 중서령이 되었다가 곧 헌종의 양위를 받아 왕위에 올랐다. 이자의를 제거한 후 4개월만의 일이었다. 이자의가 왕실을 위협했기에 그를 제거했다는 숙종으로서는 모순되는 행동이다. 이자의는 '재화를 탐하고 무뢰한 용사를 모아 활 쏘고 말달리는 것을 일삼았다'는 기록으로[38] 짐작되듯이, 숙종에 대항할 수 있는 유일한 인물이었다. 따라서 선종은 생전에 그에게 헌종을 부탁했던 듯하다. 그런데 헌종의 즉위 후 숙종이 헌종을 제거하려하자, 이자의가 여기에 반발하였고, 이에 숙종은 이자의를 제거하였다고 이해된다.[39] 인주이씨 이자의는 왕위를 넘본 인물이 아니라, 오히려 외부의 위협으로부터 헌종을 보호하는 임무를 맡은 존재였다.[40]

었다.

38) 『고려사』 127 이자의전.

39) 藤田亮策, 「李子淵と其の家系 (下)」, 123-126쪽.
추만호, 「이자겸의 군사기반 이해」, 34-39쪽.
박락훈, 「고려 숙종의 즉위 과정에 관한 연구」, 『고고역사학지』 3, 동아대, 1987, 43쪽.

40) 이는 이자의의 난에 연루된 인물들에 대한 선처를 요구하는 상서가 숙종의 즉위 이후 잇달아 올려진 것으로도 짐작되는 일이다. 즉 숙종 원년 중서성에서는 천변재이를 빙자하여 이자의의 난에 연루된 인물들에 대해 다시 조사할 것을 요구했으며(『고려사』 11 숙종 원년 4월), 6년에는 숙종이 이자의의 난에 연루된 인물들의 죄를 감했는데(『고려사』 11 숙종 6년 2월), 이 역시 관리들의

4. 예종과 이자겸

문종대 이후 지속된 왕실과 인주이씨의 혼인은 숙종에 이르러 단절되었다. 숙종은 인주이씨 아닌 유홍柳洪의 딸을 비로 맞이했던 것이다. 왕실과 인주이씨의 혼인이 재개된 것은 예종대의 일이었다. 예종은 1년 선종의 딸 연화궁주延和宮主를 맞아들여 왕비로 삼았는데,[41] 다시 3년에 이자겸의 딸을 취하였다.[42] 이자겸은 자신의 누이인 순종 비 장경공주의 간통사건에 연루되어 면직되었다가 복직된 인물로서, 당시 그의 직위는 종4품의 급사중給事中에 불과하였다. 이러한 이자겸의 딸을 예종이 취한 까닭은 어디에 있을까.

이자겸은 문하시중에 오른 최사추崔思諏의 사위였다. 최충의 손자인 최사추는 숙종대에 벼슬을 그만둔 이후에도 10년 동안 문인·제자들로부터 조석으로 알현謁見을 받았다. 그는 정치적 영향력이 큰 인물로서 당시의 여론을 주도했던 것이다. 그런데 그가 치사한 것은 숙종의 여진정벌과 별무반의 설치에 불만을 품은 때문이었다.[43] 한편 이자겸의 매부는 김상기金上琦의 아들 김인존金仁存이었다.[44] 그런데 김상기와 김인존은 예종의 여진정벌에 반대한 것으로 유명하다.[45] 평장사로 치

요구에 따른 조치로 생각된다. 숙종의 사후인 예종 원년에도 관리들은 이자의의 난에 연루된 인물들을 구제해 줄 것을 건의했던 것이다(정수아, 「윤관세력의 형성-윤관의 여진정벌과 관련된 몇 가지 문제의 검토를 중심으로-」, 『진단학보』 66, 1988, 7쪽 참조). 이러한 요구는 이자의의 무죄를 주장한 것과 다를 바 없다. 만일 이자의가 반란을 꾀한 인물이었다면 이해하기 힘든 일이다.

41) 『고려사』 12 예종 원년 6월 壬戌.

42) 『고려사』 12 예종 3년 정월 丁卯.

43) 정수아, 앞의 논문, 17-18쪽.

44) 藤田亮策, 「李子淵と其の家系 (下)」, 112-113쪽.

사한 김상기는 예종에 의해 주도된 여진정벌에 반대하여 왕의 부름에도 오지 않았을 정도였으며, 김인존은 상서를 올려 여진정벌의 부당함을 개진하기도 했던 것이다. 따라서 예종이 이자겸 딸과의 혼인을 추진한 것은 여진정벌에 대한 반대여론을 무마시키기 위한 방법의 하나였다고 생각된다.[46)]

예종의 또 다른 정치적 후원자로는 한안인韓安仁이 있었다. 한안인은 이영李永·이여림李汝霖 등과 함께 예종의 시학侍學이었다. 그 인연으로 그는 예종의 즉위와 더불어 중용되었다. 이 한안인과 이자겸에 대한 학계의 정설은 이들의 관계를 대립적으로 파악하는 것이었다.[47)] 그러나 처음부터 이자겸과 한안인이 갈등을 빚었던 것은 아니다. 다음의 사실들로 미루어 알 수 있다.

C-①. (한안인은 예종이) 즉위하자 지난날의 인연으로 권력을 행사했으며, 은총이 더욱 두터워졌다. 형제 친척들이 모두 요직을 차지하고, 이利를 쫓

---

45) 『고려사』 96 김인존전.

46) 이자겸이 최사추의 사위였기에 예종의 장인이 될 수 있었다거나(정수아, 「윤관세력의 형성」, 18쪽 및 박성봉, 「고려 인종조의 양란과 귀족사회의 추이」, 『고려사의 제문제』, 삼영사, 1986, 162쪽), 이자겸은 예종의 배려로 정치활동을 강화한 인물이었다는(오영선, 「인종대 정치세력의 변동과 정책의 성격」, 『역사와 현실』 9, 1993, 72쪽) 견해 역시 예종의 필요에 의해 이자겸의 딸과의 혼인이 추진되었음을 전제로 하는 것이다.

47) 김상기, 『고려시대사』, 339-340쪽.
이병도, 『한국사』 중세편, 진단학회, 1961, 422쪽.
김윤곤, 「고려 귀족사회의 모순」, 46쪽.
E. J. Shultz, 「한안인파의 등장과 그 역할-12세기 고려 정치사의 전개에 나타나는 몇 가지 특징」, 『역사학보』 99·100합집, 1983, 150쪽.
박성봉, 「고려 인종조의 양란과 귀족사회의 추이」, 164쪽.
노명호, 「이자겸일파와 한안인일파의 족당세력」, 179쪽.
김병인, 「고려 예종대 한안인세력의 성격」, 『전남사학』 11, 1997, 212-223쪽.

는 사대부士大夫들은 아부하지 않은 사람이 없었다(『고려사』 권97, 한안인전).
C-②. (전략) 보문각학사 정극영鄭克永과 어사잡단 최유崔濡가 의논하여 말하기를 '(중략) 이제 (이)자겸은 임금께 글을 올릴 때 신臣이라고 칭하지 않아야 하며, 군신간의 큰 연회에서 백관과 함께 뜰에서 하례하지 말고 바로 막차幕次에 나아가 절하며, 임금이 답배答拜한 뒤에는 전상殿上에 앉아야 할 것입니다'고 하자 여러 사람들의 의논이 그대로 따랐다(『고려사절요』 권8, 예종 17년(인종 즉위년) 7월).

이자겸의 적극적인 방해가 있었다면 C-①에서 볼 수 있는 바와 같은 한안인의 권력행사가 가능했을까 의심스럽다. 또한 C-②에서, 이자겸을 높이기 위해 노력한 정극영은 한안인의 외사촌동생이었다. 그리고 한안인의 '당여'로서, 후일 이자겸에 의해 한안인과 함께 유배당한 문공인文公仁은 최사추의 사위로서 이자겸의 동서였다.[48] 따라서 이자겸과 한안인은 적대적이었다기보다는 정치적으로 동일한 노선을 걸었다고 이해하는 것이 타당할 것이다. 그들이 모두 예종의 비호세력이었음을 감안하면 당연한 것이 아닌가 한다.

5. 인종과 이자겸

예종의 비호세력이던 이자겸과 한안인은 예종의 사후 인종의 즉위를 둘러싸고 갈등을 빚었다. 이자겸이 인종을 후원한 반면 한안인은 예종의 동생인 대방공帶方公 보俌를 옹립하려고 했던 것이다. 다음을 참고해 보자.

48) 『고려사』 권125, 문공인전.

D-①. 임인년壬寅年 여름 4월에 우俁(예종)가 죽자 여러 아우들이 왕위를 다투었다. 이에 앞서 옹顒(숙종)에게는 다섯 아들이 있었는데, 그 가운데 우가 장남이었다. 자겸이 이미 해楷(인종)를 세웠는데 작은아버지 대방공 보가 왕위를 찬탈하려고 문하시랑 한격여韓繳如(안인)·추밀사 문공미文公美와 불궤不軌를 꾀하였다. 이에 예부상서 이영李永·이부시랑 정극영鄭克永·병부시랑 임존林存 등 10여인이 내응하였으나 거사하기 전에 음모가 누설되어 곧 체포되어 옥에 갇히었다. 자겸이 왕에게 완곡하게 간諫하여 보를 해도에 추방하고 여러 악인들을 베었으며 나머지 당 수백 명을 잡아들였다(『고려도경』 권8, 인물 수태사상서령 이자겸).

D-②. 대방공 보를 경산부로 내쳤는데, 이는 이자겸의 모함에 의한 것이다. (이와 아울러) 중서시랑평장사 한안인과 추밀원부사 문공미도 유배하였다. (중략) (한안인이) 휴가를 얻어 집에 있으면서, 공미 및 사촌동생 정극영·매부 지어사대사 이영 등과 서로 자주 만나며 밤이 깊어서야 헤어졌다. 그러자 (이전에 한안인과 사이가 나빴던) (최崔)사전思全이 채석蔡碩이라는 사람과 함께 (이李)자량資諒과 (최崔)홍재弘宰에게 '안인과 공미가 당파를 만들어 음모하니 장차 이영공李令公(이자겸)에게 불리할 것입니다'라고 참소하였다. 자겸이 크게 의심하고 드디어 죄를 꾸며서 안인을 승주 감물도甘勿島에 귀양보냈다가 물에 빠뜨려 죽이고, 또 공미·한주·이영·극영을 외지에 유배하였다(『고려사절요』 권8, 예종 17년(인종 즉위년) 12월).

D-①의 기록은 『고려도경』의 것이고, D-②는 『고려사절요』의 기록이다. 『고려사』 한안인전에도 D-②와 동일한 내용이 수록되어 있다. 그런데 대방공 보와 한안인이 유배된 이유에 대해서는 D-①과 D-②의 내용이 다르다. 『고려도경』에는 대방공 보와 한안인 등이 인종의 왕위를 빼앗으려는 모의를 했기에 제거되었다고(D-①) 한 반면, 『고려사절요』에는 이자겸의 음모에 의해 한안인 등이 유배된 것으로 되어 있다(D-②). 후대의 학자들 대부분은 『고려도경』의 기록을 불신하고,

이자겸이 권력을 독점하기 위해 한안인 일파를 제거했다고 하는 『고려사절요』의 기록을 신빙하고 있다. 따라서 『고려도경』의 기록은 이자겸일파가 한안인 일파를 제거하기 위해 날조한 것이라고 하였다.[49]

이자겸은 인종 4년 유배되었다. 그런데 대방공 보는 이자겸의 패망 이후에도 소환되지 못하고 결국은 인종 6년 유배지에서 사망했다.[50] 만일 대방공 보가 아무런 혐의 없이 이자겸의 모함에 의해 유배되었다면, 이자겸이 몰락한 직후 그가 유배지에서 소환되지 않은 것은 이해되지 않는다. 이는 국왕인 인종도 대방공 보를 꺼려했음을 알려준다. 『고려사』 이자겸전에는

> 왕(예종)이 죽고 태자가 어려서 여러 왕제들이 왕위를 넘보았다. 이자겸이 태자를 받들어 즉위케 하니 이가 인종이다(『고려사』 권127, 이자겸전).

라고 하여, 왕제들이 인종의 왕위를 엿보았다고 하였다. 따라서 한안인·문공미 등이 예종의 동생인 대방공 보를 옹립하여 왕위를 찬탈하려고 한 것은 사실이었다고 생각된다.[51] 이자겸은 인종의 외조부로서, 인종이 14세의 어린 나이에 왕위를 계승하여 이를 유지하는데 결정적인 역할을 수행했던 것이다.

이자겸은 인종의 즉위 직후 부府를 설치함으로써 왕자나 왕비에 버금가는 대우를 받았다.[52] 더구나 한안인을 제거한 후에는 정치권력을

---

49) 김상기, 앞의 책, 339-340쪽.
이병도, 『한국사』 중세편, 422쪽.

50) 『고려사』 권90, 숙종 자 대방공 보전.

51) E. J. Shultz, 「한안인파의 등장과 그 역할」, 150쪽.
남인국, 「고려 인종대 정치지배세력의 성분과 동향」, 『역사교육논집』 15, 경북대, 1990, 80-82쪽.

독차지하였다. 자신의 아들 지미之美를 비서감·추밀원부사에, 공의公儀를 상서형부시랑에, 지언之彦을 상서공부낭중 겸 어사잡단에, 지보之甫를 상서호부낭중·지다방사에, 지윤之允을 전중내급사에, 지원之元을 합문지후에, 중이 된 아들 의장義莊을 수좌首座에 임명하였다.[53] 그리고 셋째와[54] 넷째 딸을 잇달아 왕에게 바쳤다.[55] 다른 성姓이 비妃가 되어 권세가 나누어질 것을 두려워했기 때문이라고 한다.[56] 그러나 인종은 그를 외면하였다. 이제 이자겸은 국왕에게 왕권의 비호자가 아닌 그에 압력을 행사하는 자로 비쳐졌을 가능성이 크다.

인종은 이자겸의 제거를 결심하고 내시 김찬金粲을 평장사 이수李壽와 전평장사 김인존金仁存에게 보내 이자겸의 제거 계획을 알리고 자문을 구했다. 이수는 이자겸과 재종형제 간이었으며[57] 김인존은 이자겸의 처남이었다. 그러함에도 그들은 '이자겸의 당여가 조정에 가득하여 가볍게 움직일 수 없으므로 시기를 기다리라'고 왕에게 말했다.[58] 방법에는 견해를 달리했을 뿐, 그들도 이자겸의 제거에는 원칙적으로 동의하였던 것이다. 많은 문신들이 이자겸 1인에 의한 권력 독점을 못마땅하게 여기고 있었던 것이다.[59]

---

52) 고려시대의 부는 왕비나 공주, 왕자들이 세우는 것이었다(『고려사』 권77, 백관지 2 諸妃主府, 諸王子府 참고).

53) 『고려사절요』 권9, 인종 2년 7월.

54) 『고려사』 권15, 인종 2년 8월 戊午.

55) 『고려사』 권15, 인종 3년 정월 庚寅.

56) 『고려사』 권127, 이자겸전.

57) 인주이씨 가문의 구성원들 모두가 정치적 견해를 같이 한 것이 아니었음은 藤田亮策, 「李子淵と其の家系 (上)」, 25-27쪽 및 이만열, 「고려 경원이씨가문의 전개과정」, 27쪽에서 지적된 바 있다.

58) 『고려사절요』 권9, 인종 4년 2월 辛酉.

인종 4년 왕의 명을 받은 상장군 최탁崔卓 · 오탁吳卓 등은 군사를 거느리고 궁궐로 들어가 척준경拓俊京의 동생 척준신拓俊臣과 아들 척순拓純을 처형하였다. 이른바 '이자겸의 난'은 이렇게 시작되었다. 이자겸이 난을 일으킨 것이 아니고, 인종과 내시 등 관리들이 군대를 동원하여 이자겸의 제거를 기도했던 것이다.[60] 이 소식을 접한 이자겸은 자신의 아들 의장이 거느리고 온 현화사 승 300여 명과 척준경으로 하여금 궁성을 포위하도록 하였다. 이 과정에서 척준경은 궁궐에 불을 지르고 활을 쏘아댔다. 인종이 궁으로부터 나오자, 이자겸과 그의 처는 대성통곡하면서

> E. 황후皇后가 궁으로 들어간 후부터는 천자天子가 태어나기만을 기원했고, 전하가 탄생한 이후에는 하늘에 전하의 장수를 빌어마지 않았습니다. 천지귀신도 우리의 지성을 알 것인데, (전하는) 도리어 적신賊臣을 믿고 골육을 해치고자 하십니다(『고려사』 권127, 이자겸전).

라고 했는데, 왕은 얼굴만을 붉힐 뿐 말이 없었다 한다. 이자겸과 그의 처의 말이 사실이라는 것을 인종도 잘 알고 있었기 때문으로 생각된다. 이자겸은 국왕에게 어떠한 제재 조치도 취하지 않은 채 자신을 죽이려했던 지록연知祿延 · 안보린安甫麟 · 최탁 · 오탁 등만을 제거함으로써 사건을 마무리 지었다.[61]

궁성 공격 이후 이자겸과 척준경은 틈이 벌어졌다. 이자겸의 아들 지언이 척준경의 가노家奴와 다투는 과정에서 척춘경의 '궁성에 활을

59) E. J. Shultz, 「한안인파의 등장과 그 역할」, 106쪽.

60) 藤田亮策, 「李子淵と其の家系 (下)」, 130쪽.
김윤곤, 「이자겸의 세력기반에 대하여」, 『대구사학』 10, 1976, 39-40쪽.

61) 『고려사』 권127, 이자겸전.

쏘고 불을 지른' 행동을 비난했던 것이다. 척준경은 이에 대한 죄를 자신만이 받지 않을까 두려워하였다. 그러한 시기에 국왕이 사람을 보내어 이자겸의 제거를 종용하자, 척준경은 군사들을 거느리고 이자겸을 사로잡았다. 결국 이자겸은 영광에 유배되었다가 그곳에서 죽음을 맞이하였다.[62)]

척준경은 이자겸의 심복으로서 군사력을 장악하고 있었다. 이러한 척준경이 이자겸으로부터 등을 돌린 까닭은 어디에 있었을까. 척준경이 이자겸을 제거하기 위해 거느리고 간 병력이 겨우 20여 명에 불과했다는 사실은 이러한 의문을 해결하는 데 도움이 된다. 이러한 소수한 병력만으로 이자겸을 사로잡을 수 있었다는 것은 이자겸이 독자적으로 사병을 거느리고 있지 않았음을 알려준다. 의장이 거느리고 온 현화사의 승려 3백 명을 이자겸의 군사적 기반으로 이해한 연구도 있으나,[63)] 이들은 의장에 의해 일시적으로 거느려졌을 뿐이었다.[64)] 이자겸 권력의 원천은 국왕이었는데, 국왕이 이자겸을 외면하였다. 이러한 사실을 몰랐을 까닭이 없을 척준경이었고 보면, 그가 이자겸이 권력을 유지하지 못할 것이라는 확신을 가지고 있었다고 해서 잘못은 없을 것이다.

이자겸은 「십팔자十八子의 참설讖說」을 믿어 자신이 왕이 되려했다 한다. 왕에게 독이 든 떡과 약을 올려 두 차례나 왕을 독살하려 했으나 이자겸의 4녀인 왕비가 일부러 넘어지면서 이를 깨트려 위기를 넘겼다는 것이 그 근거로 제시되었다.[65)] 대부분의 연구자들은 이를 사실

62) 『고려사』 권127, 이자겸전.
63) 김윤곤, 「이자겸의 세력기반에 대하여」, 7-14쪽.
64) 추만호, 「이자겸의 군사기반 이해」, 49-50쪽.

로 인정하고 있으나,[66] 믿기 어렵다.[67] 이자겸의 제거를 합리화시키기 위한 조작이 아닌가 여겨진다. 권력을 독점한 이자겸에 대한 관리들의 증오가 이렇게 표현된 것으로 생각된다. 만약 이자겸이 왕이 되려했다면, 굳이 이러한 방법을 택했을까 의심스럽다. 척준경이 궁성을 포위하고 궁에 불을 질렀을 때 얼마든지 가능한 일이었다. 실제로 척준경 등이 궁궐을 공격했을 때 인종은 이자겸에게 양위할 것을 고려하였다. 그러나 이자겸이 다른 뜻이 없음을 분명히 하자 이를 취소하였다.[68]

『고려도경』은

> F. (이자겸은) 비록 정권을 장악하고 있으면서도 자못 왕씨(왕실)를 높일 줄 알았다. 이적夷狄이라도 왕실을 부축하는 자이니 역시 현신賢臣이라 할 만하다(『고려도경』 권8, 인물 수태사상서령 이자겸).

라고 하여, 이자겸이 왕실을 비호한 인물이었음을 강조하였다. 물론 위의 기록을 그대로 믿기에는 주저되는 점이 없지 않다. 당시는 이자겸이 정권을 장악하고 있던 시기였으므로, 서긍徐兢이 이자겸의 주장에 따라 이러한 기록을 남겼을 가능성을 배제하기 어렵기 때문이다. 그런데 앞의 사료 E에 따르면, 이자겸과 그의 처는 인종의 비를 황후로, 그리고 인종을 천자라고 불렀다. 이는 왕실을 높이기 위한 의도적인 표현으로 이해된다. 따라서 이자겸이 왕실이 비호한 인물이었다는

---

65) 『고려사』 권127, 이자겸전.

66) 이병도, 「인종조의 묘청의 서경천도운동과 그 반란」, 『史學雜誌』 38-9, 1927; 『고려시대의 연구』, 192쪽.

67) 藤田亮策, 「李子淵と其の家系 (下)」, 131쪽 참조.

68) 『고려사』 권127, 이자겸전.

『고려도경』의 기록은 그대로 믿어서 좋을 것이다.

인종은 간관의 요구에 따라 이자겸의 딸인 연덕궁주 이씨를 폐비廢妃시켰다. 그러나 이후에는 다시 그녀에 대한 대우를 두텁게 했으며, 이자겸의 무리를 탄핵한 시어사 고조기高兆基를 파면시켰다.[69] 심지어 묘청의 난이 진압된 이후에는 이자겸과 그의 처를 추증하여 이자겸에 대한 추모의 정을 두텁게 했으며,[70] 이자겸의 아들들에게는 곡식 600석을 하사하기도 했다.[71] 이러한 사실들 역시 이자겸이 인종의 후견인이었음을 알려주는 구체적인 예로 이해해서 무리는 없을 것이다.

6. 맺는말

이제까지 왕실과 인주이씨와의 관계를 문종, 선종·헌종, 예종, 인종대로 나누어 검토해 보았다. 문종은 문신의 견제를 피하기 위해 이자연의 세 딸을 취했으며, 선종은 동생인 숙종의 정치적 위협으로부터 왕위를 유지하기 위해 인주이씨 출신의 3명과 혼인하였다. 한편 숙종은 인주이씨 이자의와 대립관계에 있었는데, 이는 숙종이 헌종의 왕위를 넘보았기 때문이다. 그리고 예종은 여진정벌로 인해 악화된 문신들의 여론을 무마하기 위해 이자겸의 딸과 혼인했으며, 인종은 이자겸의 힘에 의존하여 왕위를 유지할 수 있었다.

문종에서 인종에 이르는 국왕들은 관리들, 특히 정치적 주도권을 장악한 문신들을 효과적으로 장악하지 못했다. 따라서 국왕은 자신의

69) 『고려사』 권98, 고조기전.

70) 『고려사절요』 권10, 인종 14년 5월.

71) 『고려사』 권17, 인종 24년 4월 戊寅.

후원세력을 필요로 했고, 이에 인주이씨와 중첩적인 혼인을 하였다. 인주이씨가 현종 이후 고위관리들과의 혼인 등으로 강한 세력을 형성하고 있었기 때문이다. 결국 숙종의 경우만을 예외로 하면, 인주이씨는 국왕의 견제세력 아닌, 비호세력이었다.

제7장 숙종·예종대의 여진정벌

1. 머리말

여진 정벌은 숙종대와 예종대 두 차례에 걸쳐 실시되었다. 숙종 9년(1104) 고려는 문하시랑평장사 임간林幹을 보내어 여진을 정벌하게 했으나 실패하고 돌아오자, 추밀원사 윤관尹瓘을 동북면행영병마도통東北面行營兵馬都統으로 삼아 대전케 하였다. 그러나 그 역시 패배하고 돌아왔다. 예종 2년(1107) 고려는 윤관을 원수, 오연총吳延寵을 부원수로 삼아 다시 여진 정벌에 나섰다. 당시의 병력은 17만 대군이었다. 그들은 여진족의 거주지를 점령하여 그곳에 9성을 설치하고 예종 3년 개선하였다. 그러나 여진족이 조직적으로 저항하자 같은 달에 오연총을 파견하고 곧 이어 윤관을 출정시켰다.[1] 윤관 등이 고전을 면하지 못하는 가운데, 여진족이 9성을 돌려줄 것을 애걸하자 예종 4년 환부還附를 결정하고 철수하였다.

숙종·예종대의 여진정벌에 대해서는 주로 윤관 개인의 업적이나

1) 오연총은 예종 3년 8월 잠시 개성에 돌아온 후, 다음 해인 예종 4년 4월 다시 전지戰地로 보내졌으며, 윤관의 경우는 시기는 분명치 않지만 개경에 돌아온 후, 예종 4년 5월에 다시 전선에 파견되었다. 그들이 완전히 철수한 것은 예종 4년 7월이었다.

9성의 위치 등과 관련하여 주목되어 왔다. 그러한 가운데 당시의 정치상황과 관련하여 여진정벌의 배경을 검토한 연구가 있어 주목된다.[2] 정수아의 연구에 따르면, 정치적으로 소외되어 왔던 하급관인 가문 출신자들로 구성된 윤관세력은 전시체제를 유지함으로써 문벌귀족에 대항하기 위해 여진정벌을 추진했다고 한다. 그런데 그가 여진정벌에 참여한 인물들을 모두 윤관세력으로 파악한 것이나 이들을 모두 하급관인 가문으로 이해한 것은 잘 수긍이 되지 않는다.[3] 무엇보다 여진정벌에 대한 국왕의 의도가 드러나 있지 않는 점은 아쉬움으로 남는다. 당시의 국왕이 무시해도 좋을 존재였다고는 생각되지 않기 때문이다.[4] 저자가 이 글을 쓰게 된 이유가 여기에 있다.

저자는 여기에서 여진정벌을 추진할 당시 고려와 여진과의 관계를 우선 알아본 다음, 여진정벌을 추진한 인물들이 누구였는가를 밝히고자 한다. 이는 여진정벌의 배경을 이해하는데 중요하다고 판단되기 때문이다. 그러한 다음 여진정벌을 추진한 배경을 숙종대와 예종대로 나누어 검토할 작정이다.

2. 여진정벌 당시 고려와 여진의 관계

고려가 정벌을 단행한 여진은 동여진東女眞(생여진生女眞)으로서[5] 그

2) 정수아, 「윤관세력의 형성-윤관의 여진정벌과 관련된 몇 가지 문제의 검토를 중심으로-」, 『진단학보』 66, 1988.
추명엽, 「11세기 후반-12세기 초 여진정벌 문제와 정국동향」, 『한국사론』 45, 2001.

3) 이승한, 「고려 숙종대 항마군 조직의 정치적 배경」, 『역사학보』 137, 1993, 17쪽.

4) 박종기, 「12세기 고려 정치사 연구론」, 『허선도기념논총』, 1992, 172쪽, 179쪽.

가운데서도 세력을 크게 떨친 완안부完顏部였다.[6] 숙종대 완안부의 추장은 영가盈歌였는데, 그는 여러 차례 고려에 내조來朝하여 조공을 바쳤고, 고려가 여진정벌을 단행하기 직전인 숙종 8년에도 래헌來獻하였다.[7] 그러나 영가盈歌가 사망하고 그의 조카 오아속烏雅束이 뒤를 이으면서 고려와 여진은 틈이 벌어졌다.

A. (전략) 그 때(숙종 9년)[8]에 변장邊將 이일숙李日肅 등이 주奏하기를, '여진이 허약하여 두려워할 것이 없습니다. 지금 취하지 않으면 뒤에 반드시 우환이 될 것입니다'라고 하였다. 오아속烏雅束이 또한 별부別部인 부내로夫乃老와 틈이 생겨 군사를 내어 그를 치고 근경近境에 주둔하자 왕이 임간에게 명하여 방비하게 하였다. 간이 공을 탐내서 군사를 끌고 깊이 들어가 치다가 패하여 죽은 자가 반이나 되었다. 여진이 승세를 타서 정주定州 선덕관성宣德關城에 들이닥쳐 수 없이 죽이고 노략질하자, (윤)관으로 (임)간을 대신하여 동북면행영도통을 삼고 부월鈇鉞을 주어 보냈다. 관이 싸워 30여급을 베었으나 우리 군사가 함몰되어 죽거나 상한 자도 반이 넘었다(『고려사』 권96, 윤관전).

---

5) 요대遼代에 요의 정치적 지배를 받고 개화된 여진을 숙여진熟女眞, 개화되지 못한 여진을 생여진生女眞이라고 하는데, 이들은 점차 남하하여 나말여초에는 동북으로 함경도 일대와 서북으로 압록강 남안 및 평북일대에 흩어져 살게 되었다. 고려에서는 전자를 동여진 또는 동번東蕃이라고 하고, 서북방면의 여진을 서여진 또는 서번西蕃이라고 불렀다(김상기, 「여진관계의 시말과 윤관의 북정」, 『국사상의 제문제』 4, 국사편찬위원회, 1959; 『동방사논총』, 서울대출판부, 1974, 463쪽).

6) 김상기, 위의 논문, 503쪽.

7) 고려가 동서여진東西女眞과 탐라耽羅 등을 대상으로 독자적인 질서세계를 형성하고 있었음은 奧村周司가 「高麗における八關會的秩序と國際環境」, 『朝鮮史研究會論文集』 16, 1979, 80-83쪽에서 밝힌 바 있다.

8) 이 기록이 『고려사』 윤관전에는 숙종 7년의 것으로 되어 있는데, 이는 숙종 9년의 잘못이다(池內宏, 「完顏氏の曷懶甸經略と尹瓘の九城の役」, 『滿鮮史研究』 中世 二冊, 吉川弘文館, 1937, 392쪽).

숙종 9년 여진의 군대는 정주의 장성長城에 이르렀다. 그렇다고 그들이 고려를 공격한 것은 아니었다. 여진과의 전쟁에서 선제공격을 한 것은 고려였다. 당시 고려는 전쟁에서 승리할 수 있다는 확신을 가지고 있었다. '여진이 허약하여 두려워할 것이 없다'는 변장의 보고가 이를 뒷받침한다. 임간이 공을 탐내어 깊이 들어간 것도 여진을 얕보았기 때문이었을 것이다. 그들은 여진이 고려의 상대가 되지 않는다고 판단했음이 분명하다. 그러나 임간에 이어 윤관마저도 여진과의 전투에서 패배하고 말았다.

여진은 임간과 윤관의 군대를 모두 물리쳤음에도 불구하고 국경지방인 정주의 선덕관성을 노략질한 것이 고작이었다. 고려에 깊숙이 침입하지 않았을 뿐만 아니라 윤관이 강화를 청하자 곧 여기에 응했다. 더구나 여진은, 그 까닭은 알 수 없으나, 곧 이어 스스로 요새를 헐어버리고 사신을 보내어 관문關門에 와서 화친을 빌기도 하였다.[9)]

이러한 사정은 예종이 즉위한 후에도 마찬가지였다. 예종이 즉위하자 오아속烏雅束의 부하 지훈之訓은 공아公牙 등 10인을 보내어 래조來朝하였다. 지훈之訓은 일찍이 숙종 때 임간의 고려군을 역습한 장본인이었다. 예종은 이들에게 술과 음식, 그리고 물건을 내려 회유하였다.[10)] 이에 지훈은 기병 2천명을 인솔하고 관문의 밖에 와서

> B. 지난해의 전쟁은 신왕新王(예종)께서 아시는 바가(일으킨 것이) 아니었습니다. 공아가 입조入朝하였을 때 이러한 점을 말씀하시고 후히 상을 주어 돌려보내시니, 임금(예종)의 은혜가 지극히 두텁습니다. 어찌 감히 잊고 배반하겠습니까. 자손에 이르기까지 진심으로 삼가하고 힘써 조공朝貢

---

9) 『고려사』 권12, 숙종 9년 6월 甲寅.
10) 『고려사』 권12, 예종 원년 정월 辛亥.

하겠습니다(『고려사』 권12, 예종 원년 3월).

라고 하였다. 그들은 전의戰意가 없음을 스스로 드러냈던 것이다. 그러함에도 불구하고 예종대에도 여진정벌은 단행되었다. 물론 '여진이 강성하여 변성을 침범한다'는 변장의 보고가[11] 있기는 하였다. 그러나 이것이 여진정벌의 계기가 될 수 없었음은

> C. 예종 4년 간관諫官 김연金緣·이재李載 등이 대궐에 엎드려 말하기를 '(윤)관 등이 망령되게 명분 없는 군사를 일으켜[妄興無名之兵] 패함으로써 나라에 해를 끼쳤으니, 죄를 용서할 수 없습니다. 청컨대 옥에 내리십시오' 라고 하였다(『고려사』 권96, 윤관전).

는 기록으로 분명하게 알 수 있다. 예종 4년 윤관이 여진정벌을 위한 두 번째의 출병에서 승리하지 못하자 간관들은 윤관의 죄를 논했는데, 죄의 핵심은 '망령되게 명분 없는 군사를 일으킨' 것이었다. 고려의 관리들 스스로도 여진정벌을 위한 출병은 명분이 없는 것이라고 판단했던 것이다.

이제까지의 간단한 검토만으로도 여진정벌 당시 고려와 여진과의 관계는 전쟁을 일으킬 만큼 심각한 상태가 아니었음을 확인할 수 있었다. 그렇다면 누가 왜 여진정벌을 추진했을까 하는 의문이 자연스럽게 제기된다.

---

11) 『고려사』 권96, 윤관전.

3. 여진정벌을 주도한 인물들

숙종대 여진정벌을 주도한 인물들이 누구였는가와 관련해서는 앞서 인용한 A의 기록이 참고된다. 변방의 장수가 여진정벌을 조정에 건의하자 국왕은 임간에게 방비할 것만을 명했다 한다. 그런데 공을 탐한 임간이 깊숙이 여진을 공격했다는 것이다. 따라서 여진정벌을 주도한 인물은 임간이 아니었나 생각되기도 한다. 그러나 이것이 잘못된 판단임은

> D. 내시內侍 임언林彦이 동여진을 토벌할 것을 청하였다. (이李)영永이 말하기를 '병兵은 흉기凶器이고 전戰은 위사危事이므로 경솔하게 움직여서는 안 됩니다. (따라서) (임)언이 무사無事한 때에 군대를 내어 틈을 내려고 하는 것은 매우 옳지 않습니다'고 하였으나 왕이 듣지 않고 평장사 임간에게 명하여 토벌하게 했다(『고려사』 권97, 이영전).

는 기록을 통하여 곧 알아차릴 수 있다. 여진정벌을 놓고 관리들 간에 격론이 벌어졌음을 알려주는데, 이영을 비롯한 관리들의 반대가 있었음에도 불구하고 숙종은 이를 무시하고 여진정벌을 단행하였다. 사실 단순히 변장의 보고만으로 여진정벌을 결정했다거나, 방비하라는 숙종의 명령을 무시하고 임간이 독자적으로 깊숙이 침입했다고는 생각되지 않는다. 변장은 고려가 여진을 정벌할 의도를 가지고 있다는 사실을 알았기에 이를 건의할 수 있었으며, 임간이 공을 탐내어 여진에 깊이 들어간 것도 왕의 여진정벌에 대한 강한 집념을 감지했기 때문일 것이다.

여진정벌에 반대한 이영은 후일 패전한 죄로 임간 등 지도부와 함

께[12] 파면되었다.[13] 당시 그의 벼슬이 정9품의 직사관直史館이었음을 고려하면 쉽게 이해되지 않는 조치였다. 지휘관도 아닌 이 정도의 관직에 머문 인물을 패군 죄로 다스렸다는 것은 납득하기 어렵다. 따라서 이영이 처벌된 것은 패전한 때문이 아니라 여진정벌에 반대한 때문이라고 이해하는 것이 합리적일 듯하다. 여진정벌에 대한 숙종의 의지는 그만큼 확고했던 것이다.

숙종의 명에 따라 구성된 최초의 여진정벌군 지휘부는 문하시랑평장사 임간과 좌복야 황유현黃俞顯 등으로 구성되어 있었다.[14] 임간과 숙종의 관계가 어떠했는가는 잘 알 수 없으나 황유현은 숙종의 즉위에 기여한 인물로 판단된다. 숙종의 즉위와 더불어 공부상서에 임명된 것으로 미루어 그러하다.[15] 한편 임간에 이어 사령관에 임명된 윤관은 숙종의 정책에 모두 깊이 관여하였다. 천도를 위해 남경을 시찰했는가 하면,[16] 의천義天과 함께 화폐주조를 주도하였다. 그리고 예종 초년에는 조정 대신들의 거듭되는 반대에도 불구하고 천태종天台宗 사찰인 천수사天壽寺의 건립에 앞장서기도 했다.[17] 따라서 윤관은 숙종과 밀착된 인물이었다고 할 수 있다. 실제로 그의 아들 윤언영尹彦榮은 숙종의 동서同壻였다.[18]

여진정벌에 찬성한 인물로는 임언·김한충金漢忠·척준경拓俊京이 있

12) 『고려사』 권12, 숙종 9년 2월 壬子.

13) 『고려사』 권97, 이영전.

14) 『고려사』 권12, 숙종 9년 2월 壬子 참고.

15) 『고려사』 권11, 숙종 즉위년 10월 庚辰.

16) 『고려사』 권11, 숙종 6년 9월.

17) 정수아, 「윤관세력의 형성」, 8쪽.

18) 위의 논문, 6쪽.

었다. 앞의 D의 기록에서 보았듯이, 임언은 숙종대 여진정벌을 적극 지지하였으며,[19] 예종대에는 윤관과 함께 출정하여 전쟁에서의 승리를 영주청벽英州廳壁에 기록하기도 했다. 그런데 숙종대 그의 직책은 내시였다. 그는 숙종의 측근이었던 것이다. 김한충은 숙종이 태자였을 당시 태자좌서자太子左庶子로서 숙종을 보필했던 인물인데, 예종 때에 윤관이 여진과의 강화를 맺을 때 활약이 컸다.[20] 이로 미루어 보면, 그는 숙종대의 여진정벌에 관여했을 가능성이 크다. 그리고 척준경은 숙종이 즉위하기 이전 그의 종자從者였다. 그는 숙종대와 예종대의 여진정벌에서 공을 세웠는데, 이로 인해 윤관은 그를 아들처럼 대했다 한다.[21] 결국 여진정벌에는 숙종과 밀착된 인물들이 적극적이었음을 알 수 있다. 이처럼 국왕의 측근이 적극적이었다는 사실 역시 여진정벌이 국왕인 숙종에 의해 추진되었음을 말해준다.

예종대의 여진정벌에 관해서는 다음이 참고된다.

> E. 예종이 즉위한 직후는 상중喪中이었기 때문에 출병할 겨를이 없었는데 2년에 변장이 '여진이 강해져서 변성을 자주 침략합니다. (중략)'고 보고하였다. 왕이 이를 듣고 중광전重光殿의 불감佛龕 속에 두었던 숙종의 서소誓疏를 가져다가 양부 대신들에게 보였다. 대신들이 그 글을 읽고 모두 눈물을 흘리면서 '성고聖考의 유지遺旨가 이처럼 간절하니 어찌 그것을 잊을 수 있겠습니까'라고 하였다. (그리고) 글을 올려 선왕의 뜻을 계승하여 여진을 정벌할 것을 청하였다. 왕은 머뭇거리며 결정을 내리지 못하고 평장사 최홍사崔弘嗣에게 명하여 대묘大廟에 가서 길흉을 점치게 하였는데, 감坎의 기제괘旣濟卦를 얻자 드디어 출병을 결정하였다(『고려사』 권96, 윤관전).

---

19) 『고려사』 권97, 이영전.

20) 『고려사』 권95, 김한충전.

21) 『고려사절요』 권7, 예종 3년 정월 乙丑.

여진정벌을 단행하게 된 계기를 알려주는 기록이다. 여진이 자주 변성을 침략한다는 변장의 보고가 있자 예종은 여진을 정벌할 것을 맹세한 숙종의 글을 대신들에게 보여주었다. 이에 재상들이 여진정벌을 건의하였으나 예종은 머뭇거리면서 결정을 내리지 못했다 한다. 따라서 이 기록 만에 의한다면, 여진정벌을 적극적으로 추진한 인물들은 당시의 재상들이었고, 국왕인 예종은 매우 소극적이었던 것으로 이해하기 쉽다.

그러나

> F. 예종 4년 간관 김연·이재 등이 대궐에 엎드려 말하기를 '(윤)관 등은 망령되게 명분 없는 군사를 일으켜 패함으로써 나라에 해를 끼쳤습니다. 그 죄를 용서할 수 없으니 청컨대 옥에 내리십시오'라고 하였다. 왕이 심후沈侯를 시켜 달래기를 '두 원수는 (나의) 명을 받아 출병하였다. 예로부터 전쟁에는 승패가 있는 것이니 어찌 죄가 되겠는가'라고 하였다(『고려사』 권96, 윤관전).

는 기록은 앞의 E 기록과는 다른 사정을 전해준다. 9성을 설치하고 돌아온 후 다시 출정한 윤관은 이렇다 할 전공을 세우지 못했다. 간관들이 이를 들어 윤관을 탄핵하자, 예종은 윤관을 적극 변호하면서 그가 자신의 명을 받고 출정했음을 강조했던 것이다. 예종의 이러한 주장은 윤관을 구하기 위한 변명만은 아니었다. 여진을 정벌할 것을 맹세한 숙종의 글을 대신들에게 보인 인물이 예종이었음을 고려하더라도, 여진정벌은 예종에 의해 추진되었다고 이해하는 것이 타당할 것이다. 사실 부사령관으로 여진정벌에 참여한 오연총마저도 애초에는 출병을 의아하게 여겼던 듯하다.

G. (전략) (윤)관을 원수로 삼고 지추밀원사 오연총을 부원수로 삼았다. 관이 주奏하기를 '신이 일찍이 선왕의 밀지密旨를 받들었고 또 지금 엄명을 받았으니 어찌 감히 삼군三軍을 통솔하여 적의 보루를 격파하고, (그곳을) 우리 강토로 만들어서 지난날의 국치國恥를 씻지 않겠습니까'하였다. 연총이 자못 의아스럽게 생각하여 조그마한 소리로 윤관에게 말하니 관이 분개해서 말하기를 '공과 내가 아니면 누가 능히 죽음의 땅으로 가서 국가의 치욕의 씻을 수 있겠오. 계책이 이미 결정되었는데 무엇을 의아스럽게 생각하는가'라고 하였다(『고려사』 권96, 윤관전).

오연총이 무엇을 의아스럽게 여겼으며, 그가 윤관에게 했다는 귀속말의 내용이 무엇인가 여기에는 드러나 있지 않다. 여진정벌에 대한 계책이 이미 정해졌으니 의아스럽게 생각할 것이 없다는 윤관의 말로 미루어 보면, 오연총은 출병 자체에 대해 의문을 제기했던 것이 아닌가 생각된다. 오연총은 숙종에 의해 발탁된 인물로서,[22] 여진정벌에 동조할 가능성이 큰 인물이었다. 이러한 오연총이 의아스럽게 여길 만큼 예종대의 여진정벌은 국왕에 의해 전격적으로 결정되었던 것이다.

4. 여진정벌의 배경

이제까지의 검토로 우리는 여진과의 관계가 심각하지도 않은 상태에서 숙종과 예종에 의해 여진정벌이 추진되었음을 알았다. 그렇다면 숙종과 예종이 여진정벌을 추진한 의도는 어디에 있었을까. 여기에서는 여진정벌의 추진 배경을 숙종대와 예종대로 나누어 살펴보겠다.

22) 『고려사』 권96, 오연총전.

(1) 숙종대

숙종은 정변으로 즉위한 인물이었다. 『고려사』에 따르면, 선종(1083-1094)에 뒤이어 어린 헌종(1094-1095)이 즉위하자 이자의李資義가 한산후漢山侯 윤昀을 옹립할 목적으로 난을 일으켰고, 이에 계림공雞林公 희熙, 즉 후일의 숙종이 그를 제거했다 한다.[23] 그러나 사실은 이와 달랐다. 숙종이 조카인 헌종의 지위를 엿보자 이자의가 여기에 반발하였고, 이에 숙종은 이자의를 제거하고 즉위했던 것이다.[24]

숙종은 선종대에 이미 정치적 실력자로 부상하였다. 특히 변경의 일은 그가 논의를 주도할 정도였다.[25] 종실宗室은 국정에 관여할 수 없는 것이 고려의 실정이었음을 고려하면,[26] 숙종의 경우는 매우 이례적인 일이었다고 할 수 있다. 따라서 선종이 그를 꺼려했음은 당연하다. 선종의 측근인 곽상郭尙이 선종을 문병하려는 숙종을 저지했다는 것으로도[27] 짐작되는 일이다. 요컨대 숙종은 선종대에 이미 자신의 군사력을 기반으로 왕위를 넘볼 소지를 지니고 있었다. 헌종의 즉위 후 숙종의 측근인 왕국모王國髦가 권상서병부사權尙書兵部事가 되어 권력을 마음대로 행사했다[28]는 것 자체가 이미 숙종이 정치적 실권자로

---

23) 『고려사』 권127, 이자의전. 남인국, 「고려 숙종의 즉위과정과 왕권강화」, 『역사교육논집』 5, 경북대, 1983, 128-134쪽에서는 이를 그대로 따르고 있다.

24) 藤田亮策, 「李子淵と其の家系」 (下), 『靑丘學叢』 15(1934), 123-126쪽.
추만호, 「이자겸의 군사기반 이해(상)-'승군기반'설 검토를 중심으로-」, 『사향』 2, 1985, 34-39쪽.
박락훈, 「고려 숙종의 즉위과정에 관한 연구」, 『고고역사학지』 3, 동아대, 1987.

25) 『고려사』 권10, 선종 8년 9월 庚寅.

26) 『고려사』 권90, 종실전 서.

27) 『고려사』 권97, 곽상전 참고.

등장했음을 알려주는 것이다.

숙종이 이자의를 제거하고 즉위할 수 있었던 데에는 군사적인 뒷받침이 있었다. 숙종은 즉위 이전부터 무신들과 긴밀한 관계를 유지했다. 우선 자신의 장인인 유홍柳洪을 통해서 무신들과 접촉할 수 있었다. 유홍은 문신이었지만,[29] 병가兵家의 비결秘訣에 정통함으로써 무략武略에 뛰어났던 것이다.[30] 또한 숙종은 스스로도 용사를 모았다. 척준경의 경우,

> H. 척준경은 곡주인谷州人이었는데, 그의 선대先代는 주리州吏였다. 집이 가난하여 학문을 하지 못하고 무뢰배와 어울려 다녔다. 서리胥吏가 되려고 있으나 이루지 못했다. 숙종이 계림공이었을 때 그 부府의 종자從者가 되었다(『고려사』 127, 척준경전).

는 것이다. 숙종이 정변 과정에서 많은 인물들을 살해하거나 유배했음을 감안하면, 숙종의 정변과 이후 그가 즉위하는 과정에서 척준경과 같은 무신들이 큰 역할을 수행했음은 두말할 나위가 없다.[31]그리고 상장군 왕국모와 대정 고의화 등도 일찍부터 숙종과 연결되어 있었다.

숙종의 즉위 이후 무신들의 정치적 지위는 크게 높아졌다. 왕국모는 이자의를 제거한 직후인 헌종 원년 7월에 권판병부사가 되었고, 9월에 우복야·참지정사·판병부사, 이어 판도병마사에 올랐다. 그리고 대정에 불과했던 고의화 역시 산원으로 뛰어 올랐고 상장군에까지 이르렀다. 더구나 숙종은

---

28) 『고려사절요』 권6, 헌종 원년 정월.

29) 정용숙, 『고려시대의 후비』, 민음사, 1992, 155-156쪽.

30) 『고려사』 권97, 유인저전.

31) 남인국, 「고려 숙종의 즉위과정과 왕권강화」, 135쪽.

I. 윤신걸尹莘傑로 용호군상장군・병부상서를, 황유현으로 공부상서를, 최적崔迪으로 금오위상장군・섭형부상서를 삼았다(『고려사』 권11, 숙종 즉위년 10월).

고 하여, 무신들에게 상서직尙書職을 제수하였다. 이로 인해 현종대 이후 무신의 겸하지 못한 문관직을, 2군 6위의 상장군이 겸하는 현상이 나타나기 시작했던 것이다.[32)]

숙종의 왕위찬탈과 무신 중용에 대해 적지 않은 반발이 뒤따랐다. 다음을 보자.

J-①. 중서성이 주奏하기를 '(중략) 지난 번 유군幼君이 병환으로 누어 정무를 바르게 처리하지 못했습니다. 모후가 섭정했으나 미혹함에 빠져 도度를 잃고 흉악한 자로 하여금 틈을 타서 난을 꾀하게 하였습니다. 이로 말미암아 크게 주륙을 행하여 당류黨類를 남기지 않았으나, 사건의 정상이 밝혀지지 않았으므로 옥에 갇힌 자 중에는 반드시 무죄한 자가 있을 것입니다. 그 노기怒氣가 천지에 가득하여 화기和氣가 변하여 재앙이 되었습니다. (하략)'고 하니 왕이 이를 받아들였다(『고려사』 권11, 숙종 원년 4월 癸酉).
J-②. (왕국모는) 오직 활 쏘고 칼 쓰는 데에만 종사한 사람인데, 교서에 '문무의 자질을 겸하였다'는 어구가 있었으므로, 당시의 의논이 이를 비난하였다(『고려사』 권95, 소태보전 부 왕국모전).

중서성에서는 기상 이변의 원인을 지적하고 이의 해소책을 왕에게 건의하였다. J-①은 그 일부이다. 그들은 재이災異의 원인으로 이자의의 난과 관련된 과도한 주륙과 억울한 옥사를 지적하였다. 이는 중서성이 기상 이변과 관련한 상소를 통하여 숙종의 왕위 찬탈 과정을 우회적으로 비난한 것과 다를 바 없다.[33)] 한편 J-②에서, 왕국모에 대한 궁

32) 변태섭, 「고려무반연구」, 『아세아연구』 8의 1, 1965; 『고려정치제도사연구』, 일조각, 1972, 360-362쪽.

정적인 평가를 비난한 당시의 의논 역시 숙종을 비판한 것과 다를 바 없는 것이었다. 왕국모가 숙종의 정변 과정에서 커다란 역할을 수행한 인물이었음을 고려할 때 그러하다.

숙종의 찬탈 과정에 불만을 품은 인물들은 주로 문신들이었다. J-①의 상서문을 중서성에서 올린 것이나 J-②에 보이는 왕국모가 무신이었던 것으로 미루어서 알 수 있는 일이다. 김인존金仁存의 경우, 숙종 즉위 후 내시가 되었는데, 외보外補를 간청했다 한다.[34] 숙종에 대한 불만에서 그러했던 것으로 여겨진다.

숙종은 재위 기간에 남경천도南京遷都를 계획했는가 하면[35] 천태종天台宗의 개립開立을 후원했고,[36] 화폐를 주조하여 사용했다. 또한 태자太子를 위해 첨사부詹事府을 확충하기도 했다.[37] 그가 남경천도를 계획한 구체적인 이유는 알 수 없으나, 정치적 분위기를 일신하기 위함이었다는 점만은 지적해도 좋을 것이다. 한편 천태종의 개립을 후원한 목적은 불교를 통합적으로 발전시켜 왕권을 강화하기 위함이었다.[38] 화폐의 사용 역시 왕권강화책의 일환이었다는 지적이 있다.[39] 그리고 첨사부를 확충한 것도 왕권을 공고히 하기 위함이었다.[40] 숙종은 왕권

---

33) 서성호, 「숙종대 정국의 추이와 정치세력」, 『역사와 현실』 9, 1993, 20-21쪽.
34) 『고려사』 권96, 김인존전.
35) 숙종대의 남경천도문제에 대해서는 이병도, 『고려시대의 연구』, 아세아문화사, 1980, 161-170쪽 참고.
36) 최병헌, 「천태종의 성립」, 『한국사』 6, 국사편찬위원회, 1974, 85쪽.
37) 『고려사』 권11, 숙종 3년 3월 癸亥.
38) 허흥식, 「천태종의 형성과정과 소속사원」, 『고려불교사연구』, 일조각, 1986, 276쪽, 287쪽.
39) 채웅석, 「고려전기 화폐유통의 기반」, 『한국문화』 9, 1988, 100-103쪽.
40) 남인국, 「고려 숙종의 즉위과정과 왕권강화」, 137쪽.

을 강화하기 위해 노력했던 것이다.

숙종의 남경천도는 실현되지 않았다. 남경에 궁궐을 세우는 데에만 오랜 시일이 걸린 것으로 미루어,[41] 관리들의 반대가 만만치 않았음을 엿볼 수 있다.[42] 한편 숙종이 화폐를 주조하려는 의지를 가진 것은, 숙종 2년에 주전관鑄錢官을 세우겠다는 교서를 반포한 것으로 미루어, 즉위 직후부터였다. 그러나 해동통보海東通寶가 사용된 것은 왕 7년(1102)의 일이었다. 화폐주조에 이처럼 오랜 시간이 경과한 것 역시 곽상 등 당시 관리들의 반대 때문으로 여겨진다.[43] 또한 천태종의 개립도 관리들의 거센 비판을 받았다.[44] 이는 숙종의 왕권강화 노력이 관리들의 반발에 부딪쳐 계획대로 추진되지 못했음을 웅변해준다.

숙종의 정책을 반대한 인물들 가운데는 소태보邵台輔와 최사추崔思諏가 포함되어 있었다. 최사추가 '가볍게 조종祖宗의 법을 고치거나 신법

---

41) 김위제金謂磾 등이 남경천도를 건의한 것이 숙종 원년이었는데, 남경의 궁궐이 완성된 것은 9년이었던 것이다.

42) 『고려사』에 따르면, 유신柳伸과 유록숭庾祿崇만이 남경천도에 반대한 것으로 되어 있으나(『고려사』 권95, 유신전), 이는 사실과 다른 것으로 생각된다.

43) 秋浦秀雄, 「高麗肅宗朝に於ける鑄錢動機に就て」(中), 『靑丘學叢』8(1932), 79-80쪽 참고.

44) 이는 천태종 개립을 주도한 의천에 대한 관리들의 태도로 미루어 알 수 있다. 숙종은 의천이 사거하자 그에게 대각大覺이라는 시호를 내리려고 하였다. 그러자 중서문하성은 상주上奏하여 '대각이라는 것은 부처라는 말이다. 부처의 이름을 외람되게 쓰는 것은 후의 본뜻이 아닐 것이다'라고 반대하였다(『고려사』 권90, 종실전 1 문종 자 대각국사 후전). 한편 의천이 죽은 곳은 경기도 장단長端의 총지사摠持寺였다. 관리들의 반발 때문에 의천은 이곳으로 퇴거한 것으로 생각된다(이승한, 「고려 숙종대 항마군 조직의 정치적 배경」, 17쪽). 그리고 의천이 사거하자 천태종은 급격하게 몰락하기에 이르렀다(김광식, 「고려 숙종대의 왕권과 사원세력-주전정책의 배경을 중심으로-」, 『백산학보』 36, 1989, 129쪽).

新法을 만들어서 풍속을 어지럽히는 것을 싫어했다'는[45] 것으로 미루어 짐작된다. 최사추가 싫어한 신법에는 숙종의 주전정책이 포함되어 있었던 것이다.[46] 한편 소태보는 국학國學의 혁파를 요구하였는데, 이는 숙종의 의도와는 상반된 것이었다.[47] 따라서 그 역시 숙종의 정책에 비판적이었다고 생각된다.

최사추는 최충崔沖의 손자로서, 과거를 통해 관직에 나아갔으며, 과거를 주관하여 많은 문생門生을 거느렸다. 또한 그는 숙종과 인척이었다. 최사추는 숙종의 장인인 유홍의 아들을 사위로 맞았던 것이다.[48] 따라서 그는 숙종의 정변에 협력했을 가능성이 큰 인물이었다. 숙종의 정변 성공 직후 행해진 인사이동에서 최사추가 이부상서·지추밀원사에[49] 임명된 것으로 미루어 그렇게 생각된다. 한편 소태보는 숙종의 배향공신配享功臣이었다. 왕국모와 함께 숙종의 정변에 깊이 관여하여 숙종이 즉위하는데 크게 기여한 인물이었던 것이다.[50] 이러한 최사추나 소태보가 숙종의 정책에 반대했다는 사실은 대다수의 문신들이 숙종의 정책에 반대했음을 말해주는 것과 다를 바 없다.

---

45) 최사추묘지명(김용선 편저, 『고려묘지명집성』, 한림대학교 출판부, 2006, 39쪽).

46) 정수아, 「윤관세력의 형성」, 20쪽. 신법은 북송에서 왕안석의 개혁정책을 의미하는 용어였다. 고려에서 이 용어가 사용되었다는 것은 북송의 개혁정책이 고려에 커다란 영향을 미쳤음을 의미한다. 실제로 숙종대의 정책을 주도한 의천은 북송의 개혁정책을 적극 수용한 인물이었다(정수아, 「고려중기 개혁정책과 그 사상적 배경-북송 '신법'의 수용에 관한 일시론-」, 『박영석기념논총』, 1993, 450-457쪽).

47) 『고려사』 권74, 선거지 2 학교 숙종 7년 2월.

48) 정수아, 「윤관세력의 형성」, 6-7쪽.

49) 『고려사』 권10, 헌종 원년 8월 癸未.

50) 『고려사』 권95, 소태보전.

숙종은 군사훈련이나 군인들에 대해 끊임없는 관심을 표시하였다. 양경兩京 군졸의 역役을 면제해주였는가 하면,[51] 재추를 불러 함께 기병騎兵을 사열하기도 했다.[52] 문신들의 반발에 대처하기 위한 방법의 하나가 아니었나 생각된다. 특히 재추와 함께 기병을 사열한 것은 자신의 군사력을 그들에게 과시하기 위함이었다고 이해된다. 문신들은 이러한 숙종의 의도를 방관하지 않았다.

> K. 어사대에서 '경기의 적賊을 잡는 군사가 민호民戶를 약탈하여 해가 도리어 크니 파罷할 것을 청합니다'라고 주하자, 이를 허락하였다(『고려사』 권11, 숙종 6년 10월 壬辰).

여기의 적은 정치적 반란을 포함하고 있었을 가능성이 크다. 그렇다면 경기의 적을 잡는 군사는 숙종의 군사적 기반으로도 이용될 수 있는 부대였다. 서울과 가깝다는 점에서 그러하다. 이러한 부대를 없애자는 어사대의 주장을 숙종이 받아들였다는 것은 그가 문신들의 요구를 수용했음을 알려준다. 그런데 숙종의 이러한 태도는 무신들의 반발을 불러일으켰던 듯하다.

> L. 대장군 고문개高文盖 · 장홍점張洪占 · 이궁제李弓濟, 장군 김자진金子珍 등이 몰래 역모를 꾀하였다. 경신庚申 일에 어사대로 하여금 이들을 체포케 하여 남쪽 끝에 유배하였다(『고려사』 권12, 숙종 8년 8월).

숙종 8년 무신들에 의한 반란 기도가 있었다. 그들이 반란을 기도한 구체적인 이유는 나타나 있지 않다. 최근의 한 연구는 그들이 승진

51) 『고려사』 권11, 숙종 6년 6월 甲辰.
52) 『고려사』 권81, 병지 1 병제 숙종 7년 6월.

에 불만을 품고 난을 모의했을 것이라고 주장하였다.[53] 그들의 승진 과정을 검토해보면 충분한 설득력을 가진 견해임을 알 수 있다. 다만 궁금한 것은 그들이 왜 승진에 제약을 받았을까 하는 점이다. 이와 관련해서 주목되는 것은 이 사건의 처리를 담당한 인물이 문신 최사추였다는 사실이다. 그는 이 사건을 처리한 공으로 문하시중에 임명되고 보정공신輔正功臣의 칭호를 하사받았다.[54] 그렇다면 무신들이 승진에 제약을 받은 것도 최사추를 비롯한 문신들의 요구를 숙종이 수용한 데 따른 결과가 아니었나 의심된다.

무신들의 모반은 숙종 자신에게도 커다란 충격이었을 것이다. 그들은 숙종과 긴밀한 관계를 맺고 있던, 숙종의 세력기반이었다고 해도 과언이 아닌 존재들이었다.[55] 숙종은 문신은 물론이거니와 무신 일부로부터도 지지를 획득하지 못했던 것이다. 숙종은 이러한 상황을 타개할 방책을 모색했고, 이에 기도된 것이 여진정벌이었던 것 같다.

숙종의 여진정벌 의도를 구체적으로 알려주는 기록은 없다. 다만 이후 설치된 별무반別武班을 통해서 어느 정도의 추측은 가능할 것 같다. 여진정벌에서 실패하고 돌아온 윤관은 별무반의 설치를 숙종에게 건의하였다.[56] 그런데 별무반은 후일 예종의 시위를 담당하기도 했

---

53) 서성호, 「숙종대 정국의 추이와 정치세력」, 1993, 34쪽.

54) 『고려사』 권96, 최사추전.

55) 이들 가운데 한 사람인 이궁제李弓濟는 숙종 3년에 확충된 첨사부의 감문監門에 임명되었던 인물이었다(서성호, 「숙종대 정국의 추이와 정치세력」, 34쪽 주 84). 그런데 숙종이 첨사부를 확충한 것은, 앞에서 언급했듯이, 왕권을 강화하기 위함이었다.

56) 최초로 여진정벌에 참여한 임간林幹 · 황유현黃俞顯 등은 패전한 죄로 파면되었다. 그들이 숙종의 명령에 따랐을 뿐임을 고려하면, 숙종은 그들을 파면시킬 의사를 가지고 있지 않았을 것이다. 그러함에도 불구하고 숙종이 임간 등을 파면

다.[57] 따라서 별무반은 애초부터 국왕의 시위부대로 이용될 소지를 안고 있고 있었다고 할 수 있다. 즉 별무반은 숙종의 군사적 기반이기도 했던 것이다. 이로 미루어 보면, 숙종이 여진정벌을 추진한 이면에는 자신의 군사적 기반을 강화하려는 의도가 숨어 있었던 것 같다.

한편 별무반의 일부인 신기군神騎軍에는 문·무·산관散官 뿐만이 아니라 재추의 자손들도 포함되어 있었다. 재추의 대부분은 문신들이었으므로, 문신의 자제들이 별무반에 징집되었던 셈이다. 이는 그들의 정치적 특권을 인정하지 않은 것으로써,[58] 전시체제를 이용하여 문신들을 장악하려는 의도와 다를 바 없다. 문신들이 반발했음은 당연하다. 다음을 보자.

> M. 문하시랑 최사추가 치사致仕하였다. 사추는 늙음으로 해서 물러나기를 매우 간절하게 청하였다. 위계정魏繼廷이 말하기를 '최공이 관官에 있어 우리들은 태산북두泰山北斗와 같이 우러러보았고, 나라의 큰일은 한결같이 그의 말을 좇았는데, 이제 만약 노퇴老退하면 우리들은 어찌할까'라고 하였다(『고려사절요』 권7, 숙종 10년 2월).

최사추가 치사를 청한 것은 숙종 10년 2월이었다. 윤관이 여진정벌에서 패전하고 돌아와 별무반을 설치한 것이 숙종 9년 12월이므로 별무반 설치 직후였다고 할 수 있다. 그런데 치사는 그의 뜻이 아니었

시킨 것은 문신들의 압력 때문이 아니었나 한다. 한편 윤관은 패전했음에도 불구하고 파면은 커녕 오히려 직위를 높여갔다. 이 점 의아스럽다. 문신들은 당연히 윤관의 패군한 죄도 논했을 것이기 때문이다. 윤관이 탄핵당하지 않은 것은 별무반을 설치하는 등 숙종이 이에 강경하게 대처했기 때문이 아닌가 생각된다.

57) 정수아, 「윤관세력의 형성」, 24쪽.

58) 위의 논문, 22쪽.

다. 이는

> N. (최사추는) 치사한 후 10년 간 나라를 걱정하는 마음은 벼슬할 때와 다름이 없었다. 따라서 문인·제자들로부터 조석朝夕으로 알현謁見을 받을 때마다 그는 보국輔國의 도道로써 당부하였다(김용선 편저, 『고려묘지명집성』, 한림대출판부, 39쪽 최사추묘지명).

라고 하여, 치사한 이후에도 정치에 관여했던 것으로 미루어 짐작된다. 당시의 정치상황이 그로 하여금 치사를 결정하게 만들었다고 여겨진다. 즉 그의 치사는 여진정벌과 이후의 별무반 설치에 대한 반발에서 비롯된 것으로 이해되는 것이다.

최사추는 치사한 후에도 10년 동안 문인·제자들로부터 조석으로 알현을 받았다. 그를 알현한 문인·제자들은 최사추와 정치적 견해를 같이 했을 것이다. 그리고 최사추를 태산북두와 같이 우러러 보았다는 위계정을 비롯한 관리들 역시 마찬가지였다고 생각된다. 그렇다면 그들이 최사추와 마찬가지로 여진정벌과 별무반 설치에 불만을 품고 있었다고 해서 큰 잘못은 없을 것이다. 결국 여진정벌은 숙종의 군사적 기반을 강화하고 전시체제를 이용하여 문신들을 장악하려는 목적 아래 추진되었던 것이다.

(2) 예종대

예종은 문신이나 유학에 각별한 관심을 표시하였다. 그는 왕 1년(1106)에 고려 최초로 경연經筵을 실시하였으며,[59] 왕 11년에는 청연각淸讌閣과 보문각寶文閣을 설치하였다. 그리고 수시로 문신들과 창화唱和

59) 권연웅, 「고려시대의 경연」, 『경북사학』 6, 1983, 4쪽.

를 즐긴 것으로도 유명하다.[60] 이러한 사실만으로 미루어 보면, 예종은 문신들과 긴밀한 관계를 유지했다고 할 수 있다.

그런데 예종은 동산처사東山處士라고 자호自號한 곽여郭輿를 총애했으며,[61] 그의 측근 신하들 가운데는 처사나 도가적道家的 성향의 인물들이 많았다.[62] 또한 예종이 왕 4년에 설치한 국학 7재 가운데는 무학재武學齋가 포함되어 있었으며,[63] 그 자신은 신라의 화랑에도 깊은 관심을 가지고 있었다.[64] 이는 무신에 대한 예종의 관심을 반영하는 것이라고 할 수 있다. 그는 유학자보다는 도가나 처사를, 문신보다는 무신을 가까이하고 싶어 했던 것이다. 한편 예종은 경학經學 중심의 7재를 국학에 설치했는데, 이는 문신들이 설립한 사학私學을 의식한 조치였다고 생각된다.[65] 국학을 진흥시킴으로써 사학을 견제하고 나아가 사학을 설립한 문신들에 대항하려고 했다고 이해되는 것이다. 예종과 문신들은 긴밀한 관계였다기보다는 상호 대립적인 관계였다고 할 수

---

60) 이규보, 예종창화집발미(『동문선』 권102) 및 최자, 『보한집』 상 예종어우 참조.

61) 『고려사』 권97, 곽상전 부 여전.

62) 김병인, 「고려 예종대 감무의 설치배경」, 『전남사학』 8, 1994; 고려 예종대 정치세력 연구』, 경인문화사, 2003, 232-234쪽.

63) 한편, 예종 이전에 이미 무학이 설치되었다는 견해가 있다. 박천식, 「국자감연혁고」, 『전북사학』 6, 1982, 65쪽 및 신천식, 「고려중기 교육이념과 국자감운영-예종의 교육개혁을 중심으로-」, 『고려교육제도사연구』, 형설출판사, 1983, 84-89쪽 및 「고려시대 무과와 무학」, 『군사』 7, 1983, 180-184쪽.

64) 예종은 '사선四仙의 자취는 마땅히 영광을 더해야 할 것'임을 강조하는 제서制書를 내린 바 있는데(『고려사』 권14, 예종 11년 4월 庚辰), 여기의 사선은 삼국유사에 보이는 화랑의 사성四聖인 영랑永郎·부례랑夫禮郎 등의 겸칭兼稱이라는 견해가 있다(신채호, 「조선역사상 일천년래 제일대사건」, 『조선사연구초』, 1929; 『단재신채호전집』 하, 을유문화사, 1972, 108-109쪽).

65) 윤남한, 「유학의 성격」, 『한국사』 6, 국사편찬위원회, 1975, 252-253쪽 참고.

있다.

예종은 숙종의 사후 27세의 나이로 즉위하였다. 즉위 직후 그는 관리들에게 시정時政의 득실得失을 논하게 하고,[66] 조서를 내려 그들의 요구에 대한 자신의 견해를 밝혔다. 다음은 그 가운데 일부이다.

O. 천수사天壽寺의 역사役事는 선고先考께서 시작하였는데, 얼마 되지 않아 승하하자 중론衆論이 벌 때같이 일어나 그것을 금지시키려고 하였다. 짐朕도 그 불가함을 알았으나 선고의 뜻을 이어 아직 중지하지 못했다. 이는 짐의 잘못이다. 또 돈을 사용하는 법은 곧 오랜 옛날 제왕이 나라를 부富하게 하고 백성을 편안하게 만든 것을 따르려는 것이지 나의 선고께서 재화를 모으려고 한 것이 아니다. (중략) 또 을해년乙亥年(1095)에 악역惡逆을 범하여 유배된 자는 마땅히 각각 가까운 곳으로 옮기거나 혹은 서용敍用할 것이며, 연좌緣坐되어 재산을 몰수당하고 노예가 된 자는 이를 면하게 하고, 천자賤者에 속하지 않은 자는 돌보아 주라(『고려사절요』 권7, 예종 원년 7월).

관리들은 천수사 역사와 화폐 사용의 중지를 건의하였다. 그리고 '을해년에 악역을 범한 자'의 사면을 요구했다. 이들은 이자의의 난에 연루된 인물들을 가리키므로, 이들의 사면 요구는 곧 숙종의 즉위 자체에 대한 비판을 의미하는 것이었다. 관리들이 예종의 즉위 이후에야 비로소 숙종의 정책을 비판하고 나섰음은, '천수사의 역사는 선고(숙종)가 시작한 것인데, 얼마 되지 않아 승하하자 중론이 벌떼같이 일어나 그것을 금지시키려고 하였다'는 예종의 말을 통해서도 알 수 있는 일이다.[67] 궁금한 것은 예종대에 어떻게 숙종의 정책에 대한 비판이 가

66) 『고려사』 권12, 예종 즉위년 7월 丙戌.

67) 다만 '역신逆臣 이자의에 연좌된 자들을 모두 양이量移하라'고 하여, 숙종에 의해 이자의의 난에 연루된 인물들의 죄를 감하는 조치가 취해진 적은 있었다(『고

능했는가 하는 점이다.

예종의 즉위와 더불어 최사추와 정치적 입장을 같이 했던 인물들이 요직을 차지하였다.[68] 최사추를 태산북두처럼 숭앙하였다는 위계정은 예종 즉위 직후에 문하시중에 임명되었다. 이들이 숙종의 정책에 불만을 품은 인물들이었음은 앞서 언급한 바 있다. 따라서 예종의 즉위 직후 문신 관리들은 예종과의 관계에서 기선을 장악했던 것이 아닌가 생각된다. 이러한 사실은

> P. 동계병마사 오연총이 아뢰기를 '금번 징발한 내외 신기군神騎軍으로서 부모가 나이 70 이상이고 독자獨子인 자는 면하게 하고 한 집에 3-4인이 종군한 자는 1인을 감하고, 재추의 아들로서 스스로 응모해서 종군한 자가 아니면 역시 면하여 주십시요'하니 따랐다(『고려사』 권81, 병지 1 병제 예종 원년 정월).

는 기록을 통해서도 짐작된다. 오연총의 건의에 따라 징집되어 별무반의 신기군에 배속된 재추의 아들들을 면하게 했다는 것이다. 오연총이 이러한 건의를 한 것이나 예종이 이를 수락한 것은 모두 재추들의 영향력이 증대된 것과 무관하지 않아 보인다.

문신 관리들은 한 걸음 더 나아가 예종의 명령을 노골적으로 무시하기도 했다.

> Q. 제制를 내려 '학교를 설치하여 현사賢士를 양성하는 것은 삼대三代 이래 다스림을 이루는 근본인데도 유사有司의 의론이 정해지지 않았다. 마땅히 신속히 시행토록 하라'고 하였다. 예종睿宗이 문학에 향응嚮應하여 이 제를

려사』 권11, 숙종 6년 2월 壬子).

68) 정수아, 「윤관세력의 형성」, 27쪽.

> 내리자 사류士類는 기뻐하지 않음이 없었으나 대신大臣은 한사람도 이 뜻을 받드는 사람이 없었으므로 시의時議가 이를 애석하게 여겼다(『고려사』 권74, 선거지 2 학교 예종 2년).

여기의 대신들은 고위 관리들, 특히 문신 관리들로 이해된다. 그런데 주목되는 점은 학교를 설치하라는 예종의 명령에 대신들은 한 사람도 이 뜻을 받드는 사람이 없었다는 사실이다. 국왕의 권위는 여지없이 추락하고 있었다.

예종은 관리들의 요구를 일부 수용하겠다는 의사를 비쳤다. 앞의 사료 O에서 보았듯이, 천수사의 역사를 계속한 것은 자신의 과오임을 시인했던 것이다. 그러나 이는 관리들의 비난을 피하기 위한 일시적인 조치에 불과했다. 예종은 이러한 견해를 밝힌 지 2개월도 채 지나지 않아 윤관으로 하여금 천수사 역사를 감독케 했던 것이다.[69] 나아가 예종은 문신들의 국왕에 대한 지나친 간섭은 방관하지 않겠다는 의사를 분명히 밝혔다.

> R. 문무 관료가 공도 없이 록祿만 축내기 때문에 가뭄과 황충蝗蟲의 재해가 자주 나타난다. 대개 어진이를 등용하고 불초不肖한 이를 물러나게 하는 것이 정치의 요체이다(『고려사절요』 권7, 예종 원년 7월).

그가 어진 사람을 등용하고 불초한 자를 물러나게 하겠다는 것은 자신에 협력한 인물들과 반대한 인물들에 대한 출척을 단행하겠다는 것으로 해석된다. 관리들을 장악하겠다는 의지의 표명이었다.

예종은 즉위와 더불어 단행된 무신들의 인사에서 최정崔挺 · 최유정崔

69) 『고려사』 권12, 예종 원년 9월 乙卯.

惟正·고의화·황유현 등 고위 무신들로 하여금 모두 상서직을 겸임토록 했다.[70] 숙종의 무신에 대한 우대정책을 계승한 것으로써, 이를 통해 예종은 문신들을 견제하고자 했던 것이 아닌가 한다. 그런데 이들 가운데 특히 흥위위상호군으로서 호부상서를 겸한 인물이 황유현이었다는 사실은 간과하기 어렵다. 그는 일찍이 숙종 9년 임간의 휘하 병마사로서 여진정벌에 참여했다가, 패전한 죄로 파면되었던 인물이었다.[71] 예종은 그의 여진정벌에 대한 패배를 문제 삼지 않았을 뿐만 아니라 중용하기까지 했던 것이다. 예종은 곧 이어 임간을 수사공守司空으로 치사시켰는데,[72] 이는 그의 사면을 전제로 한 것이었다. 숙종에 의한 임간과 황유현의 파면이 문신들의 압력 때문이었을 것이라는 점은 앞서 언급한 바 있는데,[73] 이러한 임간과 황유현을 예종이 사면하고 고위직에 임명한 것은, 문신 관리들에게 정면으로 맞서겠다는 것과 다를 바 없었다. 여진정벌은 이러한 배경 아래에서 추진되었다.

여진정벌이 구체화되자 최사추 계열의 문하시중 위계정이 사의를 표명하였다.[74] 여진정벌에 대한 반발이 아니었나 생각된다. 한편 김인존은 여진정벌의 부당함을 상서하였다.[75] 그리고 평장사로 치사한 김상기金上琦는 후일 예종이 그를 위해 내전內殿에서 연회를 베풀려고 했으나 이를 사양하였다. 심지어 왕의 부름에도 오지 않았다.[76] 김상기

70) 『고려사』 권12, 예종 즉위년 11월 己亥.

71) 『고려사』 권12, 숙종 9년 2월 壬子.

72) 『고려사』 권12, 예종 원년 3월 戊午.

73) 주 55 참조.

74) 위계정은 예종 원년 11월에 병을 칭탁하고 업무를 보지 않았는데, 결국은 동왕 2년 정월에 사퇴하였다(『고려사절요』 권7, 예종 원년 11월, 2년 정월).

75) 『고려사』 권96, 김인존전.

76) 『고려사』 권7, 예종 6년 3월 癸未.

가 여진정벌을 격렬하게 반대한 김인존의 부父였음을 고려하면,77) 그의 이러한 태도는 예종의 정책, 특히 여진정벌에 대한 불만에서 비롯된 것으로 여겨진다. 그렇다면 예종은 여진정벌을 통해 구체적으로 무엇을 얻으려고 했으며 문신들은 왜 반대했을까.

S-①. (윤관이 영주英州 · 복주福州 · 길주吉州 · 함주咸州 · 공험진公嶮鎭에 성을 쌓고 드디어 공험진에 비碑를 세워 경계로 삼은 후에) 그의 아들 언순彦純을 보내어 표문表文을 받들어 칭하稱賀하기를 '(중략) 선황先皇이 분노하여 정벌하고자 하였으며, 폐하陛下께서 바야흐로 이어서 이를 도모하였습니다. (중략)'고 하였다(『고려사』 권96, 윤관전).

S-②. (전략) (윤관이) 병마기사兵馬記事 이관중李管仲을 여진장군 오사吳舍에게 보내어 말하기를 '강화講和는 병마사가 마음대로 할 바가 아니니, 마땅히 공형公兄 등을 보내어 천정天庭에 들어가서 아뢰어야 한다'고 하였다(위와 같음).

윤관은 여진을 정벌한 후 왕에게 올린 글에서 숙종을 선황先皇으로, 그리고 예종에게는 폐하陛下라는 호칭을 사용했다(S-①). 또한 여진이 강화를 청하자 윤관은 '천정天庭에 들어가서 아뢰어야 한다'고 함으로써 고려의 조정을 천정이라고 불렀다(S-②). 이는 모두 고려가 황제국임을 드러내는 표현들이었다.

윤관이 국왕에게 올린 글에서 황제라는 표현을 사용하였다는 사실에서, 이러한 호칭이 단순히 여진을 의식한 것은 아니었음을 알 수 있다. 여진정벌을 이용하여 칭제했다고 이해하는 것이 자연스럽다. 사실 평시였다면 이에 따른 반발이 만만치 않았을 것이다. 최사추 등 문신들이 국왕과의 관계에서 주도권을 장악하려 했음을 고려할 때 그러하

77) 『고려사』 권96, 김인존전.

다. 예종은 여진정벌을 통해 자신의 권위를 높이려 했고, 이에 문신들은 여진정벌에 반대했던 것이다.[78]

윤관은 여진을 정벌한 후 9성城을 설치하였다. 그런데 9성의 설치에는 여진정벌에 참여한 인물들조차도 반대하였다. 박경인이 그러했다.[79] 또한 처음의 정벌에서 공을 세운 최홍사崔弘嗣가 평장사 김경용金景庸·참지정사 임의任懿·추밀사 이위李瑋 등과 함께 윤관·오연총·임언의 패군한 죄를 격렬하게 탄핵했던 것도[80] 9성의 설치와 무관해 보이지 않는다. 그리고 고려의 관리들에 의해 9성의 환부가 결정된 것도 9성의 설치에 많은 사람들이 부정적인 시각을 가지고 있었음을 말해준다. 그러함에도 불구하고 9성을 설치한 까닭은 어디에 있었을까.

9성을 설치하고 돌아온 윤관은 여진이 9성을 공격하자 다시 출병하였다. 9성을 유지하기 위해서는 지속적인 군사작전이 필요했음을 알려준다. 그렇다면 9성의 설치는 전시체제를 유지하기 위한 예종의 의도에서 비롯된 것이 아닌가 생각된다. 윤관의 두 번째 출정이 관리들로부터 강한 반발을 샀던 이유도 여기에 있었을 것이다. 당시 관리들의 불만이 어느 정도였는가는 윤관에 대한 탄핵이 예종에 의해 거부되자, 재상과 간관들이 모두 집에 돌아가 버려서 중서성이 텅 빌 정도였다는 것으로 짐작된다.

예종은 별무반에 각별한 관심을 가지고 있었다. 자신이 직접 신기군을 사열했던 것이다.[81] 그런데 별무반에 대한 예종의 관심 역시 전

78) 예종의 여진정벌이 그의 왕권강화와 무관하지 않았을 것임은 허흥식, 「선종의 부흥과 간화선의 전개」, 『고려불교사연구』, 490쪽에서도 언급되었다.

79) 『고려사』 권95, 박인량전 부 경인전.

80) 『고려사절요』 권7, 예종 4년 6월.

81) 『고려사』 권13, 예종 5년 9월 己卯 및 『고려사』 권14, 예종 10년 10월 丁未.

시체제를 유지하기 위한 노력의 일부였다고 생각된다. 그가 현종대 거란의 침입을 물리치는데 공을 세운 하공진河拱辰을 기린 것도[82] 같은 맥락으로 이해된다. 결국 예종대의 여진정벌은 전시체제의 유지를 통해 국왕의 권위를 높이고, 나아가 문신들을 장악하기 위해 수행된 것이었다.

5. 맺는말 - 숙종·예종과 문신 -

여진정벌을 단행한 숙종·예종대 여진과의 관계는 전쟁을 일으킬 만큼 심각한 상태가 아니었다. 그러함에도 불구하고 숙종과 예종은 여진정벌에 강한 집념을 가지고 있었다.

숙종은 무신들의 도움을 받아 정변을 성공시켜 왕위에 올랐다. 그 과정에서 자신의 즉위에 반대한 이자의를 비롯한 많은 인물들을 살해하였다. 이러한 숙종의 정변은 무신들의 뒷받침이 있었기에 가능했다. 따라서 그의 즉위 이후 무신들의 정치적 지위는 크게 높아졌다. 그러나 문신들은 숙종의 즉위과정과 이후 그가 취한 정책을 달갑지 않게 여겼다. 이에 숙종은 여진정벌을 통해 자신의 군사적 기반을 강화하고, 아울러 전시체제를 이용하여 문신들을 장악하려고 하였다.

예종은 즉위 직후 문신들에게 기선을 제압당했다. 문신들은 숙종대의 정책을 포기할 것을 예종에게 요구했는가 하면, 예종의 지시를 노골적으로 무시하기도 했다. 이에 예종은 무신들을 중용하여 그들에게 맞서는 한편 윤관으로 하여금 여진을 정벌케 했다. 여진정벌은 문신들

82) 『고려사』 권13, 예종 5년 9월 甲戌.

을 장악하고 나아가 국왕의 권위를 높이는데 도움이 된다고 판단했다. 숙종・예종대의 여진정벌은 문신을 장악하기 위한 방법의 하나로 국왕에 의해 추진되었던 것이다.

국왕의 의도에 부응해서 여진정벌에 나선 인물은 윤관이었다. 그런데 그는 과거에 합격한 문신이었다. 윤관에 협력한 오연총이나 임언도 마찬가지였다. 국왕이 문신을 장악하기 위해 시도한 여진정벌에 일부 문신이 적극적이었다는 사실은 선뜻 이해되지 않는다. 여진정벌에 적극적이었던 문신들과 이에 반대한 문신들의 차이는 어디에 있을까.

윤관은 여진정벌에 반대한 것으로 여겨지는 최사추・김상기와 인척 간이었다.[83] 윤관의 아들인 윤언영尹彦榮은 유홍의 또 다른 딸을 처로 맞이했는데,[84] 김상기의 둘째 아들 김고金沽 역시 유홍의 또 다른 딸에게 장가들었다.[85] 그리고 최사추는 유홍의 아들인 유인저柳仁著를 사위로 맞았다.[86] 한편 임의任懿는 윤관과 사돈 간이었다. 임의의 아들 임원후任元厚가 윤관의 사위였던 것이다. 이로 인해 윤관은 상피제相避制의 적용을 받아 간의대부 직에서 해임되었다. 임의 역시 간의대부였기 때문이다.[87] 그러나 예종대 임의는 윤관의 패군한 죄를 탄핵하였다. 그 역시 여진정벌에 반대했던 것이다. 따라서 여진정벌에 적극적인 인물들과 반대한 인물들의 차이를 출신 가문 등을 통해 밝히기는 쉽지 않다.

---

83) 정수아, 「윤관세력의 형성」, 19쪽 표 6 참조.

84) 위의 논문, 6쪽.

85) 김의광묘지명(『고려묘지명집성』, 160쪽).

86) 최사추묘지명(『고려묘지명집성』, 39쪽)

87) 『고려사』 권11, 숙종 4년 4월. 김동수, 「고려시대의 상피제」, 『역사학보』 102, 1984, 7-8쪽.

윤관은 숙종대에 지주사를 역임했으며, 임언은 내시였다. 승선이나 내시를 역임한 인물들이 여진정벌에 적극적이었던 것이다. 따라서 어떤 관직을 역임했는가가 국왕의 측근을 결정하는 중요한 요인의 하나였다고 생각한다. 이는 국왕이 관직을 이용하여 자신의 측근 문신세력을 형성하기 위해 끊임없는 노력을 기울였다는 것과 다를 바 없다.

국왕은 정치적 영향력이 큰 인물들을 자신의 후원세력으로 삼으려고 했다. 예종대 이자겸은 그 대표적인 인물이었다. 예종은 윤관의 출정 직후인 동왕 3년 정월에 이자겸의 딸을 취하였다. 그런데 이자겸은 여진정벌에 비판적이었던 최사추의 사위였으며,[88] 김인존의 처남이었다.[89] 따라서 예종이 이자겸 딸과의 혼인을 추진한 것은 여진정벌에 대한 반대여론을 무마시키기 위한 방법의 하나였다고 생각된다. 이제 윤관에 대신하여 이자겸이 왕의 후원자가 되었던 셈이다. 왕은 문신 가운데 유력한 자들을 택해서 그들을 자신의 후원세력으로 삼음으로써 문신들로부터의 위협에서 벗어나려 했던 것이다.

문신들은 왕권을 강화하여 자신들을 장악하려는 국왕에 공동으로 대처했던 것 같다. 위계정이 최사추를 '태산북두와 같이 우러러보고, 국가의 큰일은 한 결 같이 그의 말을 좇았다'거나, 최사추가 치사한 후에도 문인 제자들과 긴밀한 관계를 유지하고 있었다는 사실로 미루어 짐작된다. 최사추 등을 중심으로 문신들이 하나의 정치세력을 형성하고 있었던 것 같은 느낌을 지우기 어려운 것이다. 숙종이 자신의 정책을 반대한 최사추의 치사를 만류했다거나 예종이 자신에게 무례한 태도를 취한 김상기에게 예를 갖추어 대했던 것도 이들이 국왕의 왕

88) 『고려사』 권96, 최사추전.

89) 藤田亮策, 「李子淵と其の家系 (下)」, 『青丘學叢』 15, 1934, 112-113쪽.

권강화에 공동으로 대처한 것과 무관해 보이지 않는다. 국왕의 정책에 반대한 문신들이 고위직을 점하고 승진에 크게 제약을 받지 않은 이유도 여기에 있었을 것이다.

제8장 인종조의 서경천도·칭제건원·금국정벌론과 김부식의 『삼국사기』 편찬

1. 머리말

인종대에는 서경승西京僧 묘청妙淸과 중앙의 관리인 정지상鄭知常·김안金安 등이 중심이 되어 서경으로 천도하려는 움직임이 일어났다. 묘청이 중앙정계의 주목을 받기 시작한 인종 5년(1127) 무렵부터의 일이었다.[1] 이들은 서경천도西京遷都와 아울러 칭제건원稱帝建元과 금국정벌金國征伐을 주장하였다. 그런데 이들과는 달리 이러한 주장에 반대한 인물들도 적지 않았다. 김부식은 그 대표적인 인물이었다. 따라서 서경천도는 이루어지지 못했고, 이에 묘청은 인종 13년(1131) 서경에서 반란을 일으켰다.

인종조의 서경천도운동과 묘청의 난에 관한 학계의 관심은 상당한 것이었다. 이에 관한 연구가 적지 않은 사실을 통해 알 수 있는 일이다. 이들 연구의 대부분은 서경천도론이 제기된 배경에 관심이 모아졌

---

1) 이병도, 「인종조의 묘청의 서경천도운동과 그 반란」, 『고려시대의 연구』, 아세아문화사, 1980, 201쪽.
김상기, 「묘청의 천도운동과 칭제건원론에 대하여」, 『국사상의 제문제』 6, 1960; 『동방사논총』, 서울대 출판부, 1974, 64-65쪽.

다. 그러한 가운데 묘청의 난을 다룬 연구나 묘청 개인에 대한 평가에 무게를 둔 연구도 눈에 띤다. 그런데, 후술되겠지만, 묘청의 난은 그와 견해를 같이 했던 중앙의 관리들과는 무관하게 진행되었으므로,[2)] 서경천도운동과는 별도로 다루어져야할 문제라고 생각한다.[3)] 한편 묘청 개인에 대한 평가를 앞세우는 것도 바람직한 연구 방법은 아닌 것 같다. 당시의 사회를 이해하기 위해서는 아무래도 서경천도론이 왜 제기되었는가에 초점이 모아져야 하기 때문이다.

기존의 연구들은 서경천도론이 등장하게 된 배경을 정치세력간의 갈등에서 구하려고 하였다. 고유사상인 낭가郞家・불가佛家대 외래사상인 유가儒家의 대립,[4)] 사대주의자와 서경천도파,[5)] 정지상과 김부식,[6)] 개경세력 대 서경세력[7)], 문벌귀족세력 대 신진세력[8)], 개혁세력 대 문벌귀족세력[9)] 등으로 파악한 것이 그것이다. 서경천도를 주장한 관리들과 이에 반대한 관리들이 존재했음을 고려하면 이러한 주장의 등장

2) 신채호, 「조선역사상 일천년래 제일대사건」, 『단재신채호전집 중』, 1972, 113-116쪽.
김상기, 위의 논문, 102-103쪽.

3) 김남규, 「고려 인종대의 서경천도운동과 서경반란에 대한 일고찰」, 『경대사론』 창간호, 1985; 『고려양계지방제도사연구』, 새문사, 1989, 99-105쪽.

4) 신채호, 「조선역사상 일천년래 제일대사건」, 112-116쪽.

5) 이병도, 「인종조의 묘청의 서경천도운동과 그 반란」, 215-216쪽.

6) 瀨野馬熊, 「高麗妙淸の亂に就いて (下)」, 『東洋學報』 18-4, 1930, 580쪽.

7) 하현강, 「고려 서경고」, 『역사학보』 35・36, 1967; 『한국중세사연구』, 일조각, 1988, 342쪽.
박성봉, 「고려 인종조의 양란과 귀족사회의 추이」, 『고려사의 제문제』, 삼영사, 1986, 167-170쪽.

8) 김윤곤, 「고려 귀족사회의 제모순」, 『한국사』 7, 국사편찬위원회, 1977, 71쪽.

9) 강성원, 「묘청의 재검토」, 『국사관논총』 13, 1989, 189-190쪽.
이정신, 「고려의 대외관계와 묘청의 난」, 『사총』 45, 1996, 81-89쪽.

배경을 정치세력간의 갈등으로 이해한 것은 타당하다고 할 수 있다. 그러나 어느 연구에서도 그들이 왜 그러한 주장을 했으며 또한 이에 반대한 인물들의 의도는 무엇이었는가 하는 점이 구체적으로 드러나 있지 않다. 즉 서경세력 대 개경세력, 혹은 문벌귀족세력 대 신진세력의 갈등으로 이 사건을 이해할 경우, 서경세력이나 신진세력은 왜 금국정벌이나 칭제건원을 주장했으며 개경세력이나 문벌귀족세력은 왜 여기에 반대했는가 하는 점을 구체적으로 지적한 연구는 없는 것이다.

서경천도·칭제건원·금국정벌론을 제기한 관리들은 무슨 이유로 이를 주장했으며, 적지 않은 관리들이 이들의 주장을 정면으로 반박한 까닭은 무엇이었을까. 이를 알기 위해서는 아무래도 그들이 누구였는가를 검토하지 않을 수 없다. 이는 이제까지의 연구들이 취해온 방법이기도 한데, 그러함에도 불구하고 저자가 이러한 연구방법을 택하려고 한 것은 어떤 점에 분석의 초점을 맞추는가에 따라 기존의 견해와는 다른 결론이 도출될 수 있다고 믿기 때문이다.

한편 서경천도론에 적극 반대한 김부식은 후일 묘청의 난을 진압한 장본인이었다. 그는 묘청의 난을 진압한 후에 『삼국사기』를 편찬하였다. 따라서 서경천도론과 김부식의 『삼국사기』 편찬은 결코 무관해 보이지 않는다.[10] 서경천도론에 대한 김부식의 견해가 어떠한 형태로든지 『삼국사기』에 반영되었을 것 같은 느낌을 지우기 어려운 것이다. 그러므로 『삼국사기』의 사론 등을 통해 김부식이 서경천도에 반대한

10) Edward J. Shultz, 「김부식과 삼국사기」, 『한국사연구』 73, 1991, 16쪽.
이강래, 「삼국사기 사론과 김부식」, 『삼국사기 전거론』, 민족사, 1996, 405-416쪽.

이유를 알아보려는 노력은 무의미하지만은 않을 것이다. 김부식이 서경천도론에 반대한 이유가 드러나면, 이는 김부식이 『삼국사기』를 편찬하게 된 동기를 이해하는데도 도움이 되지 않을까 기대해 본다.

2. 서경천도 · 칭제건원 · 금국정벌을 주장한 인물들과 반대한 인물들

서경천도와 칭제건원 · 금국정벌을 주장했던 인물들의 출신지 · 관직 등을 중심으로 일람표를 작성해 보고, 이를 토대로 서술해 나가기로 하자.

〈표 1〉

순서	인 명	출신지 (본관)	출사로	당시 관직	기 타
1	妙　清	서경			승려
2	李齊挺	서경		檢校太師致仕	
3	白壽翰	서경		檢校少監	日者
4	鄭知常	서경	과거	左正言	
5	金　安			內侍郎中	近臣
6	文公仁(公美)	(南平)		參知政事	近臣, 文公裕의 兄
7	洪彝敍		과거	知奏事	近臣
8	李仲孚				近臣
9	林景清			知樞密院事	
10	庾　開			宦官	환관
11	崔弘宰	(稷山)		平章事	무신
12	崔逢深				무신
13	黃周瞻		(과거)	右正言	
14	尹彥頤	(坡平)	과거		尹瓘의 子

이들 외에도 음중인陰仲寅・이순무李純茂・오원사吳元師 등이 '묘청의 당黨'이었다는 기록이 있으나[11] 어떠한 인물인지 확인하기 어려워 위의 표에서는 제외시켰다. 한편 위 표의 인물들 모두가 서경천도와 아울러 칭제건원・금국정벌을 주장했는가의 여부는 분명치 않다. 윤언이의 경우, 칭제건원을 요구한 것은 분명하나 서경천도를 주장했던 것 같지는 않다.[12] 그러나 그는 정지상과 정치적 견해를 같이 한 경우가 적지 않았다.[13] 따라서 윤언이를 서경천도론자들과 함께 위 표에 포함시켜 다루어서 무리는 없을 것이다.

이 표를 일견해서는 이들의 공통된 특징을 발견하기가 쉽지 않다. 우선 음양비술에 능한 묘청은 승려였으며 백수한은 길흉을 점치는 사람이었다. 묘청은 자신의 주장을 합리화시키는데 도선道詵을 끌어들이기도 하였다.[14] 이는 그가 풍수지리에도 일가견을 가지고 있었음을 알려준다. 이에 반해 정지상・홍이서・윤언이 등은 과거출신자였다. 특히 정지상은 경연經筵에 참석하여 고전을 강의할 정도로 뛰어난 유학자였으며, 시문詩文에도 능하였다.[15] 다만 특기할만한 점은 과거합격자 출신이었음에도 불구하고 정지상은 노장사상老莊思想에 심취해 있었으며[16] 윤언이는 금강거사金剛居士라고 자호自號했다는 사실이다.[17] 그

11) 『고려사』 권127, 묘청전.

12) 신채호, 「조선역사상 일천년래 제일대사건」, 113쪽.

13) 김병인, 「김부식과 윤언이」, 『전남사학』 9, 1995, 56-57쪽.

14) 묘청은 자신의 술법이 도선道詵으로부터 전수받은 것이라고 하였다(『고려사』 권127, 묘청전). 그러나 이것이 믿기 어렵다는 점은 김상기, 「묘청의 천도운동과 칭제건원론에 대하여」, 73쪽에서 지적된 바 있다.

15) 이병도, 「인종조의 묘청의 서경천도운동과 그 반란」, 200쪽.

16) 鄭司諫知常喜老莊(『역옹패설』 후집 2; 『고려명현집』 2, 성균관대학교 대동문화연구원, 1973, 371쪽).

리고 유개는 환관宦官이었으며, 최홍재와 최봉심은 무신이었다. 특히 최홍재는 일찌기 인종 즉위년 이자겸이 한안인과 문공인을 유배하는 데 협력한 인물이었음이 주목된다.[18] 인종대 초 최홍재와 문공인은 정적관계였으나 서경천도를 둘러싸고 그들은 정치적 견해를 같이 했던 것이다. 한편 묘청·이제정·백수한·정지상 등은 서경에 거주했거나 서경 출신이었다. 그러나 김안 등 중앙관리의 대부분은 서경과는 무관한 존재였다.[19]

정지상·김안·문공인·홍이서·이중부 등은 모두 왕의 근신近臣으로 표기되어 있다. 이들 외에 무신 최홍재나 최봉심도 왕의 비호를 받은 인물이었다. 최홍재는 간관諫官 최유청崔惟淸에 의해 탄핵을 당한 적이 있었는데, 인종은 도리어 최유청을 좌천시켰던 것이다.[20] 최봉심의 경우, 금국에 파견된 사신의 서장관書狀官에 그가 임명되자 간관들이 이의 철회를 강력하게 요구하였다. 그러나 인종은 이러한 간관들의 청을 묵살하였다.[21] 또한 윤언이도 국왕과 밀접한 관계를 유지할 소지를 갖추고 있었다. 그는 금강거사라고 자호했는데, 인종은 거사 혹은 처사에 대해서 각별한 관심을 표시했던 것이다. 동산처사東山處士라고 자호自號한 곽여郭輿가 졸卒하자 근신을 파견하여 제사를 지내고 정지상으로 하여금 산재기山齋記를 지어 돌에 새기게 할 정도였다.[22] 한편 서경천도론이 제기된 인종 5년 국왕은 서경에 거동하여 묘청과 백수한

---

17) 『고려사』 권96, 윤관전 부 언이전.

18) 『고려사』 권127, 최홍재전.

19) 박성봉, 「고려 인종조의 양란과 귀족사회의 추이」, 168쪽.

20) 『고려사절요』 권10, 인종 11년 6월.

21) 『고려사』 권16, 인종 9년 9월.

22) 『고려사』 권97, 곽상전 부 여전.

의 건의를 받아들여 관정도량灌頂道場을 상안전常安殿에 베풀었는가 하면,[23] 15조에 달하는 유신維新의 교敎를 반포하기도 했다.[24] 그리고 동왕 12년에도 묘청으로 삼중대통三重大統·지루각원사知漏刻院事를 삼고 자의紫衣를 내렸다.[25] 묘청이나 백수한 역시 인종의 신임을 받고 있었음을 알 수 있다. 결국 서경천도·칭제건원·금국정벌을 주장한 인물들은 그들의 정치 사회적인 지위가 한결같지 않았음에도 불구하고, 국왕과 밀착된 인물들이라는 공통점을 가지고 있었던 셈이다.

한편 서경천도·칭제건원·금국정벌론에 반대한 인물들도 있었다. 그들이 누구인가. 아래의 표는 그들을 이해하는 데 도움이 되는 사실들을 모아 작성해 본 것이다.

〈표 2〉

순 서	인 명	출신지(본관)	출사로	당시 관직	기 타
1	金富軾	(慶州)	과거	平章事	
2	金富儀	(慶州)	과거	翰林學士承旨	김부식의 弟
3	任元厚	(定安)	과거	參知政事	仁宗의 舅
4	李之氐	(仁州)	과거	承宣	
5	李 仲		과거	直門下省	韓安仁의 妻男
6	鄭 沆	(東萊)	과거	知奏事	
7	林 完	宋人	과거	國子司業	
8	文公裕	(南平)	과거	侍御史	문공인의 弟
9	安稷崇	(洞州)	과거	直門下省	
10	林 存		과거	中書舍人	
11	崔 誠	(水州)	과거	左司諫	

23) 『고려사』 권15, 인종 5년 3월 甲辰.

24) 『고려사』 권15, 인종 5년 3월 戊午.

25) 『고려사』 권16, 인종 12년 己卯.

서경천도를 주장한 인물들 가운데 과거 출신자들이 적지 않았음은 위에서 언급하였다. 그런데 위의 〈표 2〉에서 확인할 수 있듯이, 서경천도·칭제건원·금국정벌론에 반대한 인물들의 거의 대부분도 과거 출신이었다. 다만 서경천도를 주장한 인물들 가운데는 승려·무신 등이 포함된 데 반해, 이에 반대한 인물들은 과거 출신자 일색이었던 점이 두드러진다. 같은 과거합격자임에도 불구하고 서경천도에 찬성한 인물과 반대한 인물들이 있었던 것이다.

서경천도에 반대한 인물들 가운데 특히 주목되는 사람은 임원후(3)와 문공유(8)이다. 임원후는 인종의 장인이었다. 국왕인 인종의 측근들이 서경천도를 주장했음을 고려하면, 그 역시 서경천도에 찬성했을 법하다. 그러함에도 불구하고 그는 서경천도에 강하게 반대했던 것이다. 한편 문공유는 서경천도를 주장했던 문공인의 친동생이었다. 문공인과 문공유는 인종 즉위년 한안인의 당파로 몰려 함께 유배되기도 했다.[26] 형제일 뿐만 아니라 한때 정치적 견해를 같이했던 그들이 서경천도를 둘러싸고는 견해를 달리했던 것이다. 같은 과거합격자, 심지어는 형제간에도 서경천도를 둘러싸고 견해를 달리한 까닭은 어디에 있었을까.

3. 서경천도·칭제건원·금국정벌론의 의도

서경천도와 관련하여 묘청은

26) Edward J. Shultz, 「한안인파의 등장과 그 역할-12세기 고려 정치사의 전개에 나타나는 몇 가지 특징-」, 『역사학보』 99·100합집, 1983, 170쪽.

> 신臣 등이 살펴보니, 서경 임원역林原驛의 땅은 음양가陰陽家에서 말하는 소위 대화세大花勢입니다. 만일 그 곳에 궁궐을 세우고 이어移御하면, 천하를 가히 아우를 것이며 금국金國도 폐백幣帛을 가지고 스스로 항복해 올 것이고, 36국이 모두 신첩臣妾이 될 것입니다(『고려사』 권127, 묘청전).

라고 하였다. 서경천도에 반대한 자들의 견해를 빌리지 않더라도, 이는 매우 애매하고 황당한 논리이다. 설사 묘청이 풍수지리에 능한 인물이었고 또한 실제로 서경이 대화세大花勢였다고 하더라도, 단순히 이 때문에 그가 서경천도를 주장했다고는 생각되지 않는다. 서경천도를 주장한 보다 근본적인 이유는 다른 데에 있었을 것이다.

서경천도를 주장한 인물들은 모두 묘청을 내세웠다. 백수한은 묘청을 스승으로 삼았으며, 정지상·김안·홍이서·이중부·문공인·임경청 등 문신들과 무신인 최봉심도 묘청을 성인이라고 하였다.[27] 그런데 우리가 이해하기 어려운 것은 묘청이 후일 서경에서 반란을 일으켰을 때 개경에 머물던 정지상 등이 그 사실을 알지 못했다는 점이다. 뿐만 아니라, 문공인은 후일 누구보다 강경하게 묘청난의 진압을 주장하였다.[28] 사실 묘청의 난이 조정에 알려지게 된 것부터가 백수한의 보고 때문이었다. 백수한은 묘청이 서경에서 반란을 일으켰다는 소식을 듣고 그들과 합류하거나 몸을 피하기보다는 이에 대한 대비책을 강구하도록 조정에 보고했던 것이다.[29] 묘청의 반란은 자신을 떠받들던 개경의 관리들과는 무관하게 진행되었음을 알 수 있다. 왜 그러했는가를 알아보기 위해서는 이들과 묘청의 관계를 구체적으로 검토해

27) 『고려사』 권127, 묘청전 참조.

28) 『고려사』 권125, 문공인전.

29) 『고려사절요』 권10, 인종 13년 정월 戊申.

볼 필요가 있다.

> 묘청은 서경의 중인데 후에 정심淨心으로 개명改名하였다. 인종 6년에 일자日者 백수한이 검교소감檢校少監으로서 서경의 분사分司에 있으면서 묘청을 스승으로 삼았다. 두 사람은 음양비술陰陽秘術을 가지고 여러 사람을 꼬였는데, 정지상 역시 서경인으로 그들의 말을 깊이 믿고, '상경上京의 기운이 이미 쇠하고 궁궐이 다 타 없어졌으나 서경에는 왕기王氣가 있으니 왕은 마땅히 이곳으로 옮겨 상경으로 삼아야 한다'고 하였다. (중략) 드디어 '묘청은 성인이고 백수한은 그 다음 가는 사람이다. 국가의 일을 일일이 자문한 후 시행하고, 그의 의견을 모두 수용한다면 정사政事는 이루어지고 국가는 보존될 것입니다'라는 글을 올리면서, (이를) 모든 관리들에게 돌려 서명할 것을 요구하였다(『고려사』 권127, 묘청전).

묘청을 세상에 알린 인물은 일자日者 백수한이었다. 그는 묘청의 음양비술을 높이 평가하였다. 그런데 묘청이 중앙정계의 주목을 받게 된 것은 정지상의 노력 때문이었던 것 같다. 묘청이 풍수지리와 음양비술에 능한 인물이었음을 고려하면, 그가 서경에 왕기王氣가 있다는 점을 시사했을 가능성은 충분하다. 그러나 정지상 등에 앞서 그가 서경천도를 주장했는가의 여부는 불분명하다. 위의 기록에 의하면, 오히려 정지상이 묘청을 빌어서 서경천도를 적극적으로 주장했던 것 같은 느낌을 지우기 어렵다. 이러한 사실은 금국정벌론이 대두된 과정을 살펴보면 의문의 여지가 없어 보인다.

묘청 등은 인종 7년 유제劉齊[30]와 약속하여 금金에 대한 협공을 간청하였다. 또한 동왕 10년에도 정금론을 왕에게 올렸다. 그런데 이러

30) 유제劉齊는 송의 제남태수齊南太守였던 유예劉豫를 지칭한 것이다(이병도, 「인종조의 묘청의 서경천도운동과 그 반란」, 213쪽).

한 금국정벌론은 인종 5년에 이미 정지상 등에 의해 주장되었다. 금이 송宋과의 싸움에서 패했다는 잘못된 소식이 전해지자, 정지상·김안 등은 송과 연합하여 금을 칠 것을 건의하였던 것이다.[31] 따라서 묘청은 정지상 등이 주장해 온 금국정벌을 다시 강조하는데 불과했다고 이해된다. 결국 정지상·김안 등 개경의 관리들은 서경천도를 합리화시키기 위해 묘청을 이용했다고 생각된다.[32]

묘청이 정지상 등이 자신을 이용하고 있다는 사실을 몰랐을 까닭이 없다. 그러나 이에 따른 불만은 서경천도 논의가 진행되는 과정에서는 표출되기 어려운 것이었다. 서경천도는 묘청 자신의 정치적 지위 향상을 약속해주는 것이었기 때문이다. 그러나 서경천도는 조정에서 관철될 기미를 보이지 않았다. 인종 12년 묘청 등의 요청에도 불구하고 인종의 서경행차가 취소된 사실로 미루어 짐작된다. 이는 김부식 등의 반대를 인종이 받아들인 결과였다.[33] 그런데 당시 임원후를 비롯한 서경천도에 반대한 인물들은 묘청을 목 벨 것을 요구해 놓고 있는 상태였다.[34] 서경천도가 이루어지지 않는다는 것은 곧 묘청 자신의 생명이 위태롭다는 것을 의미한다. 따라서 묘청이 위기의식을 느꼈음은 당연하다. 묘청으로서는 반란 이외에 다른 방법을 찾기는 어려웠을 것이다.

서경천도론을 주도한 인물이 묘청 아닌 정지상 등이었다면, 서경천도론의 의도를 이해하는 데 있어서도 묘청보다는 정지상 등의 견해를

31) 『고려사절요』 권9, 인종 5년 5월.
32) 瀨野馬熊, 「高麗妙淸の亂に就いて (下)」, 573쪽.
33) 『고려사절요』 권10, 인종 12년 9월.
34) 『고려사절요』 권10, 인종 10년 8월.

중시해야 할 것이다. 그런데

> (정지상은) 근신인 내시랑중 김안金安과 더불어 모의하기를 '우리들이 만약 주상主上을 모시고 서경에 이어移御하여 상경上京을 삼으면, 당연히 중흥공신이 되어 일신의 부귀뿐만이 아니라 자손 또한 무궁한 복을 누릴 것이다' 하고 서로를 높이 올리니, 근신인 홍이서·이중부 및 대신大臣 문공인·임경청도 그들을 따랐다(『고려사』 권127, 묘청전).

는 기록을 통해 알 수 있듯이, 정지상 등은 자신들이 중흥공신이 되고 자손에게까지 무궁한 복을 누리게 하기 위하여 서경천도를 계획했다 한다. 따라서 서경천도는 정치적인 주도권 장악과 관련된 문제였음을 일깨워준다.[35] 다만 정지상 등이 자신들의 정치적 주도권을 장악하기 위한 방법으로 왜 하필 서경천도를 택했는가 하는 의문은 여전히 남는다.

인종 이전의 국왕들은 서경에 비상한 관심을 표시하였다. 문종은 서경에 좌우궁궐을 지었으며,[36] 예종은 원년에 용언궁龍堰宮을 창건하려 했고, 동왕 11년에는 서경의 분사제도分司制度를 확립시켰던 것이다.[37] 인종 역시 예외는 아니었다. 그는 동왕 5년 서경에서 '유신지교維新之教'를 반포했는가 하면, 이후 빈번하게 서경에 행차하였다. 이러한 사실들은 서경천도에 국왕인 인종이 적극적이었음을 알려준다. 따라서 정지상 등이 서경천도를 주장한 것은 국왕의 서경에 대한 각별한 관심에 부응하기 위한 것이었음을 알 수 있다. 즉 정지상 등은 국왕이

---

35) 남인국, 「고려 인종대 정치지배세력의 성분과 동향」, 『역사교육논집』 15, 1990, 91쪽.

36) 이병도, 「인종조의 묘청의 서경천도운동과 그 반란」, 151-154쪽.

37) 위의 논문, 177-188쪽.

서경천도에 관심을 가지고 있음을 알고, 이를 추진하면 자신들이 정치적 주도권을 장악할 수 있을 것으로 판단했던 것이다. 그렇다면 국왕인 인종은 왜 서경천도에 지대한 관심을 가지고 있었을까 하는 또 다른 의문이 제기된다. 이와 관련해서 주목되는 것은 국왕과 그의 근신들과는 달리, 많은 수의 중앙 문신들이 서경천도를 반대했다는 사실이다. 사실 서경을 중시하는 한 개경의 중요성은 감소될 수밖에 없다. 따라서 인종의 서경천도에 대한 관심은 결국 개경의 문신 관리에 대한 견제에서 비롯된 것이 아닌가 생각된다.[38] 그러나 성급하게 단정하기는 어렵다. 서경천도론자들은 서경천도와 함께 칭제건원·금국정벌을 주장했으므로, 칭제건원과 금국정벌론을 제기한 의도를 마저 검토하면 서경천도론의 의도도 보다 분명하게 드러날 것으로 믿는다.

칭제건원에 대해서 윤언이는 다음과 같은 주장을 하였다.

> 건원建元하자고 청한 것은 임금을 높이 받들려는 정성에서 비롯된 것으로 우리나라에서는 태조와 광종의 고사故事가 있고, 지난날의 기록을 참고하니 신라와 발해가 그러했습니다. 그러나 대국은 무력을 가하지 않았고, 소국들도 비난하지 않았는데, 어찌 오늘 같은 성세聖世에 도리어 이를 참월한 행위라고 하는 것입니까(『고려사』 권96, 윤관전 부 언이전).

실제로 광종은 황제를 칭하고 독자적인 연호를 사용하였다. 또한 공식적으로 황제를 칭하지는 않았지만, 고려의 국왕을 황제로 호칭한 예는 곳곳에 드러난다.[39] 예컨대 예종대 여진정벌을 위해 출정한 윤

38) 瀨野馬熊, 「高麗妙淸の亂に就いて (下)」, 580쪽, 586쪽.

39) 고려시대 칭제稱帝의 사례에 대해서는 노명호, 「고려시대의 다원적 천하관과 해동천자」, 『한국사연구』 105, 1999, 7-16쪽 참조.

관은 숙종을 선황先皇, 고려 조정을 천정天庭 등으로 불렀는가 하면,[40] 이자겸은 인종의 비妃였던 자신의 딸을 황후皇后라고 호칭하기도 했던 것이다.[41] 따라서 칭제건원하자는 주장은 크게 무리가 없는 것이었다. 그러함에도 불구하고 칭제건원에 대한 반대는 만만치 않았다. 그 까닭을 알아보기 위해 다음의 기록에 주목해 보자.

> (윤)언이는 (정)지상과 더불어 서로 죽기로 맹서한 당黨이 되어 대소大小의 일을 함께 의논하였고, 임자壬子에 임금께서 서행西幸했을 때는 글을 올려 건원하고 (황제를) 칭호하기를 청했고, 또 국학생國學生을 꾀어 전건前件의 일을 아뢰게 하였습니다. 이는 대개 대금大金을 격노하게 하여 일을 만들고, 그 틈을 타서 자기의 붕당朋黨이 아닌 사람은 처치하고 불궤不軌를 꾀하고자 함이니 인신人臣의 할 일이 아닙니다(『고려사』 권96, 윤관전 부 언이전).

묘청의 난이 진압된 직후 윤언이는 김부식에 의해 정지상의 당으로 몰려 지방관으로 좌천되었다.[42] 이에 그는 스스로를 변명하는 글을 왕에게 올려 칭제건원의 논거를 피력하였다. 그는 자신을 비난한 김부식의 글을 그대로 인용한 다음 이를 조목조목 비판하였는데, 위의 사료는 김부식이 윤언이의 칭제건원을 비난한 글이다. 윤언이가 칭제건원을 건의한 것은, 금과의 관계를 악화시키고 그 틈을 타서 자신과 정치적 견해를 달리한 인물들을 처치하려는 의도에서 비롯된 것이라고 김부식은 주장하였다. 김부식의 이러한 주장은 물론 사실과는 다른 것으로 생각되지만, 칭제건원을 국내의 정치적인 문제와 결부시켰다는

40) 『고려사』 권96, 윤관전.

41) 『고려사』 권127, 이자겸전.

42) 『고려사절요』 권10, 인종 14년 5월.

점은 주목되어 마땅하다. 칭제건원 요청에는 김부식의 주장처럼 정치적인 의도가 내포되어 있었음이 분명한 것이다.

칭제건원을 요구한 윤언이는 서경천도를 주장하지도, 묘청을 성인으로 받들지도 않았다. 그런데도 윤언이는 김부식 등에 의해 정지상과 같은 당으로 파악되었다. 서경천도에 반대한 인물들은 윤언이의 칭제건원 요청을 서경천도・금국정벌 주장과 다를 바 없는 것으로 이해했던 것이다. 왜 그러했는가 궁금한데, 이와 관련하여 참고되는 것은 광종의 칭제건원이 중국을 겨냥한 것이 아닌, 호족세력에게 자신을 과시하기 위함이었다는 사실이다. 따라서 인종대의 칭제건원 역시 국내의 정치세력을 의식한 것이었을 가능성이 크다. 그런데 칭제건원에 반대한 인물들 대부분이 과거합격자 출신의 문신 관리였음을 고려하면, 칭제건원은 특히 문신들에게 국왕의 권위를 드러내기 위한 조치가 아니었나 의심된다.

금국정벌론은, 이에 대한 반대론자들의 주장처럼 무모한 것이었다. 금국은 강국이기에 가볍게 정벌할 수 없다는 것이 반대론자들의 논리였다.[43] 그렇다면 금국정벌을 주장한 자들은 이러한 사실을 몰랐을까. 몰랐을 까닭이 없는 그들이 금국정벌을 내세웠던 데에는 그럴만한 사정이 있었을 것이다.

금국에 대한 강경론은 인종대 금국정벌론이 제기되기 이전부터 대두되었다. 숙종・예종대의 여진정벌도 그 일부였다고 할 수 있다. 그런데 숙종・예종대의 여진정벌은 국내 정치적 상황의 소산이었다. 전시체제를 이용하여 문신을 제압하려는 국왕의 의도에서 비롯된 것이었다. 숙종의 여진정벌에는 최사추 등이, 예종대의 여진정벌에 김인존

43) 『고려사』 권95, 이자연전 부 지저전.

등 문신들이 반대한 이유가 여기에 있었다.[44] 따라서 인종대의 금국정벌론 역시 국내의 정치상황과 무관하지 않았을 것이다. 금국정벌론은 실제로 금국을 정벌하자는 것이 아니라, 이를 통해 위기의식을 조장하려 했다는 느낌을 지우기 어렵다. 이는 국내의 문신들을 장악하는 데 이용될 수 있는 것이었다.[45]

서경천도 · 칭제건원 · 금국정벌을 주장한 인물들 가운데는 음양비술에 능한 승려나 일자, 그리고 무신 등이 있었고, 이들이 인종의 측근이었음은 앞서 언급한 바 있다.[46] 이들은 반유교적인 존재들이었다고 할 수 있다. 그런데 유교가 문신들의 이념적인 토대였음을 고려하면, 국왕이 이들을 측근으로 삼은 까닭 역시 문신을 억압하기 위함이 아니었나 의심된다. 실제로 국왕이 무신을 중용한 것은 그들로써 문신을 제어할 목적이었던 것이다. 문신들이 예종의 무학재 설치에 반대한 이

44) 이 책 제7장 숙종 · 예종대의 여진정벌 참고.

45) 이러한 저자의 주장은, 인종 4년 금의 칭신 요구에 대한 고려 관리들의 반응을 언급한 『고려사』의 기록을 참고하면, 설득력이 부족한 것으로 이해하기 쉽다. 금국정벌론이 본격적으로 제기되기 이전인 인종 4년, 금은 고려에 칭신할 것을 요구해 왔다. 이에 고려 조정에서는 대책회의를 개최하였다. 『고려사』에 따르면, 여기에서 이자겸과 척준경은 금을 섬기자고 했으나 모두가 반대했다 한다. 이자겸과 척준경을 제외한 모든 관리들이 금에 대한 강경론을 폈다는 것이다(『고려사』 권15, 인종 4년 3월 辛卯). 만일 이것이 사실이라면, 금에 대한 사대외교노선은 취소되었어야 했을 것이다. 이로부터 한 달 후에 이자겸은 제거되었기 때문이다. 그런데 이와는 달리 이후로도 금과의 외교관계가 지속되었다. 따라서 이자겸과 척준경을 제외한 모든 관리들이 금에 대해 강경론을 폈다는 『고려사』의 기록은 사실과는 다른 것으로 이해된다. 대다수의 관리들이 금에 대한 온건론을 주장했다고 생각된다(박한남, 「12세기 고려의 대금정책논의에 대하여-인종 4년 백관회의 참석자를 중심으로-」, 『박영석기념논총』, 1993, 469쪽).

46) 이 점은 오영선, 「인종대 정치세력의 변동과 정책의 성격」, 『역사와 현실』 9, 1993, 92쪽 주78에서도 언급되었다.

유도 여기에 있었다. 문신들은 무반이 문반에 대립할 만큼 성장할 것을 두려워했던 것이다.[47)]

국왕이 음양비술이나 풍수지리, 도가적 성향의 문신이나 무신 등에 관심을 가진 것은 인종만이 아니었다. 그 이전의 국왕들도 그러하였다. 문종은 술수術數에 혹한 임금이었으며,[48)] 숙종은 『도선기道詵記』를 인용한 김위제金謂磾의 건의에 따라 남경천도南京遷都를 계획하였는데,[49)] 이러한 김위제의 견해는 묘청의 주장과 흡사하다는 점에서 간과하기 어렵다. 숙종은 또한 도선을 왕사王師에 책봉하기도 했다.[50)] 예종 역시 음양·지리·길흉화복을 혹신하였다.[51)] 그리고 예종의 측근 신하들 가운데는 처사나 도가道家의 인물들이 많았다. 곽여郭輿나 무등산처사 은원충殷元忠은 그 대표적인 인물들이었다.[52)] 한편 국왕들은 무신을 중용하였다. 문종과 숙종이 그러했고,[53)] 예종은 국학에 무학재武學齋를 설치하고 17인을 선취하여 교육을 시키기도 했던 것이다.[54)] 따라서 국왕이 문신들을 견제하려고 한 것 역시 인종대에 국한된 문제는 아니었다. 그러함에도 불구하고 특히 인종대 천도운동을 통해 이들의 갈

47) 변태섭, 「고려무반연구 -무신란전의 무반을 중심으로-」, 『아세아연구』 8의 1, 1965; 『고려정치제도사연구』, 일조각, 1971, 364-365쪽.

48) 이병도, 「인종조의 묘청의 서경천도운동과 그 반란」, 139쪽.

49) 위의 논문, 161-179쪽.

50) 今西龍, 「新羅僧道詵に就いて」, 『高麗史研究』(國書刊行會, 1944), 69쪽.

51) 이병도, 「인종조의 묘청의 서경천도운동과 그 반란」, 175-177쪽.

52) 김병인, 「고려 예종대 감무의 설치배경」, 『전남사학』 8, 1994; 『고려 예종대 정치세력 연구』, 경인문화사, 2003, 232쪽. 채웅석, 「고려 예종대 도가사상·도교 흥기의 정치적 성격」, 『한국사연구』 142, 2008, 117-119쪽.

53) 변태섭, 「고려무반연구」, 355-362쪽 참고.

54) 『고려사』 권74, 선거지 2 학교 예종 4년 7월.

등이 구체화된 것은 이자겸의 몰락과 무관하지 않았다. 인종은 서경천도운동이 시작된 인종 5년 서경에서 '유신지교'를 반포했는데, 그 서문에서 이자겸의 난 이후 정치적 분위기를 일신하기 위해 이를 반포한다고 밝혔던 것이다.55) 이자겸의 난으로 인해 자신의 권위에 커다란 상처를 입은 인종으로서는 문신들과의 관계에서 기선을 장악하기 위해 강력한 왕권을 희망했고, 이에 인종의 측근들은 서경천도 · 칭제건원 · 금국정벌론을 제기했다. 인종은 이 과정에서 새로이 외척이 된 정안임씨 마저도 정치권력에서 배제하려고 했던 듯하다. 인종의 장인인 임원후가 서경천도에 강하게 반대한 이유가 여기에 있었다고 생각된다.

이제까지의 검토를 통해서 금국정벌 · 칭제건원 · 서경천도론을 주장한 의도는 문신세력을 견제하려는 데 있었음을 알았다. 따라서 금국정벌 · 칭제건원 · 서경천도론을 둘러싼 정치세력간의 갈등은 결국 왕권을 강화하여 이를 통해 정치권력을 유지하려는 자들과 왕권을 견제하려는 문신들과의 정치적 대립의 결과였던 것이다.56)

---

55) 『고려사』 권15, 인종 5년 3월 戊午.

56) 이러한 사실은 윤언이와 김부식을 통해 구체적으로 확인할 수 있다. 칭제건원을 주장한 윤언이는 인종 11년에 「만언서萬言書」를 올렸다. 「만언서」는 중국 송宋나라 왕안석王安石이 올린 상서문의 이름이었다. 윤언이가 왕안석의 「만언서」를 올렸는가 아니면 자신의 상서문을 「만언서」라고 이름 붙였는가 알 수 없지만, 어느 경우라도 그가 왕안석을 동경하고 그로부터 큰 영향을 받고 있었음은 의심의 여지가 없다. 그런데 왕안석은 황제권을 강화하고 고위관리세력을 억제하기 위해 개혁을 실시하였다. 따라서 왕안석을 동경한 윤언이의 정치사상 역시 왕권을 강화하려는 것이었다고 생각된다. 한편 서경천도에 반대한 김부식은 왕안석을 비난하고 사마광司馬光을 옹호하였다(『고려사절요』 권10, 인종 17년 3월). 후일 그가 『삼국사기』를 편찬할 때 사마광의 『자치통감資治通鑑』을 특히 많이 인용한 것은(정구복, 「김부식과 삼국사기」, 『한국사학사』 (1), 집문당, 1999, 233쪽) 이와 관련이 있어 보인다. 그런데 왕안석과 사마광은 정

4. 서경천도・칭제건원・금국정벌론과 김부식의 『삼국사기』

인종 23년 김부식은 『삼국사기』를 편찬하여 국왕에게 바쳤다. 『삼국사기』를 편찬하게 된 동기에 대해 김부식은

> 지금의 학사學士・대부大夫가 오경五經・제자諸子의 서書라든가 진秦・한漢 역대의 사기史記에 대하여는 혹 널리 통하여 자세히 말하는 사람이 있으나, 우리나라의 사실에 이르러서는 도리어 망연하여 그 시말을 알지 못하니 매우 유감스러운 일이다(『동문선』 권44, 진삼국사기표).

라고 한 인종의 말을 인용하였을 뿐, 자신의 견해는 구체적으로 밝히고 있지 않다. 그러나 김부식이 단순히 인종의 명에 따라 『삼국사기』를 편찬했다고는 생각되지 않는다.

김부식과 함께 편찬에 참여한 인물들은 정습명鄭襲明・박동주朴東柱[57)]・최산보崔山甫・허홍재許洪材 등이었다. 그런데 정습명은 김부식의 집에 우거한 적이 있는, 김부식의 측근이었다.[58)] 또한 박동주는 인종 8년에 급제한 김부식의 문생門生이었다.[59)] 그리고 최산보는 『삼국사

적이었다. 왕안석이 신법당新法黨인데 반해 사마광은 그 반대파인 구법당舊法黨이었다. 그리고 김부식이 자신의 이름 한 자를 따온 소식蘇軾 역시 구법당으로서 황제권의 강화에 반대하였다. 김부식은 황제권 강화에 반대한 사마광 등 구법당의 정치사상에 공감하고 있었음이 분명하다(이상의 서술은 정수아, 「고려중기 개혁정책과 그 사상적 배경-북송 '신법'의 수용에 관한 일시론-」, 『박영석기념논총』, 460-461쪽을 요약한 것이다).

57) 고병익, 「삼국사기에 있어서의 역사서술」, 『김재원기념논총』, 1969; 『동아교섭사의 연구』, 서울대 출판부, 1970, 73쪽, 주 10.

58) 정구복, 「김부식」, 『한국사 시민강좌』 9, 1991, 126쪽.

59) 박용운, 「과시 설행과 제술과 급제자」, 『고려시대 음서제와 과거제연구』, 일지

기』를 찬진한 대가로 인종이 내린 상을 김부식에게 전한 인물이었다.[60] 허홍재의 경우, 그와 김부식의 관계를 알려주는 구체적인 기록은 없지만, 그가 임원후의 문생이었던 점으로[61] 미루어 김부식과도 정치적 성격을 크게 달리했다고는 생각되지 않는다. 임원후는 김부식과 함께 서경천도파에 강하게 맞섰고, 나중에는 그와 서경토벌에 참가했기 때문이다. 결국 『삼국사기』의 편찬에 참여한 사람들은 모두 김부식의 측근으로서, 그와 사관史觀을 같이 한 인물들이었다고 할 수 있다.[62] 따라서 『삼국사기』는 인종의 명에 따른 것이라기보다는 김부식의 의도 아래 편찬된 것으로 생각된다.[63] 그렇다면 김부식은 왜 『삼국사기』를 편찬하려고 했을까.[64] 김부식이 『삼국사기』의 편찬에 착수한 시기가 언제였는가를 알아보는 것은 이를 이해하는데 도움이 된다.

김부식이 『삼국사기』의 편찬에 착수한 시기는 분명치 않다. 다만 그가 감수국사監修國史에 임명된 것이 인종 14년 3월이었음을 고려하면, 이때부터 『삼국사기』의 편찬에 착수했다고 해서 큰 잘못은 없을 것이다. 김부식이 감수국사에 임명된 것은 『삼국사기』의 찬진을 위한 것이었다고 생각되기 때문이다.[65] 그런데 김부식이 묘청의 난을 진압한

사, 1990, 373쪽.

60) 『고려사절요』 권10, 인종 23년 12월.

61) 박용운, 「과시 설행과 제술과 급제자」, 373쪽.

62) 고병익, 「삼국사기에 있어서의 역사서술」, 73쪽. 김철준, 「고려중기의 문화의식과 사학의 성격」, 『한국사연구』 9, 1973; 『한국고대사회연구』, 지식산업사, 1975, 414쪽.

63) 김수태, 「삼국사기의 편찬동기」, 『충남사학』 8, 1996, 5쪽.

64) 김부식의 삼국사기 편찬 동기에 관한 다양한 견해에 대해서는 정구복, 「김부식과 삼국사기」, 253-258쪽 참조.

것이 인종 14년 2월이었으므로, 김부식이 『삼국사기』의 편찬에 착수한 것은 묘청의 난을 진압한 한 달 후의 일이었다. 『삼국사기』의 편찬이 묘청의 난과 깊은 관계를 맺고 있었음을 엿볼 수 있다.

김부식의 『삼국사기』는 유교적 합리주의를 표방했다고 알려져 왔다.[66] 그는 백제본기의 말미末尾에 붙어 있는 사론史論에서

> 신라의 고사古事에는 하늘이 금궤金櫃를 내렸으므로 성을 김씨라 했다고 하는데, 그 말은 괴이해 믿을 수가 없다. 그러나 내가 역사를 편찬함에 있어 그 전한 바가 오래인지라 그 말을 깎아 없애지 못하였다.[67]

고 하였다. 사료에 대한 그의 객관적 태도를 엿볼 수 있게 해주는 대목인데,[68] 그러함에도 불구하고 그가 『구삼국사舊三國史』의 설화를 존중하는 태도에 반기를 들고, 유교적 합리주의에 기초하여 『삼국사기』를 서술했다는 점은[69] 부인하기 어렵다. 그는 황당무계한 사실들을 철저하게 배척하려고 했던 것이다. 김부식은 왜 『삼국사기』의 편찬에서 유교적인 합리주의를 표방했을까. 이와 관련하여 주목되는 것은 문종에서 인종에 이르는 당시의 국왕들이 음양비술이나 풍수지리에 관심을 가지고 있었다는 사실이다.[70] 김부식은 『삼국사기』의 편찬을 통해 국왕들의 이러한 태도가 잘못이라는 점을 지적하고자 했던 것이

65) 고병익, 「삼국사기에 있어서의 역사서술」, 72쪽.
66) 이기백, 「삼국사기론」, 『문학과 지성』, 1976년 겨울호; 『한국사학의 방향』, 일조각, 1995, 21-22쪽.
67) 사료의 번역은 이병도 역주, 『국역 삼국사기』, 을유문화사, 1977과 이강래 옮김, 『삼국사기』 1, 한길사, 1988을 참고하였다.
68) 고병익, 「삼국사기에 있어서의 역사서술」, 86쪽.
69) 이기백, 「삼국사기론」, 19-20쪽.
70) 이강래, 「삼국사기 사론과 김부식」, 400-408쪽.

아닌가 생각된다.

김부식은 신라본기의 말미에 붙어 있는 사론에서

> (신라가) 불가佛家의 교법을 받들면서 그 폐해를 알지 못해, 항간에까지 불탑들이 즐비하기에 이르고 백성들은 달아나 승려가 된다. (이로 인해) 병兵·농農은 차츰 위축되고 나라는 날로 쇠미해 갔으니, 어찌 문란하여 망하게 되지 않기를 바라겠는가.

라고 하여, 신라가 멸망한 이유 가운데 하나로 불교를 신봉한 사실을 들었다. 이것만으로 미루어 본다면 그는 불교에 대해서 반감을 품었던 인물이라고 할 수 있다. 그러나 사실은 그렇지 않다. 그의 형인 현담玄湛은 일찍이 출가하여 현화사玄和寺에 거주하면서 대각국사 의천義天과 교유하였으며, 그 자신은 관란사觀蘭寺라는 개인 원찰을 가지고 있었고,[71] 만년에는 불교에 심취하여 설당거사雪堂居士라고 자호自號하면서, 당시 시승詩僧으로 유명한 혜소惠素와 친하였다.[72] 그리고 그는 영통사靈通寺의 대각국사비문과 영변 보현사普賢寺의 비문을 짓기도 했다.[73] 이러한 김부식이 불교를 비난한 것은 선뜻 이해되지 않는다.

그런데 서경천도를 주장한 묘청은 승려였다. 또한 당시의 국왕들은 유교보다는 불교에 더 큰 관심을 표시하였다. 문종은 거대한 사찰인 흥왕사를 세운 임금인데, 유학에는 소홀하였다.[74] 그리고 숙종은 천태

---

71) 한기문, 「고려시대 관인의 원당」, 『대구사학』 39·40합집, 1990; 『고려사원의 구조와 기능』, 민족사, 1998, 291쪽.

72) 최병헌, 「고려중기 이자현의 선과 거사불교의 성격」, 『김철준기념논총』, 지식산업사, 1983, 943쪽.

73) 허흥식, 「고려중기 선종의 부흥과 간화선의 전개」, 『규장각』 6, 1982; 『고려불교사연구』, 일조각, 1986, 490쪽.

종天台宗의 개립開立을 후원하였으며,[75] 예종은 관리들의 반대를 무릅쓰고[76] 천수사天壽寺의 공사를 마무리 지어 숙종의 진전사원眞殿寺院으로 삼았다.[77] 따라서 김부식이 불교를 비난한 것은 당시의 국왕들이 유학을 소홀히 한 채, 불교에 지나친 관심을 표시한 점을 경계하기 위함이었다고 생각된다.

김부식은 신라가 중국에 신속臣屬한 나라로서 법흥왕이 년호年號를 칭함은 잘못이라고 하였다.[78] 또한 고구려나 백제가 멸망하게 된 원인의 하나로 중국에 대한 불손한 태도를 들었다.[79] 그리고 『삼국사기』가 중국 측의 기록을 철저하게 참고했음에도[80] 불구하고, 김부식은 당唐 고조高祖가 고구려의 독자적인 세력권을 인정하려고 한 『구당서』의 기록은 인용하지 않았다.[81] 따라서 그는 사대주의자였다고[82] 비난받아 왔다. 그러나 그를 사대주의자라고 비난하는 것만으로 모든 문제가 해결되는 것은 아니다. 설사 김부식이 사대주의를 표방했다고 하더라도, 그를 매도하기보다는 왜 그러했는가를 밝히는 것이 우리들의 임무가 아닌가 한다.[83]

---

74) 박성봉, 「국자감과 사학」, 『한국사』 6, 국사편찬위원회, 1975, 187쪽.

75) 최병헌, 「천태종의 성립」, 『한국사』 6, 국사편찬위원회, 1975, 85쪽.

76) 정수아, 「윤관세력의 형성-윤관의 여진정벌과 관련된 몇 가지 문제의 검토를 중심으로-」, 『진단학보』 66, 1988, 7-8쪽.

77) 허흥식, 「불교와 융합된 왕실의 조상숭배」, 『고려불교사연구』, 78쪽.

78) 『삼국사기』 권5, 진덕왕 4년 논왈.

79) 『삼국사기』 권28, 백제본기 말미 논왈.

80) 末松保和, 「舊三國史と三國史記」, 『靑丘史草』 2, 1966, 6-7쪽.

81) 김철준, 「고려중기의 문화의식과 사학의 성격」, 423쪽.

82) 신채호, 「조선역사상 일천년래 제일대사건」, 104쪽. 이병도, 「인종조의 묘청의 서경천도운동과 그 반란」, 215쪽. 고병익, 「삼국사기에 있어서의 역사서술」, 77쪽. 김철준, 「고려중기의 문화의식과 사학의 성격」, 412쪽, 425쪽.

당은 신라와 함께 고구려 · 백제를 멸한 후, 신라에 의해 축출되었다. 그런데 『구당서』나 『신당서』, 『자치통감』 같은 중국측의 사서에는 이러한 사실이 일체 기록되지 않았다. 당으로서는 체면이 깎이는 일이었기에, 이를 덮어버리려고 했던 것이다.[84] 그런데 김부식의 『삼국사기』에는 이 사실이 기록되어 있다. 또한 김부식은 『삼국사기』에 본기本紀를 넣어, 『고려사』를 편찬한 조선초의 성리학자들과는 다른 태도를 보여주었다.[85] 여기에서 우리는 김부식의 자주적 역사편찬 태도를 엿볼 수 있다. 따라서 김부식이 당 고조가 고구려의 독자적인 세력권을 인정하려고 한 『구당서』의 기록을 인용하지 않은 것은, 이러한 사실이 당시 칭제건원론자들의 주장과 같았기 때문이라는 김철준의 견해는[86] 경청할 만하다. 당시 묘청 등에 의해 칭제건원이 주장된 사실을 염두에 둘 필요가 있는 것이다. 김부식이 법흥왕의 연호 사용을 비난한 이유가 여기에 있었다. 그는 국왕의 권위를 높이려는 의도에 반대했던 것이다.

김부식은 『삼국사기』에서 신라왕실을 중시하였다. 고려 현종이 신라 왕실의 외손이었다는 것은 반드시 고려시대에 통용되던 설이 아니었음에도 불구하고,[87] 김부식은 신라본기의 말미에서 고려 현종이 신라 왕실의 외손이었다고 단정하였다. 한편 김부식은 『삼국사기』 50권

83) 이기백, 「삼국사기론」, 28 쪽 참조.

84) 죤 · 씨 · 재미슨, 「나당동맹의 와해」, 『역사학보』 44, 1969, 9-10쪽.

85) 본기는 꼭 천자에 대해서만 쓰는 것이 아니지만(김철준, 「고려중기의 문화의식과 사학의 성격」, 425쪽), 일반적으로 천자에 대한 기록임은 널리 알려진 사실이다.

86) 김철준, 「고려중기의 문화의식과 사학의 성격」, 423쪽.

87) 이에 관해서는 이기백, 「삼국사기론」, 24쪽 주 14 참고.

가운데 겨우 6권을 백제에 할애하였다. 김유신의 개인 전기가 3권을 차지한 것과 매우 좋은 대조를 이룬다. 이러한 사실들은 모두 신라왕실이나 신라를 중시한 김부식의 태도를 엿볼 수 있게 해주는 대목들이다.[88] 그가 이처럼 신라를 강조한 이면에는 고구려적 전통을 거부하고 신라적 전통의 계승을 강조하려는 의도가 숨겨져 있던 것이 아닌가 여겨진다.[89]

고려가 고구려의 계승을 표방한 국가였음에도[90] 불구하고 김부식이 굳이 신라적 전통의 계승을 강조하려한 까닭은 어디에 있을까. 이와 관련하여 참고되는 것은 고려의 고구려 계승의식이 대외강경론자들에게 그들의 주장을 합리화하는 수단으로 이용되었다는 사실이다. 그 구체적인 예는 서희徐熙의 경우에서 확인할 수 있다. 성종 12년 거란이 침입하여 서경 이북의 땅을 자신들에게 떼어줄 것을 요구했을 때, 서희는 고려가 고구려를 계승한 국가임을 내세워 그들의 할지론을 일축했던 것이다.[91] 한편 대외강경론은 국왕의 왕권강화를 비호하는 자들에 의해 강조되었다. 김부식은 숙종·예종대 대외강경론자들에 의해 추진된 여진정벌이 왕권의 강화와 문신세력의 견제에 이용된 것을 목격하였다. 그리고 서경천도론자들에 의한 금국정벌 주장 역시 이러한 차원에서 이루어진 것이었음을 김부식이 몰랐을 까닭이 없다. 따라서 김부식이 신라적 전통의 계승을 강조한 이면에는 대외강경론, 나아가

---

88) 이기백, 「삼국사기론」, 27쪽.

89) 위의 논문, 22-27쪽.

90) 박한설, 「고려 왕실의 기원-고려의 고구려계승이념과 관련하여-」, 『사총』 21·22합집, 1977, 109-110쪽.

91) 하현강, 「고려시대의 역사계승의식」, 『이화사학연구』 8, 1976; 『한국중세사연구』, 386-387쪽 참조.

국왕의 왕권강화를 비난한 것과 다를 바 없다.

『삼국사기』에는 명림답부明臨答夫와 창조리倉助利의 전기가 실려 있다. 그런데 명림답부는 백성을 곤궁하게 한 차대왕次大王을 살해하고 신대왕新大王을 세워 국상國相이 된 인물이었으며, 창조리는 봉상왕烽上王이 궁궐을 수리하기 위해 역을 일으키자 폐위시키고 미천왕美川王을 옹립한 인물이었다.[92] 김부식이 이러한 인물들의 전기를 『삼국사기』에 수록한 것은, 폭군이나 무능한 군주는 폐위되어야 한다는 것을 일깨우기 위함이었다고 생각된다. 요컨대 김부식은 국왕을 절대적인 존재라고 생각하지는 않았던 것이다.[93] 김부식은, 왕권은 철저하게 견제되어야 하며, 따라서 인종대에 전개되었던 서경천도 · 금국정벌 · 칭제건원론이 부당하다는 점을 강조하기 위해 『삼국사기』를 편찬했던 것이다.

5. 맺는말

서경천도를 주장한 인물들은 승려 · 일자 · 환관 · 과거합격자 출신의 문신, 그리고 무신 등이었으며, 그들 가운데 상당수는 서경과 무관한 존재들이었다. 그러함에도 불구하고 이들은 국왕의 측근이라는 공통점을 가지고 있었다. 실제로 국왕인 인종부터 천도에 관심을 가지고 있었던 것이다. 한편 서경천도에 반대한 인물들은 예외 없이 과거합격자 출신이었다.

92) 『삼국사기』 권45, 명림답부전 및 『삼국사기』 권49 창조리전 참조.

93) 최연식, 「대각국사비의 건립과정에 대한 새로운 고찰」, 『한국사연구』 83, 1993, 54쪽 주 31.

서경천도를 주장한 인물들은 묘청을 내세웠다. 그러나 실은 정지상 등이 중심 인물이었다. 묘청은 정지상 등에게 이용된 데 불과했던 것이다. 정지상 등은 국왕이 서경천도에 관심을 가지고 있음을 알고, 이를 추진하면 자신들이 정치적 주도권을 장악할 것으로 판단했다. 국왕인 인종이 개경의 문신 관리를 견제할 목적에서 서경천도에 관심을 가지고 있었기 때문이다. 한편 칭제건원은 문신들에게 국왕의 권위를 드러내기 위한 것으로, 이 역시 문신에 대한 견제와 무관하지 않았다. 그리고 금국정벌론은 실제로 금국을 정벌하자는 것이 아니라, 위기의식을 조장하여 이를 국내의 문신들을 견제하는 데 이용하려는 것이었다. 결국 서경천도·칭제건원·금국정벌은 모두 문신세력을 장악하기 위해 추진된 것이었다. 이자겸의 난으로 인해 자신의 권위에 타격을 입은 인종은 문신들과의 관계에서 주도권을 장악할 필요가 있었다. 이러한 인종의 의도를 파악한 그의 측근들은 서경천도·칭제건원·금국정벌론을 제기했던 것이다.

묘청의 난을 진압한 직후 김부식은 『삼국사기』의 편찬을 계획하였다. 그런데 김부식과 함께 『삼국사기』의 편찬에 참여한 인물들은 그의 측근들이었다. 따라서 『삼국사기』는 김부식의 의도가 크게 반영된 역사서였다고 할 수 있다. 여기에서 김부식은 유교적 합리주의를 표방하였다. 그리고 신라가 멸망한 이유 가운데 하나로 불교를 신봉한 사실을 들었으며, 그리고 법흥왕이 독자적인 연호를 사용한 것은 잘못이라고 지적하였다. 또한 그는 고려가 신라를 계승한 국가임을 강조하기도 하였다.

문종에서 인종에 이르는 당시의 국왕들은 음양비술이나 풍수지리에 관심을 가지고 있었다. 김부식은 『삼국사기』의 편찬을 통해 국왕들의 이러한 태도가 잘못이라는 점을 지적하기 위해 유교적 합리주의를 표방했다. 그리고 그가 불교를 비난한 것은 당시의 국왕들이 유학을 외면한 채, 불교에 지나친 관심을 표시한 점을 경계하기 위함이었다. 또한 김부식이 법흥왕의 연호사용을 비난한 것은 그가 사대주의자였기 때문이 아니라, 당시의 칭제건원론을 겨냥한 것이었다. 그는 국왕의 권위를 높이려는 의도에 반대했던 것이다. 한편 고구려 계승의식은 고려의 대외강경론자들에게 그들의 주장을 합리화하는 수단으로 이용되었으며, 대외강경론은 국왕의 왕권강화를 뒷받침하는 데 기여하였다. 김부식이 신라적 전통의 계승을 강조한 이면에는 대외강경론, 나아가 국왕의 왕권강화를 비난한 것과 다를 바 없다. 결국 김부식은 인종대에 전개되었던 서경천도 · 금국정벌 · 칭제건원론이 부당하다는 점을 강조하기 위해 『삼국사기』를 편찬했던 것이다.

제9장 『상정고금예문』의 편찬 시기와 그 의도

1. 머리말

『상정고금예문詳定古今禮文』은 고려시대의 예에 관한 책이다. 현존하지 않는 이 책은 『고금상정예문』, 혹은 『상정예문』으로도 불리어지고 있다. 이처럼 이 책이 여러 이름으로 불리어지고 있는 것은, 사서에 각기 다른 이름으로 기록되어 있기 때문이다.[1] 이 책은 '고금의 예禮'를 '상정詳定'한 것으로서, 새로운 저술이라기보다는 기왕의 기록들을 참고하여 펴낸 편찬서였다.

『상정고금예문』은 그 내용보다는, 후일 이 책이 금속활자로 인쇄되었다는 점 때문에 더욱 유명해졌다. 즉 고려 고종 21년(1234) 경에 이 책을 인쇄한 주자鑄字는 금속활자로서, 이러한 금속활자의 사용은 세계 최초의 일로 이해되고 있는 것이다.[2] 따라서 『상정고금예문』에 대한 학계의 관심도 이 책을 인쇄한 당시의 인쇄술에 모아졌을 뿐, 그 내용

---

1) 『고려사』 권95, 최충전 부 윤의전에는 『고금상정례』로, 『고려사』 권59, 예지 서문에는 『상정고금례』로, 그리고 『동국이상국집』에는 『상정예문』으로 되어 있다.

2) 손보기, 「한국인쇄기술사」, 『한국문화사대계』 3, 1968, 994-995쪽.
전상운, 「한국 청동활자 인쇄술 발전의 기술사적 배경」, 『성신여사대연구논문집』 3, 1970, 46쪽.

이나 편찬 당시의 시대적 배경은 간과되어 왔다.

저자는 『상정고금예문』의 편찬 시기와 그 의도를 검토해 보고자 한다. 이의 편찬 시기를 여기에서 거론하는 까닭은 이에 대한 기존의 견해가 서로 엇갈리고 있기 때문이다. 일부 학자들은 고려 인종대에 쓰여진 것이라고 이해한[3] 반면, 단편적인 언급에 불과한 것이기는 하지만, 의종대에 이 책이 편찬되었다고 주장한 논고도 적지 않다.[4] 따라서 이의 편찬 시기를 우선 분명히 해둘 필요가 있는 것이다. 그러한 다음에 이 책의 편찬 의도를 알아볼 작정인데, 이에 대한 검토는 당시의 시대상황을 이해하는 데 도움이 될 것이다.

2. 『상정고금예문』의 편찬 시기

『상정고금예문』의 편찬시기를 알려주는 기록으로는 우선 다음이 있다.

A. 본조本朝의 건국 이래 여러 대를 내려오면서 예제禮制의 잃고 더해짐이 한 번뿐이 아니었으므로, 그것이 병이 된 지 오래되었다. 인종 때에 이르러 비로소 평장사 최윤의崔允儀 등 17명의 신하에게 명하여 고금의 서로 다른 예문을 모아 참작하고 절충하여 50권의 책을 만들고 그것을 『상정예문』이라고 명명하였다. 그것이 세상에 행해진 뒤에는 예禮가 제자리에 귀착되어 사람이 의혹되지 않았다. 이 책이 여러 해를 지났으므로 책장이

3) 이범직, 『한국중세예사상연구-오례를 중심으로-』, 일조각, 1991, 48-49쪽.
4) 황원구, 「고려사 '예지'의 편년적 한 고찰」, 『이홍직기념논총』, 1969, 214쪽.
황병성, 「고려 의종대의 정치실태와 무인란」, 『박성봉기념논총』, 1987, 228쪽.
권태원, 「고려사 여복지의 분석적 검토」, 『국사관논총』 13, 1990, 202-203쪽.
이기동, 「김관의」, 『한국사시민강좌』 10, 1992, 130쪽.

없어지고 글자가 결락되어 상고하기 어려웠는데, 나의 선공先公이 이를 보집補輯하여 두 본本을 만들어 한 본은 예관禮官에게 보내고 한 본은 집에 간수하였으니, 그 뜻이 원대하였다(『동국이상국집』 후집 권11, 신서상정예문발미 대진양공행).

위 기록은 주자鑄字를 사용하여 『상정고금예문』을 인쇄하면서, 당시의 집권자 최이崔怡의 이름으로 이규보李奎報가 쓴 발문의 일부이다. 이규보가 이 글을 쓴 시기는 고종 21년에서 동왕 28년(1241) 사이로 추정되고 있다.[5] 그런데 여기에서는 『상정예문』, 즉 『상정고금예문』이 인종 때에 최윤의 등에 의하여 편찬되었다고 하였다.

한편 『고려사』는 『상정고금예문』의 편찬 시기에 대해 위와는 다른 사실을 알려주고 있다.

B. 고려 태조가 나라를 세워 다스리기 시작하니 그 규모는 굉장히 원대한 것이었다. 그러나 초창草創이었으므로 예禮를 의논할 겨를이 없었는데, 성종에 이르러 선업先業을 크게 넓혀서 원구圓丘에 제사하고 적전籍田을 갈고 종묘宗廟와 사직을 세웠다. 예종은 처음으로 국局을 두어 예의를 정하였으나 그것을 기록한 책이 전해지지 않았다. 의종 때에 이르러 평장사 최윤의가 『상정고금예』 50권을 찬하였는데 (오늘날에 이르러) 없어진 것이 오히려 많다. 여타의 책들도 두 번이나 병화를 겪어 열 가운데 한 둘만 남아 있을 뿐이다. 이제 사편史編과 상정예詳定禮에 의거하는 한편, 『주관육익周官六翼』·『식목편록式目編錄』·『번국예의藩國禮儀』 등에서 채록한 것들을 (참고하여) 길吉·흉凶·군軍·빈賓·가嘉의 오례五禮로 나누어 예지禮志를 만든다(『고려사』 권59, 예지 서문).

이에 의하면, 최윤의가 『상정고금예』, 즉 『상정고금예문』을 편찬한

5) 손보기, 「한국인쇄기술사」, 994쪽.

것은 의종대였다는 것이다. 그런데 이러한 견해가 『고려사』 여복지의 서문에서도 강조되고 있는 것을 참고하면,[6] 『상정고금예문』의 편찬 시기가 의종 때였음을 『고려사』 찬자는 나름대로 확신하고 있었다고 할 수 있다.

이규보나 『고려사』 찬자는 모두가 『상정고금예문』의 완본을 구해 보지 못했다. 이규보가 참고한 『상정고금예문』은 '책장이 없어지고 글자가 결락되어 상고하기 어려운 상태'의 것이었으며(A), 『고려사』 찬자가 접한 것은 '없어진 것이 오히려 많을 정도'의 것이었다 한다(B). 이규보와 『고려사』 찬자들이 『상정고금예문』의 편찬 시기를 각기 다르게 서술한 것도 이와 무관하지 않을 것이다.

A는 B의 기록보다 시기적으로 앞선다. 따라서 『고려사』 찬자들은 A의 이규보 글을 참고했을 가능성은 크다. 그러함에도 불구하고 『상정고금예문』의 편찬 시기에 대해서는 이규보와 견해를 달리했던 것이다. 『고려사』 찬자들은 이규보가 참고한 책과는 다른, 또 다른 기록을 참고했음이 분명하다. 진양공 최이의 생각을 대필한 데 불과했던 이규보보다는 『고려사』 예지의 편찬자들이 보다 광범위한 서적을 섭렵했을 것임은 두말할 나위가 없어 보인다. 그러나 어느 견해가 옳다고 단정하는 것은 성급한 일일 것이다.

『상정고금예문』의 편찬 시기를 알아보는 방법의 하나로 저자는 이 책의 편찬 책임자였던 최윤의에 주목해 보고자 한다. 그의 생애를 살피다보면 그가 『상정고금예문』의 편찬에 참여했을만한 시기를 추정해 볼 수 있다고 믿어지기 때문이다.

최윤의는 문종조에 문하시중을 지낸 최충崔沖의 후손이었다. 최충의

6) 『고려사』 권72, 여복지 서문.

해주최씨 가문은 대대로 많은 과거합격자와 고위관리들을 배출하였다. 즉 최충의 아들이며 최윤의의 증조인 최유선崔惟善은 과거를 통해 벼슬이 문하시중에 이르렀으며, 최윤의의 조인 최사제崔思齊 역시 과거에 합격하여 평장사를 역임하였다. 또한 최윤의의 백부伯父인 최약崔瀹은 비록 재상에는 오르지 못했지만 유명한 유신으로서 예종조에 이름을 날렸던 인물이다. 다만 그의 부 최용崔湧에 대해서는 과거 합격 여부나 역임한 관직을 구체적으로 알 수 없고, 참지정사에 추증追贈된 사실만을 확인할 수 있을 뿐이다.7)

최충이 해동공자海東孔子로 지칭된 점이나 사학私學을 설치하여 후진을 양성했던 사실, 그리고 해주최씨 가문이 많은 수의 과거합격자를 배출했던 점 등을 고려하면, 해주최씨 가문은 강한 유교적인 전통을 가지고 있었던 것으로 추측된다. 이러한 가문의 전통에 걸맞게 최윤의 역시 과거에 급제하였다. 인종 6년(1128)의 일이었다. 이후 그가 역임한 관직을 중심으로 그의 연보年譜를 간략하게 작성하면 아래와 같다.

숙종 7년(1102)	태어남
인종 6년(1128)	감문위록사監門衛錄事, 과거 합격
인종 8년(1130)	대학박사大學博士
의종 2년(1148)	중서사인中書舍人
의종 5년(1151)	어사대부御史大夫 · 동지추밀원사同知樞密院事
의종 7년(1153)	예부상서禮部尙書 · 판어사대사겸태자태부判御史臺事兼太子太傅
의종 9년(1155)	중서시랑동중서문하평장사中書侍郎同中書門下平章事 · 판상서이부사겸서경유수사判尙書吏部事兼西京留守使

7) 박용운, 「고려시대의 해주최씨와 파평윤씨 가문 분석」, 『백산학보』 23, 1977; 『고려사회와 문벌귀족가문』, 경인문화사, 2003, 185-188쪽.

의종 10년(1156) 수태위守太尉 · 집현전대학사集賢殿大學士
의종 11년(1157) 문하시랑동중서문하평장사門下侍郎同中書門下平章事
의종 15년(1161) 판상서이부사判尙書吏部事 · 감수국사監修國史
의종 16년(1162) 졸, 향년享年 61세

위의 연보는 주로 그의 묘지명을 참고하여 작성한 것이다.[8] 따라서 그대로 믿어도 좋을 것이다. 위에 따르면, 그는 인종 대에는 중요한 관직을 거의 맡지 못했다. 인종 6년에야 관직에 나아갔음을 고려하면 무리가 아니다. 중요한 관직을 맡기에는 그의 관직생활이 너무 짧았던 것이다. 그는 의종대에 이르러 비로소 고위직에 오를 수 있었다.

앞서 인용한 A와 B의 기록에 의하면, 『상정고금예문』을 편찬할 당시 최윤의의 벼슬은 평장사였다. 그런데, 위의 연보에서 확인할 수 있듯이, 그가 평장사를 역임한 시기는 의종 9년에서 그가 졸한 동왕 16년에 이르는 기간이었다. 그렇다면 최윤의에 의해 『상정고금예문』이 편찬된 시기도 이 때였다고 할 수 있다.

최윤의가 평장사를 역임한 시기가 의종 9년에서 동왕 16년에 이르는 기간이었음에도 불구하고, 『상정고금예문』의 편찬 시기는 이보다 앞설 수 있다고 주장할는지 모른다. 즉 최윤의는 인종대에 『상정고금예문』을 편찬했는데, 그에게 붙은 평장사라는 관직은 이 책의 편찬 당시 최윤의의 관직이 아니라, 이후에 그가 역임한 생애 최고의 관직이었을 것이라는 이해도 전혀 불가능하지만은 않기 때문이다. 그러나 인종 대의 최윤의는 하급관리였다. 하급관리가 17명에 이르는 관리들을 거느리고 예문의 편찬 사업을 주도했을 것 같지는 않다.

8) 김용선 편저, 『고려묘지명집성』, 한림대출판부, 2006, 197-200쪽.

예는 국가의 질서체계에 해당하는 것이므로, 이의 편찬사업 역시 중시되었을 것이기 때문이다. 『상정고금예문』은 최윤의가 평장사였을 당시, 관리들을 지휘해서 편찬했다고 이해할 수밖에 없는 이유가 여기에 있다.

한편, 『고려사』 여복지의 곳곳에는 의종조에 정해졌다는 설명과 함께 여복의 구체적인 내용을 싣고 있다. 예컨대 조회의장朝會儀仗 · 법가위장法駕衛仗 · 연등위장燃燈衛仗 등은 모두 의종조에 정해졌다는 것이다.[9] 이러한 부분들에 대해서는 『고려사』 찬자들이 확신을 가지고 있었음이 분명하다. 분명하지 않은 부분에 대해서는 이를 솔직하게 시인한 『고려사』 찬자의 태도로[10] 미루어 그러하다. 그런데 여복은 크게는 예에 속할 수 있는 것이다. 『상정고금예문』의 편찬 시기가 의종대였다고 한 『고려사』 찬자의 견해는 이러한 점을 감안하더라도 믿을 수 있는 것이 아닌가 한다.

결국 '인종조에 『상정예문』이 편찬되었다'고 한 이규보의 서술은 오해에서 비롯된 것임을 알 수 있게 되었다. 『상정고금예문』은 의종 9년(1155)에서 동왕 16년(1162) 사이에 당시의 평장사 최윤의에 의해서 편찬되었던 것이다.

---

9) 『고려사』 권72, 여복지 의위.

10) 예컨대 고려의 병제兵制를 당唐의 부병제府兵制와 같은 것으로 이해한 고려사 찬자에게 주현군州縣軍의 군액軍額에 관한 자료는 이해되지 않았다. 그러함에도 불구하고 그는 그 자료를 버리지 않았다. 주현군 항목을 설정한 후, 모르겠다는 단서를 붙여, 자료에 나타난 군액을 그대로 실어두었던 것이다(『고려사』 권83, 병지 3 주현군 서). 고려사 편찬자의 이러한 태도에 대해서는 이기백, 「고려사 해제」, 『고려사』, 연세대 동방학연구소, 1972; 『한국사학의 방향』, 일조각, 1995, 61쪽 및 변태섭, 『고려사의 연구』, 삼영사, 1982, 127-130쪽 참고.

3. 『상정고금예문』의 편찬 의도

『상정고금예문』의 편찬은 국왕인 의종의 명에 따라 이루어졌다. 『고려사』 최윤의전에

> 조서詔書를 받들어 『고금상정예』 50권을 찬撰했다(『고려사』 권95, 최충전 부 윤의전).

라고 한 것이 이를 말해준다. 궁금한 것은 의종이 왜 예에 관심을 가지고 『상정고금예문』의 편찬을 지시했는가 하는 점이다.

의종이 최윤의로 하여금 『상정고금예문』을 편찬하도록 한 이유를 알려주는 구체적인 사료는 없다. 그러나 다음의 기록은 참고될 수 있을 것이다.

> (전략) 광종이 처음으로 백관百官의 공복公服을 정하니, 존비尊卑 상하上下의 등급과 (이에 따르는) 위엄이 분명해졌다. 현종이 남행南行함에 미쳐 문적文籍이 산일散逸하여 제도와 시행을 상세히 알 수 없게 되었다. 의종조에 평장사 최윤의가 역대의 헌장憲章을 모으고 당의 제도 가운데 여러 가지를 가려서 고금古今의 예禮를 상정詳定하니, 위로는 왕의 면복冕服 여로輿輅 및 의위儀衛 로부鹵簿와 아래로는 백관의 관복官服까지 싣지 않음이 없으니 한 시대의 제도가 갖추어졌다(『고려사』 권72, 여복지 서문).

현종대에 거란의 침입으로 예에 관한 문적이 산일되었기에 『상정고금예문』을 편찬했다는 위의 설명은, 사실은 아무것도 설명해주지 못하고 있다. 예에 관한 문적이 산일되었다면, 왜 곧 바로 현종대에 이의 복원 작업을 시도하지 않았을까 하는 의문을 해결해 줄 수 없기 때문이다. 굳이 의종대에 고금의 예를 상정한 데에는 또 다른 이유가

있었음이 분명하다.

위의 사료에 따르면, 일찍이 광종대에 백관의 공복을 정했는데, 이로 인해 존비 상하의 등급과 이에 따르는 위엄이 분명해졌다 한다. 아울러 최윤의가 상정한 고금의 예에도 백관의 관복에 관한 규정이 수록되어 있었음을 위의 기록은 알려준다. 백관의 관복뿐만 아니라 국왕의 면복冕服·의위儀衛 등에 관해서도 구체적으로 기술되어 있었다는 것이다. 백관의 공복을 정한 광종의 의도가 왕권강화에 있었음을 감안하면,[11) 『상정고금예문』의 편찬을 지시한 의종의 의도도 여기에서 크게 벗어나지 않았을 것이다. 이의 편찬을 통해 의종은 백관과는 구분되는 국왕의 위엄을 분명하게 드러내려 했다고 생각된다. 결국 『상정고금예문』의 편찬 의도는 국왕의 권위를 높이는데 있었다고 할 수 있다.

인종의 뒤를 이어 즉위한 의종은 인주이씨의 득세 이후 실추된 국왕의 권위를 회복하는 데 강한 집념을 가지고 있었다. 그는 외척세력의 대두를 방지하기 위해 노력했는가 하면, 그와 밀착된 환관 정함鄭諴을 참직參職인 권지각문지후權知閣門祗侯에 임명함으로써 자신의 권위를 내세우려고도 했다. 또한 시위부대의 증강을 기도했는데, 그가 격구擊毬나 수박手搏을 즐겨했던 것은 그러한 노력의 일부였다. 이러한 그의 조치는 이제까지 정치를 주도해 왔던 당시의 문신들을 자극하기에 충분한 것이었다. 따라서 문신들은 격구의 금지와 정함의 삭직을 끊임없이 요구했다. 특히 정함의 권지각문지후 임명은 대간의 강렬한 반대에 부딪쳐, 두 번이나 취소되고 세 번째에 겨우 임명되었을 정도였다.[12)]

11) 신호철, 「고려 광종대의 공복제정」, 『고려광종연구』, 일조각, 1981, 82-87쪽.
12) 이 책 제10장 의종대의 정치적 상황과 무신란 참고.

의종으로서는 문신들을 자극하지 않으면서 국왕의 권위를 높이는 방법을 강구했을 것이다. 『상정고금예문』의 편찬은 그러한 방법의 하나였다고 생각한다.

『상정고금예문』의 편찬이 의종의 정치적 의도에서 비롯된 것이었음은 이의 편찬을 주도한 최윤의가 의종과 정치적으로 밀착된 인물이었다는[13] 사실을 통해서도 짐작되는 일이다. 그는 일찍이 지어사대사로서 대령후大寧侯 경暻과 가까웠던 정서鄭敍와 평장사 최유청崔惟淸을 탄핵하였다.[14] 정서 등이 의종의 동모제同母弟인 대령후 경을 왕으로 추대하려 한다는 정함의 무고가 있은 직후의 일이었다. 당시 대부분의 대간은 정함의 권지각문지후 임명을 반대하고 아울러 그가 정서 등 대간을 모함했다는 이유로 그를 탄핵했는데, 최윤의는 도리어 정서 등을 공격함으로써 의종을 정치적으로 비호하는 입장을 취했던 것이다. 이와 아울러 그가 의종을 위해 백주白州에 별궁別宮을 지은 사실도,[15] 의종과 정치적으로 밀착된 인물이었음을 알려준다.

의종은 후대의 역사가들로부터 반유교적反儒敎的이었다는 평가를 받기도 한다. 유교보다는 불교나 음양설 등을 중시했다는 것이 그 근거로 제시되었다. 문신들을 못마땅하게 여겼던 의종은 그들의 정치활동의 기반이 되었던 유교에 대해서 호감을 가지지 않았다는 것이다.[16] 그러나 그가 불교나 음양설 등에 관심을 가지고 있었다고 해서 유교

13) E. J. Shultz, 「Military Revolt in Koryo: The 1170 Coup d'Etat」, 『Korean Studies』 vol 3, 1979, 34쪽.

14) 『고려사절요』 권11, 의종 5년 5월.

15) 『고려사절요』 권11, 의종 12년 9월.

16) 하현강, 「고려 의종대의 성격」, 『동방학지』 26, 1981; 『한국중세사연구』, 일조각, 1988, 412쪽 및 이기동, 「김관의」, 130쪽.

에 반감을 가지고 있었다고 하는 것은 성급한 판단이다. 『상정고금예문』의 편찬을 지시한 것으로 알 수 있듯이, 그가 국왕을 중심으로 한 유교적 질서체계를 확립하려고 했던 점은 의심의 여지가 없기 때문이다. 왕권강화에 대해 강한 집념을 가진 그로서는 유교뿐만이 아니라 불교나 음양설 등 반유교적인 것에도 관심을 표시할 수밖에 없었다고 이해하는 것이 옳아 보인다. 그로서는 모든 수단을 동원해서 국왕의 권위를 높일 필요가 있었던 것이다. 『상정고금예문』의 편찬도 이러한 수단의 하나였다고 생각된다.

4. 맺는말

『상정고금예문』은 고려 의종 9년(1155)에서 16년(1162) 사이에 의종의 명을 받은 평장사 최윤의 등에 의해 편찬되었다. 이 책의 편찬을 인종대로 이해한 것은, 『상정고금예문』을 주자鑄字로 인쇄하면서 이규보가 쓴 발문을 맹신한 데서 비롯된 것이었다. 그런데 이규보의 서술 자체가 잘못되었던 것이다.

의종이 그와 정치적으로 밀착되었던 최윤의 등으로 하여금 『상정고금예문』을 편찬토록 한 것은, 백관과는 구분되는 국왕의 권위를 분명히 드러내고자 함이었다. 인주이씨의 득세 이후 실추된 왕권을 회복하려 한 의종의 노력은 문신들의 강한 반발에 부딪쳤다. 이에 그는 문신들을 자극하지 않으면서 국왕의 권위를 높이는 방법을 강구했는데, 그 가운데 하나가 『상정고금예문』의 편찬이었던 것이다.

제10장 의종대의 정치적 상황과 무신란

1. 머리말

의종 24년(1170) 무신란이 일어났다. 무신란의 원인으로는, 문반文班에 비해 무반武班이 매우 낮은 대우를 받았다거나,[1] 국왕인 의종의 실정失政,[2] 군인들의 불만,[3] 그리고 무신들의 지위 향상[4] 등이 단편적으로 지적되어 왔다. 이러한 지적들은 그 나름대로 일정한 사실을 반영하고 있다. 그러함에도 불구하고 이러한 설명만으로는 무신란이 왜 하필 의종대에 일어났는가 하는 의문을 해결하기는 어렵다.[5] 무반에 대한 차별 대우나 군인의 불만 등은 정도의 차이는 있었을지라도 그 이전부터 드러난 현상이었으므로, 특히 의종대 무신란이 폭발한 이유를 설명해주지 못하고 있는 것이다. 그리고 국왕과 문신들의 무능과 실정을 탓하는 것은 역사해석을 개인적이고 도덕적인 차원으로 환원시키는 것이므로 적절하지 않다.[6]

---

1) 김상기, 『고려시대사』, 동국문화사, 1961, 413-417쪽.
2) 이병도, 『고려시대의 연구』, 아세아문화사, 1980, 245-252쪽.
3) 이기백, 「고려 군역고」, 『고려병제사연구』, 일조각, 1968, 141쪽.
4) 변태섭, 「고려무반연구 -무신란전의 무반을 중심으로-」, 『아세아연구』 8의 1, 1965; 『고려정치제도사연구』, 일조각, 1971, 342-398쪽.
5) 하현강, 「무신정변은 왜 일어났는가」, 『한국사시민강좌』 8, 1991, 2쪽.

무신란의 원인을 본격적으로 다룬 연구들 대부분은 의종대의 정치적 상황과 관련하여 무신란이 일어났던 배경을 이해하려고 하였다.[7] 그 결과 의종대는 왕권을 강화하려는 의종과 이를 견제하려는 문신 관리들과의 갈등이 두드러진 시기였는데,[8] 무신란은 이러한 갈등이 빚어낸 결과였다는 것이다.[9] 따라서 무신란의 성공도 의종과 정치적 견해를 달리한 문신들의 협력이 있었기에 가능했다는 견해도 있다.[10] 이러한 연구들은 무신란의 발발을 당시의 시대적인 상황과 관련해서 이해하려 한 점에서 긍정적으로 평가된다. 그러나 의종과 문신 관리들 간의 갈등이 무신란과 구체적으로 어떻게 연결되는가에 대한 언급이 없는 점은 아쉬움으로 남는다. 정작 우리가 궁금해 하는 부분에 대한 설명이 없는 셈이다. 국왕과 문신 관리들 간의 갈등만을 다루었을 뿐, 무신란을 일으킨 장본인인 무신들에 대한 검토를 소홀히 한 결과가 아닌가 생각된다.

의종대의 정치적 상황을 통해 무신란의 원인을 이해해 보려고 할

---

6) 채웅석,「의종대 정국의 추이와 정치운영」,『역사와 현실』 9, 1993, 100쪽.

7) E. J. Shultz,「Military Revolt in Koryo:The 1170 Coup d'Etat」,『Korean studies』 vol 3, 1979. 이 논문은 그의 저서인『Generals and Scholars-Military Rule in Medieval Korea』, University of Hawa'i Press, 2000에 요약 정리되어 있다.
하현강,「고려 의종대의 성격」,『동방학지』 26, 1981:『한국중세사연구』, 일조각, 1988.
황병성,「고려 의종대의 정치실태와 무인란」,『박성봉기념논총』, 1987.
채웅석, 위의 논문.

8) E. J. Shultz,「Military Revolt in Koryo」, 25-31쪽. 하현강,「고려 의종대의 성격」, 422쪽.

9) E. J. Shultz,「Military Revolt in Koryo」, 47쪽.

10) 위와 같음.

때,[11] 마땅히 먼저 주목되어야 할 대상은 국왕과 문신, 그리고 무신이다. 이들이야말로 당시의 정치상황을 창출한 주역이기 때문이다. 이에 저자는 국왕인 의종과 문신, 의종과 무신, 그리고 문신과 무신·군인의 관계를 통해 무신란 발발의 시대적인 배경을 알아보려고 한다.[12] 여기에서 문·무신과 군인에 검토를 포함시킨 것은, 무신란이 군인들의 광범위한 참여에 의해 성공했기 때문이다.[13]

2. 의종과 문신

인종의 뒤를 이어 즉위한 의종은 인종의 장남으로서, 인종 21년(1143)에 태자에 책봉되었다. 그의 모는 공예태후恭睿太后 임씨任氏였는데,[14] 그녀에게는 의종 외에도 네 명의 아들이 있었다. 대령후大寧侯

---

11) 의종대의 정치상황을 이해하는 데는 앞에서 인용한 논문들 외에도 다음이 참고된다.
   Michael C. Rogers, 「P'yonnyon Tongnok: The Foundation Legend of the Koryo State」, 『The Journal of Korean Studies』, vol. 4, 1982·1983.
   박한남, 「최유청의 생애와 시문분석」, 『국사관논총』 24, 1991.
   이기동, 「김관의」, 『한국사시민강좌』 10, 1992.

12) 본고의 제목인 「고려 의종대의 정치상황과 무신란」과 매우 흡사한 제목의 논고가 이미 발표된 바 있다. 앞서 소개한 황병성씨의 「고려 의종대의 정치실태와 무인난」이 그것이다. 이처럼 유사한 제목이 이미 사용되었음에도 불구하고 저자가 이를 택한 것은, 본고의 내용을 이보다 더 적절하게 함축해서 표현할 수 있는 제목을 생각해낼 수 없기 때문이다.

13) 이기백, 「고려 군역고」, 141쪽.
   旗田巍, 「高麗武人の政權爭奪の形態と私兵の形成」, 『古代東アジア史論文集アジ』 上(1978), 374쪽.
   김당택, 「이의민정권의 성격」, 『역사학보』 83(1979); 『고려무인정권연구』(국학자료원, 1998), 26-27쪽.

경暻과 후일 명종이 된 익양후翼陽侯 흔昕, 원경국사元敬國師 충희冲曦, 그리고 후일 신종이 된 평량후平凉侯 민旼이 그들이다.[15] 공예태후 임씨는 의종보다 둘째 아들 대령후 경을 사랑하여 그를 태자로 세우려 했다 한다.[16] 인종도 의종이 태자로서의 책임을 능히 감당하지 못할까 염려했다는 기록이 있다.[17] 그런데 의종은 무능했다고는 생각되지 않는 인물이다. 그는 『상정고금예문詳定古今禮文』을 편찬토록 했는가 하면,[18] 당대의 문신들과 시로써 겨룰 정도로 학문에 밝았던 것이다.[19] 의종에 대한 인종의 우려는 어디에서 비롯된 것이었을까.

공예태후 임씨는 임원후任元厚의 딸이었다. 임원후는 예종조에 수상을 지낸 임의任懿의 아들이었다. 그는 인종 6년에 참지정사에 올랐는데, 그의 형 임원숙任元淑, 동생 임원준任元濬도 재상을 역임하였다.[20] 그들 집안의 이러한 번성은 임원후의 딸이 인종의 비妃가 되었던 것과 무관하지 않았다.[21] 정안임씨는 인주이씨의 몰락 이후 유일한 외척세력이었던 것이다.[22] 그런데 주지하듯이, 인주이씨의 득세 이후 왕권은 외척세력에 의해 크게 위축되었다. 그러한 사정은 국왕인 인종이나 태

---

14) 『고려사』 권17, 의종세가.

15) 『고려사』 권90, 종실전 1 인종 자.

16) 『고려사』 권90, 종실전 1 인종 자 대령후 경전.

17) 『고려사』 권98, 정습명전.

18) 이 책 제9장 『상정고금예문』의 편찬시기와 그 의도 참고.

19) E.J.Shultz, 「Military Revolt in Koryo」, 25쪽.

20) 박용운, 「고려시대 정안임씨 · 철원최씨 · 공암허씨 가문 분석」, 『한국사논총』 3, 성신여대, 1978; 『고려사회와 문벌귀족가문』, 경인문화사, 2003, 227쪽.

21) 위의 논문, 52쪽.

22) 남인국, 「고려 인종대 정치지배세력의 성분과 동향」, 『역사교육논집』 15, 경북대, 1990, 74쪽.

자였던 의종이 누구보다 잘 알고 있었을 것이다. 그들이 외척을 견제하려 했을 것임은 쉽게 짐작되는데, 의종의 혼인은 이와 관련이 있어 보인다.

의종은 인종 21년에 종실인 강릉공江陵公 온溫의 딸을 태자비로 맞이하였으며,[23] 자신이 즉위한 2년(1148)에는 고故 봉어奉御 최단崔端의[24] 딸을 비로 맞았다.[25] 최단은 인종조에 재상을 지낸 최홍재崔弘宰의 아들이었다.[26] 최홍재는 이자겸의 미움을 받아 유배되었다가 소환되는 등, 정치적인 활약은 크지 못했다. 한편 최단은 봉어였다는 사실로 알 수 있듯이, 당시 이미 사망하였으며 생전의 벼슬도 낮았다.[27] 따라서 최단의 가문은 외척으로서 권력을 행사하기 어려웠다고 생각된다.[28] 외척의 발호를 견제하려는 의종의 의도가 최단 딸과의 혼인으로 나타난 것이 아닌가 한다.

의종이 외척세력을 견제하려는 의도를 가지고 있었다면, 의종과 정안임씨의 관계는 원만하지 못했을 것이다. 의종에게 정안임씨는 경계의 대상이었을 것이며, 정안임씨 역시 그러한 의종을 달가워했을 까닭

---

23) 『고려사절요』 10 인종 21년 윤 4월.

24) 『고려사』 88 후비전 1 의종비 장선왕후 최씨전에는 최단이 평장사였다고 되어 있다. 이는 그의 딸이 왕비가 된 이후 추증된 관직일 것이다.

25) 『고려사절요』 11 의종 2년 8월.

26) 『고려사』 권125, 최홍재전.

27) 그런데 『장흥임씨세보』에 따르면, 최단은 임원후의 사위였다 한다(박용운, 「고려시대 정안임씨 · 철원최씨 · 공암허씨 가문 분석」, 52쪽). 이를 그대로 믿는다면, 최단은 공예태후 임씨의 형제와 혼인한 셈이다. 그렇다고 하더라도, 정안임씨가 최단의 딸을 통해 왕권을 제약하기는 어려웠을 것이다.

28) E. J. Shultz, 「한안인파의 등장과 그 역할」, 『역사학보』 99 · 100 합집, 1983, 178쪽. Shultz는 의종이 이러한 혼인을 통해 구 귀족들의 간섭을 배제했다고 지적하였다.

이 없다. 정안임씨인 공예태후가 대령후 경을 사랑해서 그를 태자로 세우려 했던 이유가 여기에 있었던 것이 아닌가 한다. 아울러 의종이 태자로서의 책임을 능히 감당하지 못할 것을 걱정했다는 인종의 우려도 결국은 의종의 개인적인 능력 부족 때문이 아닌, 당시의 외척세력인 정안임씨와 의종의 불편한 관계를 의식한 데서 비롯된 것이었다고 이해된다.

의종이 태자의 지위를 유지할 수 있었던 데에는 정습명鄭襲明에 크게 힘입었다. 정습명은 향공鄕貢 출신으로서 당시의 직위는 동궁시독東宮侍讀이었다.[29] 이러한 사실만으로 미루어 보면, 인종이 그에게 의종에 대한 보좌를 부탁했다거나 그의 노력에 힘입어 의종이 태자의 자리를 고수할 수 있었다는 것은 쉽게 이해되지 않는다. 그의 직위는 높지 않았으며 가문의 배경을 정치적으로 이용할 만한 처지도 아니었기 때문이다. 그런데

> (정)습명이 김부식金富軾의 별제別第에 우거寓居하자, 간관諫官들은 그가 간신諫臣의 체면을 잃었다고 하여 벌할 것을 청하였다(『고려사』 권98, 정습명전).

라는 기록을 대하면, 그의 배후에 김부식이 있었음을 직감할 수 있다.[30] 인종이 정습명에게 의종의 보좌를 부탁했던 것은 김부식 세력을 겨냥한 것이었고, 그의 힘에 의지하여 의종이 태자의 지위를 유지할 수 있었다는 것은 곧 김부식 세력이 의종을 지지했음을 말해주는 것으로 이해된다. 김부식은 임원후와 함께 당시의 정계를 주도한 인물

---

29)『고려사』 권98, 정습명전.

30) 황병성, 「고려 의종대의 정치실태와 무인란」, 234쪽.
정구복, 「김부식」, 『한국사시민강좌』 9(1991), 126쪽.

이었던 것이다.[31]

즉위 이후 의종은 문신들과 적지 않은 갈등을 빚었다. 의종대 대간臺諫의 간쟁諫諍이 두드러졌음을 통해서 알 수 있는 일이다.[32] 의종대 대간의 활동상황을 연대별로 정리한 다음의 표를 참고해 가면서, 의종과 문신과의 관계를 알아보기로 하자.

의종대 대간의 활동상황

순서 / 시기	활동주체	내용	국왕의 태도
(1) 원년 5월 甲申	대간	격구의 금지를 요구	처음에는 대답하지 않았으나 대간이 집에 돌아가지 않자 이에 따름
(2) 원년 12월 甲辰	어사대	산원 史直哉·교위 鄭仲夫를 죄줄 것을 청함	허락하지 않음
(3) 2년 3월 辛酉	우상시 崔諴·중서사인 崔允儀	내시 金巨公·환관 之淑 등 7인을 쫓아낼 것을 청함	허락하지 않다가 대간이 3일 동안 힘써 간쟁하자 따름
(4) 2년 윤8월	어사대		
(5) 3년 3월	어사잡단 申淑·시어사 宋淸		대답하지 않음
(6) 3년 7월	간관		
(7) 4년 10월	간관	평장사 高兆基를 탄핵함	고조기를 상서좌복야로 좌천시킴
(8) 5년 윤4월	대간	내시 李成允·내시집사 韓儒功 등을 논함	허락하지 않다가 대간이 두문불출하자 이성윤 등 5인을 내쫓음
(9) 5년 윤4월	어사대	鄭諴의 권지각문지후 임명에 반대	허락하지 않음

31) E. J. Shultz, 「Military Revolt in Koryo」, 24-25쪽.

32) 박용운, 『고려대간제도연구』, 일지사, 1980, 183쪽.

시기 \ 순서	활동주체	내용	국왕의 태도
(10) 5년 5월 정미	간의 王軾·기거주 李元膺	鄭敍 등의 죄를 논함	
(11) 5년 5월	재상 崔惟淸·文公元·庾弼 간관 崔子英	정서와 정함을 논함	
(12) 5년 5월	지어사대사 최윤의	정서·최유청·李綽升을 논함	정서는 유배, 최유청은 남경유수, 이작승은 남해 현령으로 폄함
(13) 5년 8월 병자	시어사 金양	(정함을 쫓아낼 것을 청함)	대답하지 않음
(14) 5년 8월 계미	省宰	(〃)	〃
(15) 5년 8월 병술	정언 李知深	(〃)	〃
(16) 5년 8월 경인			정함을 쫓아냄
(17) 6년 3월 경자	간관		대답하지 않음
(18) 6년 3월	우간의 申淑		
(19) 6년 3월	대간	시정득실을 논함	
(20) 6년 4월	어사중승 高瑩夫 등	尹彦文 등을 쫓아낼 것을 청함	허락하지 않음
(21) 6년 4월	우간의 신숙·급사중 林儆 등		윤언문 등 4인을 내쫓음
(22) 6년 4월 辛巳	간관	격구의 금지를 요구	허락하지 않다가 따름
(23) 6년 7월	우간의 신숙		
(24) 6년 7월 乙卯	대간	내시 14인·茶房 5인을 쫓아낼 것을 청함	내시 14인·다방 5인을 내쫓음
(25) 7년 10월 辛酉	어사대		

시기 ＼ 순서	활동주체	내용	국왕의 태도
(26) 9년 2월 丁亥	급사중 閔懿・좌사간 朴得齡		대답하지 않음
(27) 11년 11월	급사중 李知深・사간 崔祐甫・裵景宜	정함의 告身에 署經하지 않음	이지심을 國子司業으로, 최우보를 尙舍奉御로, 배경의를 殿中內給事로 좌천시킴
(28) 12년 6월	지문하성사 신숙등	정함을 論함	疏를 돌려보냄
(29) 12년 6월	김양 등		대답하지 않음
(30) 12년 7월	신숙	정함의 削職을 청함	정함을 삭직하고 신숙을 수사공좌복야에 좌천시킴
(31) 16년 3월	어사대	내시 金獻璜을 탄핵함	김헌황을 내시에서 削籍함
(32) 16년 3월 丙寅	간관	別宮의 貢獻을 파할 것	허락하지 않음
(33) 17년 8월	좌정언 文克謙	白善淵・榮儀 左常侍 崔유稱을 논함	문극겸을 황주판관에 폄함
(34) 19년 정월 丙子	우정언 趙文貴	사원에 행차하는 것을 자제해 줄 것을 요청	허락하지 않음
(35) 21년 정월 丙辰	간관		
(36) 23년 7월	어사대	離宮에의 행차 자제를 요청	허락하지 않음

* (1) 이 표는 『고려사』 의종세가와 『고려사절요』 권11을 참고하여 작성한 것임.
(2) 이 표에서의 순서는 연대순에 따른 것임.
(3) ( )는 분명하지 않은 경우를 나타냄.

위 표에 의하면, 대간에 의해 탄핵을 당한 인물들은 주로 의종의 측근이었다. 환관과 내시는 대간의 주된 공격 대상이었던 것이다.[33)]

특히 환관 정함鄭諴의 고신告身에 대한 서경署經을 둘러싸고 의종과 대간은 첨예하게 대립하였다. 의종 5년(1151)에서 동왕 12년(1158)에 이르는 기간 동안 정함은 세 번에 걸쳐 권지각문지후權知閣門祗侯에 임명되었는데, 대간의 반대에 부딪쳐 두 번씩이나 그 직에서 쫓겨났던 것이다. 이처럼 국왕의 주변에 있던 인물들을 대간이 주된 공격의 대상으로 삼았던 이유는 어디에 있었을까. 정함과 문신들과의 관계에 대한 검토는 이에 대한 의문을 해결하는 데 도움이 될 것이다.

정함은 의종을 키운 유모의 남편이었는데, 그는 의종이 어렸을 때부터 돌보아 온 인물이었다. 의종은 즉위와 더불어 그에게 내전숭반內殿崇班을 제수함으로써 그에 대한 관심을 표시하였다. 의종은 여기에 만족하지 않고, 왕 5년 그를 권지각문지후에 임명하여 내시에 소속시켰다.[34] 그런데 권지각문지후는 참직參職이었다. 즉 관품은 내전숭반과 같은 7품이지만, 인물의 천거나 시정時政의 득실得失에 관해 상서上書할 수 있는 등, 국정에 참여할 수 있는 권한을 보유한 관직이었던 것이다.[35] 따라서 이 직에는 환관과 같은 인물들이 임명된 전례가 없었다.[36] 대간이 정함의 권지각문지후 임명에 반대했음은 물론이다.

대간이 자신의 고신에 서경을 거부하자, 정함은 문신들이 의종의 동모제인 대령후 경을 국왕으로 추대하려 한다고 무고하였다.[37] 이로 인해 공예태후의 여동생 남편인 내시낭중 정서鄭敍가 동래에 유배되었으며, 평장사 최유청崔惟淸이 남경유수로, 그리고 어사잡단 이작승李綽升

33) E. J. Shultz, 「Military Revolt in Koryo」, 31쪽.

34) 『고려사절요』 권11, 의종 5년 윤 4월.

35) 이 책 제11장 고려시대의 참직 참고.

36) 『고려사』 권122, 환자전 서.

37) 『고려사절요』 권11, 의종 5년 윤 4월.

은 남해현령으로 폄출되었다.[38] 그런데 최유청과 이작승은 모두 정서의 매서妹壻였다.[39] 따라서 이 사건은 정안임씨 세력을 약화시키기 위해 정함 등 의종의 측근들이 의도적으로 조작한 사건이 아니었나 의심된다. 이 사건으로 피해를 당한 인물들이 모두 정안임씨와 밀접한 관계를 맺고 있던 인물들이었음을 감안할 때 그러하다.[40] 그런데 이 사건으로 의종도 적지 않은 타격을 입었다. 우선 정함이 대간을 모함했다는 죄명으로 관직에서 물러나지 않으면 안되었다.[41] 그 뿐만 아니라 의종의 측근이었던 윤언문尹彦文·한취韓就·이대유李大有·영의榮儀를 비롯하여 내시 14인, 다방茶房 5인이 대간의 끈질긴 탄핵에 의해 폄출되었다.[42]

의종 5년, 의종이 태자였을 당시 그의 후견인 역할을 수행했던 정습명이 약을 먹고 자살한 사건이 발생하였다. 다음의 기록이 이를 알려준다.

> (정)습명은 선조先朝(인종)의 간절한 부탁을 받았으므로 알면 말하지 않은 것이 없었다. 이에 의종이 그를 꺼리었고 김존중金存中과 정함도 밤낮으로 그를 비방하였다. 마침 습명이 병이 나자 존중으로서 그 직을 대신하게 하니 습명이 임금의 뜻을 알고 약을 먹고 자살하였다(『고려사』 권98,

---

38) 위의 책 의종 5년 5월.

39) 위와 같음.

40) 정안임씨 세력은 의종 11년에 또 한 차례 타격을 받았다. 의종은 동왕 11년 2월에 대령후 경의 사건을 다시 거론하여, 그를 천안부에 유배시키고 정서 최유청 이작승을 양이시킨 한편, 임극정과 김이영을 추가로 폄출시켰다(『고려사절요』 권11, 의종 11년 2월). 대령후 경까지 유배시킨 것은 이 사건이 처음 발생했을 때보다 훨씬 확대되었음을 의미한다.

41) 『고려사절요』 권11, 의종 5년 5월.

42) 『고려사』 권17, 의종 6년 7월 乙卯.

정습명전).

정습명의 자살 동기는 의종이 자신을 꺼려하고 김존중과 정함을 가까이 한 데 있었다. 태자의 지위를 유지하는데 있어서 적지 않은 기여를 했던 정습명을 의종이 꺼려한 이유는 어디에 있었을까. 이에 대한 해답은 의종과 김존중·정함의 관계에서 구할 수 있을 것이다.

김존중은 의종이 동궁東宮이었을 당시 그의 시학侍學이었다.[43] 의종의 오랜 친구였던 셈이다. 실제로 김존중은 즉위와 더불어 내시원에 소속되었다.[44] 이들과는 달리 정습명은 김부식과 연결된 존재였다. 더구나 정습명은 '알면 말하지 않은 것이 없었다'한다.[45] 이는 정습명이 의종의 정치적 행위에 사사건건 관여했음을 알려주는 것으로 해석된다. 따라서 의종이 김존중을 정습명의 자리에 앉게 함으로써 정습명을 자살로 이끌었다는 것은, 김부식세력을 약화시키는 대신 자신의 세력 확대를 기도한 것과 다를 바 없다고 하겠다. 정습명의 자살이 김부식의 사망 직후였다는 사실은[46] 이러한 추측을 한층 설득력 있는 것으로 만들어 준다. 김부식세력은 이미 와해될 조짐을 안고 있었던 것이다.

결국 의종은 정안임씨와 같은, 자신을 지지하지 않은 세력을 물론이거니와 한 때 자신을 후원했던 세력에 대해서도 제재를 가했음을

43) 『고려사』 권123, 김존중전.

44) 김존중묘지명(김용선 편저, 『고려묘지명집성』, 한림대학교출판부, 2006, 150쪽).

45) 『고려사』 권98, 정습명전.

46) 김부식이 사망한 것은 의종 5년 2월이었는데, 그 해 3월에 정습명이 자살했던 것이다(『고려사절요』 권11, 의종 5년 2월 및 3월).

알 수 있다. 그런데 이들 세력에 대한 견제에 김존중을 비롯한 내시들이 관여했다는 사실은 주목된다.[47] 이는 의종이 자신의 측근세력을 내세워 문신세력을 견제한 것과 다를 바 없다. 의종이 대간의 반대에도 불구하고 정함의 권지각문지후 제수를 고집한 이유도 이와 관련이 있었을 것이다. 의종은 왕권강화에 남다른 의지를 가지고 있었던 것이다. 그가 왕 9년(1155)에서 16년(1162) 사이에 평장사 최윤의崔允儀로 하여금 『상정고금예문』을 편찬토록 한 것도 이러한 의지의 표현이었다. 『상정고금예문』은 국가의 질서체계인 禮를 집대성한 것으로, 이의 편찬을 통해 의종은 백관과는 구분되는 국왕의 권위를 분명히 하고자 했던 것이다.[48] 따라서 의종대 대간의 탄핵이 내시에 집중된 것은, 내시를 중용하여 왕권을 강화하려는 의종의 노력이 대간으로 대표되는 문신들의 반발에 부딪쳤음을 알려주는 것으로 이해된다.

대간 가운데는 물론 의종과 정치적으로 밀착된 인물들도 적지 않았다. 왕 5년, 정서·최유청·이작승 등을 탄핵한 지어사대사 최윤의나 간의 왕식王軾·기거주 이원응李元膺 등은 그 대표적인 인물들일 것이다. 당시 대부분의 대간이 정함을 탄핵했던 것과는 달리, 이들은 정서 등을 공격함으로써 의종을 정치적으로 비호하는 입장을 취했던 것이다.[49] 그러나 이들을 제외한 대부분의 대간들은 의종의 왕권강화에 공동으로 대처하였다. 당시 간관으로 활동한 이공승李公升에 관한 기록은 이러한 사정을 이해하는데 도움이 된다.

---

47) 의종대의 내시에 대해서는 최진식, 「고려전기 내시와 왕권과의 관계-인종·의종조를 중심으로-」, 『동의사학』 4(1988)이 참고 된다.

48) 이 책 제9장 『상정고금예문』의 편찬시기와 그 의도 참고.

49) 『고려사절요』 권11, 의종 5년 5월 참고.

이공승은 일찍이 우승선·좌간의대부로서 환관 정함의 고신에 서경하였다. 그런데 이공승이 지어사대사에 옮겼을 때 정함의 고신에 대한 서경이 다시 문제가 되었다. 이공승은 이때 누구보다 강하게 서경을 거부하였다. 의종이 '너는 일찍이 간관으로서 정함의 고신에 서경했는데, 이제 도리어 이를 반대함은 무슨 까닭인가'라고 꾸짖자, 이공승은 '신은 과거의 잘못을 깨달았기에 조서를 받들지 않는 것입니다'라고 대답했다 한다.[50] 이공승으로 하여금 '과거의 잘못은 깨닫게 한' 인물들은 당시의 문신들이었다고 생각된다. 즉 문신들의 이공승에 대한 격렬한 비난이 그로 하여금 후일 정함의 고신에 서경하지 못하도록 만들었다고 이해되는 것이다.

의종이 마지막으로 정함을 권지각문지후에 복직시킨 것은 왕 12년이었다.[51] 이 때 의종은 정함의 고신에 서경하기를 거부한 김돈중金敦仲을 좌천시켰다.[52] 그리고 우정언 허세수許勢脩와[53] 지문하성사 신숙은 스스로 벼슬을 버리고 시골로 돌아갔다.[54] 이러한 사실을 참고하면, 당시는 의종이 문신들을 정치적으로 압도한 시기가 아니었나 생각되기도 한다. 그러나 좌천되었던 김돈중은 곧 이어 승진했으며,[55] 벼슬을 버리고 시골로 갔던 신숙 역시 다시 불러들였고,[56] 대령후 경

---

50) 『고려사』 권99, 이공승전.

51) 『고려사절요』 권11, 의종 12년 9월.

52) 위와 같음.

53) 『고려사절요』 권11, 의종 12년 6월.

54) 『고려사절요』 권11, 의종 13년 2월.

55) 호부원외랑戶部員外郎에서 전중시어사殿中侍御史로 좌천되었던 김돈중은 곧 이어 시랑侍郎이 되고, 의종 21년에는 좌승선左承宣에 올랐다(『고려사』 권98, 김부식전 부 돈중전).

56) 『고려사절요』 권11, 의종 13년 5월.

사건에 연루되어 폄출되었던 최유청을 광주목사로, 임극정任克正을 충주목사로로, 그리고 김이영金貽永을 남경유수로 삼아 가까운 곳으로 옮긴 점[57] 등을 고려하면, 그러한 주장이 설득력을 지닐 수 없는 것임을 직감할 수 있다.

위의 일람표를 통해서 알 수 있듯이, 의종은 대간의 요구를 거의 대부분 수용했었다. (1)·(3)·(7)·(8)·(12)·(16)·(21)·(22)·(24)·(30)·(31) 등의 사례를 통해서 확인할 수 있는 바와 같이, 처음에는 대간의 주장을 묵살하려 했지만, 결국에는 그들의 주장에 따랐던 것이다. 대간의 반발이 그만큼 집요했음을 말해준다. 이러한 사실은 의종이 문신세력을 극복하지 못했음을 알려주는 것이 아닌가 한다.

의종은 그의 재위기간 동안 그의 형제들과 정치적으로 불편한 관계를 유지하였다. 대령후 경과의 관계는 이미 언급한 바 있는데, 익양후 흔이나 평량후 민과도 마찬가지였다. 다음을 참고해 보자.

> (왕이) 서경에 행차하였다. 이 때 왕의 아우 익양후와 평량후가 자못 인심을 얻었으므로, 왕이 변란이 있을까 의심하여 (서경에) 이어移御함으로써 이를 피한 것이다(『고려사절요』 권11, 의종 22년 3월).

의종이 익양후와 평량후를 꺼려한 것은 그들이 인심을 얻고 있었기 때문이다. 궁금한 것은 그들이 누구로부터 인심을 얻었는가 하는 점인데, 문신들이었다고 해서 큰 잘못은 없을 것이다.

의종대 이전 문신들은 그들과 정치적 견해를 같이 한 인물을 국왕에 옹립하여 정치권력을 장악하려 했었다. 예종의 사후, 한안인韓安仁

57) 『고려사절요』 권11, 의종 12년 3월.

등이 인종에 대신하여 예종의 아우인 대방공帶方公 보俌를 옹립하려했던 사실을[58] 통해서 알 수 있는 일이다. 이자겸이 태자인 인종을 받들어 즉위케 함으로써[59] 한안인 등의 계획은 수포로 돌아가고 말았지만, 정치세력들 간의 갈등은 왕제를 국왕에 옹립하려는 움직임으로까지 발전하기도 했던 것이다. 이러한 상황이었던 만큼, 문신들의 강력한 반발은 의종으로 하여금 위기의식을 느끼게 만들었을 것이다.[60] 의종은 문신들이 익양후나 평량후를 옹립할 것을 두려워했던 것이다. 문신들과의 타협 없이는 정권의 유지 자체가 어렵다고 판단했을 가능성도 배제하기 어렵다. 결국 의종은 왕권강화에 대한 강한 의지를 가지고 김부식이나 정안임씨 세력의 견제에는 성공했지만, 문신 모두를 장악할 수는 없었다. 문신들의 정치적 지위는 국왕의 왕권강화를 용납하지 않을 정도였다.

의종은 문신들로부터 '대평호문지주大平好文之主'라는 칭송을 들었다.

> 화평재和平齋에서 문신들에게 연회를 베풀었는데, 창화唱和가 밤까지 이어지자 내시 황문장黃文莊에게 명하여 붓을 잡고 쓰게 하였다. 군신群臣들은 성덕聖德을 칭하하며, 대평호문지주大平好文之主라고 하였다(『고려사절요』 권11, 의종 24년 5월).

의종이 문신들의 환심을 사기 위해 얼마나 많은 노력을 기울였는가를 알 수 있게 해주는 기록이다. 이로 미루어 보면, 의종의 빈번한 유행遊幸은 문신을 회유하기 위한 방법의 하나였음을 알 수 있다.[61] 국

58) 남인국, 「고려 인종대 정치지배세력의 성분과 동향」, 81-82쪽.
59) 『고려사』 127, 이자겸전.
60) 채웅석, 앞의 논문, 119쪽.
61) E. J. Shultz, 「Military Revolt in Koryo」, 31-32쪽.

왕의 유행에는 언제나 문신들이 수행했고, 또한 반드시 창화唱和가 뒤따랐던 것이다. '의종대는 문신들이 크게 성했다'고 한 지적은[62] 이러한 사정을 반영한 것이었다. 왕 18년(1164) 국왕의 인지재仁智齋 행차에서 무신들이 난을 일으킬 것을 처음으로 모의했으며,[63] 왕 24년의 화평재 행차에서 이를 구체화시켰다는 사실은[64] 결코 우연이 아닐 것이다. 문신들이 학문을 닦는 장소에 의종은 빈번하게 행차했고, 여기에서 무신들은 반란을 일으켰던 것이다.

3. 의종과 무신

의종은 격구擊毬를 매우 좋아하였다. 좋아했을 뿐만 아니라 스스로도 상당한 경지에 이르렀다.[65] 그는 때와 장소를 가리지 않고 격구를 시켰고, 이의 관람을 즐겼던 것이다. 그런데 궁금한 것은 그가 누구에게 격구를 시켰는가 하는 점이다. 다음의 기록은 이와 관련해서 참고된다.

> A. (의종 1년 5월) 대간은 (자신들이) 상서上書한 바를 왕이 듣지 않자 집으로 돌아갔다. 이에 왕은 구장毬杖을 어사대에 내렸다. 어사대는 조詔를 받들어 수창궁壽昌宮의 북문을 잠그고 군소群少들의 출입을 막았다. 왕이 북원北園에 나와 놀면서 좌우에 이르기를 '나의 격구하는 기술을 다시는 시험하지 못할 것이다'라고 하고, 공을 치니 따를 자가 없었다(『고려사절요』 권11).

62) 『고려사』 권99, 유응규전 부 자량전.
63) 『고려사절요』 권11, 의종 18년 3월.
64) 『고려사』 권128, 정중부전.
65) '(의종이) 공을 치니 따를 자가 없었다' (『고려사절요』 권11, 의종 원년 5월).

B. (의종 1년 12월) 어사대가 주하기를 '수창궁의 북문은 일찍이 조를 받들어 봉쇄하였는데, 산원 사직재史直哉와 교위 정중부鄭仲夫 등이 함부로 열고 출입을 마음대로 하니, 청컨대 이들을 죄 주소서'라고 하였으나, 왕이 듣지 않았다(같은 책).

C. (의종 3년 2월) 날래고 용감한 기사騎士 18인을 선발하고, 뒤뜰에서 그들의 격구를 관람하였다(같은 책).

A의 사료에 대해서는 약간의 보충 설명이 필요할 것 같다. 의종 1년 대간은 국왕에게 격구의 중지를 간했으나 국왕이 듣지 않자, 일을 보지 않았다. 이에 의종은 다시는 격구를 하지 않겠다는 의지의 표현으로 격구에 사용한 막대기를 어사대에 주었으며, 아울러 격구 장소인 수창궁의 출입문을 봉쇄하도록 하였다는 것이다. 의종이 격구를 좋아한 데 대해 대간이 강하게 반발했음을 알려주는 기록이다.

A에 의하면, 격구는 '군소群少'로 표현된 인물들에 의해 주로 행해졌던 듯하다. 격구장으로 통하는 수창궁의 북문을 봉쇄함으로써 이들의 출입을 막았다는 사실로 미루어 짐작된다. 그런데 B의 기록을 참고하면 산원 사직재와 교위 정중부는 이 '군소'의 일원이었음을 알 수 있다. 이들이 수창궁의 북문을 출입했다는 것은 곧 격구를 했다는 것으로 이해되기 때문이다.

정중부는 처음 공학군控鶴軍에 보충된 후 인종조에는 견룡군牽龍軍의 대정隊正이 되었다.[66] 그가 의종 1년 당시 어떤 부대에 소속되었는가를 알려주는 기록은 없다. 다만 그 이전까지 그가 국왕의 시위부대인 공학군과 견룡군에 소속되었던 점으로 미루어, 의종 1년 당시에도 국왕의 시위를 담당했을 것으로 추측된다. 정중부와 함께 수창궁 북문을

66) 『고려사』 권128, 정중부전.

출입한 사직재 역시 마찬가지였다고 생각된다. 그렇다면 의종은 자신의 시위부대로 하여금 격구를 행하게 하고 이의 관람을 즐겼던 것으로 해석된다.

의종은 정중부 등을 죄주라는 어사대의 청을 거절하였다. 이는 의종이 정중부 등에게 애정을 가지고 있었음을 말해준다. 정중부 등만이 아니고, 격구에 능한 자들은 모두 그의 총애를 받았던 것 같다. 격구를 좋아해서 의종에게 발탁되어 견룡이 된 후, 항상 의종의 곁을 떠나지 않았다는 기탁성奇卓誠의 경우는[67] 그 대표적인 예가 될 것이다. 사실 C의 기록을 통해 알 수 있듯이, 격구에 능한 자들을 자신이 직접 선발한 의종이었고 보면, 그가 정중부 등에게 각별한 애정을 가지고 있었다고 해서 이상할 것은 없다.

의종은 격구만이 아니라, 수박手搏 또한 좋아했다. 의종이 명命한 수박희手搏戲에서 대장군 이소응李紹膺이 상대를 이기지 못한 것이 무신란의 도화선이 되었음을[68] 상기하더라도, 수박에 대한 의종의 관심이 어떠했는가를 짐작할 수 있다. 의종은 수박을 잘한다는 이유 하나만으로 이의민李義旼을 사랑했던 것이다.[69] 이들 수박에 능한 자들 역시 의종의 시위를 담당했다고 생각된다. 의종이 이의민을 사랑했다는 것은 곧 이의민이 그의 주변에 있었음을 알려주기 때문이다.

C의 기록에서, 의종이 선발했다는 기사騎士의 신분을 확인할 방법은 없다. 그러나 선발의 기준이 '날래고 용감한'것이었음을 고려하면, 여기에 신분이 낮은 인물들이 포함되었을 가능성을 배제할 수는 없다.

---

67) 『고려사』 권100, 기탁성전.

68) 『고려사』 권128, 정중부전.

69) 『고려사』 권128, 이의민전.

실제로 의종의 사랑을 받았던 이의민은 천계賤系였다. 그의 부父는 소금장수였으며 모母는 절의 비婢였던 것이다.[70] 격구나 수박에 능한 의종의 시위부대 가운데는 낮은 신분 출신들도 적지 않았음을 짐작할 수 있다.

의종이 격구와 수박을 좋아했다거나, 때와 장소를 가리지 않고 시위부대에게 이것을 시켰다는 것을 의종의 개인적인 성품 탓으로 돌려버릴 수만은 없다. 시위부대에게 있어서 격구나 수박은 군사훈련과 다를 바 없기 때문이다. 의종이 시위부대의 훈련에 그만큼 많은 관심을 가지고 있었음을 말해주는 것으로 해석된다. 이와 아울러 의종이 금군인 정중부 등에게 각별한 관심을 가지고 있었다거나, 날래고 용감한 군사를 직접 선발했던 점, 그리고 천계의 무신이라도 수박 등에 능한 자들을 금군에 편입시킨 사실 등도 간과하기 어렵다. 이 역시 시위부대를 강화하기 위한 노력의 일부였다고 이해된다. 그런데 시위부대의 강화는 왕권의 강화와 직결되는 것이다. 어사대에서 의종의 격구 관람을 그처럼 집요하게 공격한 이유가 여기에 있었을 것이다.

의종의 시위부대가 그의 왕권강화에 어떻게 기여했는가를 알려주는 구체적인 기록은 없다. 다만 왕 5년에 발생한 대령후 경의 사건 당시, 대간이 경을 추대하려 한다고 무고한 장본인이 무신인 산원 정수개였음은[71] 주목할 필요가 있다. 정수개가 어떤 인물인가 잘 알 수는 없지만, 의종의 총애를 받고 있던 환관 정함과 정치적 모의를 같이 했을 정도로 가까웠던 점으로 미루어, 그 역시 의종과 밀착된 인물이었다고 생각된다. 그런데 의종과 밀착된 무신이었다면, 그가 금군이었을 것이

70) 위와 같음.

71) 『고려사절요』 권11, 의종 5년 윤 4월.

라는 추측은 자연스럽다. 그는 금군의 지휘관으로서 문신들에게 타격을 가할 정치적 음모에 가담했다고 생각되는 것이다. 설사 정수개가 금군이 아니어서 금군이 대령후 경 사건에 관여하지 않았다 하더라도, 문신세력을 제어하는데 있어서 강력한 시위부대의 존재는 의종에게 커다란 자신감을 안겨 주었을 것이다.

의종은 문신보다는 무신들과 긴밀한 관계를 유지했던 것 같다.[72] 왕 2년에 응양군상장군 지심池深을 병부상서에, 용호군상장군 권정균權正鈞을 형부상서에, 그리고 좌우위상장군 우방재于邦宰를 호부상서에 임명하는 등,[73] 무신들을 대거 상서직에 임명한 사실이 이를 말해준다. 고위 무신의 상서직 임명이 이때에 비롯된 것은 아니지만,[74] 그렇게 흔한 일은 아니었다. 특히 병부상서직에 무신을 임용한 예는 적어도 무신란 이전에는 찾아보기 힘든 사례로서, 이는 곧 의종과 무신의 밀착된 관계를 반영하는 것으로 이해된다.

중방重房에 관한 기록이 의종대에 처음 나타난 것도 의종과 무신들의 관계를 이해하는데 간과하기 어렵다. 이제까지 중방은 막연하게 고려 초에 설치된 것으로서, 상·대장군들의 합의기구로 이해되어 왔다. 그런데 민현구의 연구에 따르면, 의종 21년에서 그리 멀지 않은 시기에 설치된 중방은 종래의 이해처럼 병권의 중심처나 고위무인들의 합의기구가 아니라, 국왕의 시위나 의장을 논의하기 위해 모인 장소로서 왕궁 내에 설치되었다 한다. 아울러 중방의 참여자도 상·대장군만이 아닌 장군이나 중랑장도 포함되었을 것이라는 점이 지적되었다.[75] 무

---

72) 하현강, 「고려 의종대의 성격」, 423쪽 주 40.

73) 『고려사』 권17, 의종 2년 2월 庚子.

74) 변태섭, 「고려무반연구」, 353-360쪽.

신란 이전의 중방은 국왕과 매우 밀착된 기구였던 것이다.

의종의 격구에 대한 관심은, 적어도 표면적으로는, 점차 줄어든 것처럼 보인다. 의종이 격구를 시켰다거나 이를 관람했다는 기록이 그의 즉위 초에 비해 후기에 접어들면서 감소한 사실로 미루어 그러하다. 이와 관련하여 다음은 참고된다.

> 전왕前王(의종)은 즉위한 초기에 격구와 말 타기를 즐겨하고 바른 말을 듣는 것을 싫어하였다. (그러나) 공公(김영부金永夫)은 대궐 문에 엎드리어 꺼리지 않고 모든 말을 올렸다. 상上(의종)이 노하여 공을 안남도호부사에 좌천시켰다가 얼마 후에 상서좌사낭중·지제고를 삼고 다시 사관史館의 수찬관을 가하였다(김용선 편저, 『고려묘지명집성』, 한림대학교출판부, 2006, 217쪽 김영부묘지명).

위 문장의 내용으로 미루어, 김영부는 의종에게 격구를 삼가줄 것을 요구했던 것 같다. 그러한 김영부를 좌천시켰다가 곧 바로 중용한 것은 여론을 의식했기 때문이었을 것이다. 그만큼 많은 문신들이 의종의 격구와 말 타기에 비판적이었음을 알 수 있다.[76)]

문신들의 강력한 반발에 부딪친 의종은 격구와 말 타기를 자제할 수밖에 없었다. 이제까지 격구를 실시했던 구장毬場에서 반승飯僧을 실시하는가 하면,[77)] 격구를 관람한 대신 빈번하게 사찰을 방문했던 사실이 이를 웅변해 준다. 의종은 종파를 가리지 않고 개경 주변의 모든

---

75) 민현구, 「고려후기의 반주제」, 『천관우기념논총』, 정음문화사, 1985, 397-400쪽.

76) 이공승도 의종에게 격구의 관람을 자제해 줄 것을 요구하는 상서문을 올린 바 있다(김용선 편저, 『고려묘지명집성』, 244쪽 이공승묘지명 참고)

77) '구정毬庭에서 반승을 3일 동안 실시하였다' (『고려사』 17 의종 5년 10월 壬申)는 기록은 그 한 예이다.

사찰을 번갈아가며 방문했는데, 흥왕사興王寺・현화사玄化寺・봉은사奉恩寺・천수사天壽寺・경복사慶福寺 등은 특히 그가 빈번하게 출입했던 사찰들이다.78)

문신들이 의종의 격구와 말 타기에 대한 관심에 제동을 건 것은, 이를 통한 의종과 무신들의 결속을 두려워 했기 때문이다. 그런데 의종이 문신들의 반발에 못 이겨 격구와 말 타기를 자제했다는 사실은, 그가 문신들과의 대립보다는 타협을 통해 정권의 안정을 유지하려 했다는 것과 다를 바 없다. 당시 문신들의 정치적 지위를 감안하면, 정권의 유지나 안정에는 무신보다는 문신의 역할이 더욱 중요하다고 판단했을 가능성이 크다. 의종으로서는 문신을 자극하면서까지 무신과의 밀착된 관계를 유지할 필요는 없다고 여겼을 것이다. 의종과 무신들의 관계는 변화될 수밖에 없었다. 다음을 보자.

D. (국왕이) 천수天壽・홍원洪圓 두 절에 행차하여 술에 취하여 유숙하였는데, 종관從官과 위사衛士는 먹지를 못하였다(『고려사』 권18, 의종 17년 2월 乙亥).

---

78) 흥왕사는 화엄종 사찰이었으며, 현화사는 법상종, 천수사는 천태종, 그리고 봉은사는 선종 계통의 사찰이었다(허흥식, 「고려의 4대종파와 소속사원」, 『고려불교사연구』, 일조각, 1986 참고).
의종의 이러한 사찰 출입은 그의 정치적 의도에서 비롯되었다고 생각된다. 반승이 승려들에 대한 회유의 일부였음을 감안하더라도 그러하다. 그는 사찰의 행차를 통해 사원세력을 장악하려 했다고 추측된다. 의종대는 승려들의 궁성 출입이 빈번했다거나(『고려사』 18 의종 12년 2월 己未), 무신란의 성공 이후 승려들이 이의방정권에 강하게 반발했던(『고려사』 128 이의방전 및 金鐘國, 「高麗武臣政權と僧徒の對立鬪爭に關する一考察」, 『朝鮮學報』 21・22 합집, 1961, 569-570쪽, 그리고 정진우, 「고려 무신정권과 승도와의 대립」, 『청대사림』 4・5 합집, 1985, 12-15쪽 참고) 이유도 여기에 있었다고 생각된다. 그러나 의종의 사원에 대한 관심은, 적어도 의종의 무신에 대한 관심보다는, 문신들을 덜 자극시켰을 것이다.

E. 장차 인지재仁智齋에 이어移御하려 하였다. 법천사法泉寺의 중 각아覺倪는 예종 궁인宮人의 아들인데, 주찬酒饌을 갖추어 왕을 달령원獺嶺院에서 맞이하였다. 왕이 경치를 감상하며 제학사諸學士와 더불어 창화唱和하기를 그치지 않았다. 대장군 정중부 이하 여러 장수들이 피곤하여 분憤이 났고, (이에) 비로소 불궤不軌의 마음을 품었다(『고려사절요』 권11, 의종 18년 3월).

F. 왕이 보현원普賢院에 이어移御하였는데, 날씨는 춥고 비가 심하게 와서 위졸衛卒이 9인이나 동사凍死하였다(『고려사』 권18, 의종 19년 3월 辛酉).

G. 부병府兵을 궁궐의 마당에 주둔시켜 뜻밖의 일에 대비하였다. 이로부터 용력이 있는 자를 뽑아서 내순검內巡檢이라고 이름하고, 양번兩番으로 나누어 자의紫衣를 입고 활과 칼을 들고 궁궐 밖에 나누어 서서 눈비를 가리지 않고, 밤부터 새벽에 이르기까지 순경巡警하였다(같은 책, 의종 21년 정월 을묘).

H. (국왕의) 시위를 성실하게 하지 않았다고 해서, 견룡군과 순검군巡檢軍의 지유指諭 14인을 전리田里에 유배하였다(『고려사절요』 권11, 의종 21년 정월).

사료 D에서, 먹지를 못했다는 종관從官은 곧 무신을 가리키는 것으로 이해된다. 문신이 포함되었을 가능성을 전적으로 배제할 수는 없지만, 당시의 문신들은 E의 기록에서 볼 수 있듯이 국왕과 더불어 술 마시며 시를 읊은 경우가 대부분이었다. 이러한 대우에 불만을 품은 무신들은 의종 18년경부터 난을 일으킬 생각을 가졌다 한다. 이와 아울러 국왕을 시위했던 위졸이 동사한 사건도(F) 군졸들만이 아닌, 시위를 담당했던 모든 무신들의 불만을 유발시키기에 족한 사건이었다.

그러나 무엇보다 시위부대의 지휘관들을 실망시킨 것은 소위 '정해유시지변丁亥流矢之變'[79]으로 인해 새로운 시위부대로 내순검군이 조직

79) 의종 21년, 국왕의 행차 때에 김돈중金敦仲은 실수로 국왕의 수레 곁에 화살을 떨어뜨렸다. 왕은 이를 난적亂賊의 소행으로 오인하여 궁성에 계엄을 펴는 한편, 왕의 호위를 신중히 하지 않았다 하여 견룡군과 순검군의 지휘관들을 유

되고(G), 견룡군과 순검군의 지휘관이 유배된 사건(H)이었다. 이는 의종이 자신의 시위부대에 대한 불신을 단적으로 드러낸 것과 다를 바 없다. 시위부대의 지휘관들은 자신들도 유배될지 모른다는 불안감에 싸여 있었을 가능성이 크다. 이제까지 국왕의 비호를 받아오던 그들로서는 심한 배신감마저 느꼈을 것이다.

국왕의 시위를 담당한 무신들은 국왕의 총애를 받았었다. 그러한 만큼 그들은 정치권력과 밀착되어 있었다. 그러한 그들이 정치권력으로부터 소외되었을 뿐만 아니라 홀대까지 받았다면, 그들의 불만이 어떠했을 것인가는 구체적인 설명을 필요로 하지 않는다. 무신란의 삼거두三巨頭라고 일컬어지는 정중부 · 이의방李義方 · 이고李高가 모두 시위부대의 현직 지휘관이었거나 지휘관 출신이었던 이유가 여기에 있었다.[80] 또한 무신란의 성공 후, 의종을 살해한 장본인이 그로부터 사랑을 받은 이의민이었다는 것도[81] 우연만은 아닐 것이다. 결국 무신란은 국왕의 총애를 받아오던 무신들이 정치권력으로부터 소외되자, 소외감을 반란으로 연결시킨 데서 일어난 사건이었다.

4. 문신과 무신 · 군인

고려시대의 무신 자제들 가운데는 문반으로 출사로出仕路를 택한 인물들이 적지 않았다.[82] 그들은 대부분 과거를 통해 문신이 되었던 것

배하였다(『고려사절요』 권11, 의종 24년 정월).

80) 이기백, 「고려 군반제 하의 군인」, 『고려병제사연구』, 296쪽.

81) 『고려사』 권128, 이의민전.

82) 박용운, 「고려 전기 문반과 무반의 신분 문제 -고려 귀족가문 연구 (3)-」, 『한

이다. 한편 문신으로서 무반의 관직을 가진 인물들도, 드물기는 하지만, 눈에 띈다.[83] 문신과 무신은 동일한 지배신분층이었던 것이다.[84] 이는 문반과 무반 사이에 통혼이 이루어졌던 사실로 미루어서도 짐작되는 일이다.[85]

그러함에도 불구하고 무신은 문신에 비해 낮은 대우를 받았다. 제도적으로 그렇게 규정되어 있었던 것이다. 무신은 재상이 되기 어려웠으며, 국왕의 주위에서 정치권력을 행사할 수 있는 직책도 모두 문신이 차지했음은 널리 알려진 사실이다. 승선承宣이나 대간은 그 대표적인 예가 될 것이다. 심지어는 무신들의 인사권마저 문신들이 장악하고 있었다.[86]

무신은 문신에 대한 차별 대우에 종종 불만을 표시하였다. 현종 5년(1014)에 일어난 김훈金訓・최질崔質의 난은 그 대표적인 것이었다. 그들은 난을 일으켜, 무신에게도 문반직을 제수해 줄 것을 요구했다.[87] 그러나 그들의 난은 불과 4개월 만에 진압되고 말았다.[88] 문신 위주의 정치체제가 그만큼 견고했던 것이다. 이러한 상황 아래에서 문신과의 갈등은 무신 자신들에게도 이로울 것이 없었다. 다음의 기록이 그러한 사정을 알려준다.

국사연구』 21・22 합집, 1978; 『고려사회와 문벌귀족가문』, 285쪽, 296쪽.

83) 강민첨姜民瞻의 경우는 그 대표적인 예가 될 것이다(변태섭, 「고려조의 문반과 무반」, 294쪽).

84) 박용운, 「고려 전기 문반과 무반의 신분 문제」, 315쪽.

85) 위의 논문, 311쪽.

86) 변태섭, 「고려조의 문반과 무반」, 277-294쪽.

87) 『고려사절요』 권3, 현종 5년 11월.

88) 『고려사절요』 권3, 현종 6년 3월.

(전략) (우于)학유學儒가 말하기를 '공公의 뜻은 크다. 그러나 나의 아버지(우방재于邦宰)가 항상 나에게 경계하기를 "무관武官이 문관文官에게 멸시를 당한지 오래되었으니 어찌 분한 마음이 없겠느냐. 이를 제거하기는 썩은 것을 부러뜨리는 것처럼 쉽다. (그러나) 문관이 해를 당하면 화가 우리에게 미칠 것이 분명하니, 너는 마땅히 삼가해야 할 것이다" (중략)'고 하였다(『고려사』 권100, 우학유전).

무신란을 모의할 당시, 이의방・이고 등은 우학유를 난의 주모자로 내세우기 위해 그를 찾아 갔는데, 우학유는 위와 같은 말로서 그들의 청을 거절하였다. 그런데 여기에서 주목되는 것은, 우학유의 부 우방재가 '문관이 해를 당하면 화가 우리에게 미친다'고 경고한 대목이다. 문신들이 제거되면, 무신들의 지위도 무너질 가능성이 있음을 지적한 것과 다를 바 없다. 우방재는 문신의 제거를 곧 지배체제의 와해로 이해했던 것이다. 무신들은 문신들과 갈등을 일으키기보다는 자신들의 불만을 자제하는 것이 이롭다고 판단했던 듯하다.

한편 문신들 역시 무신들을 극단적인 상황으로 몰고 가는 것을 원하지 않았다. 다음의 기록들을 통해서 짐작되는 일이다.

I. 의종조에 문신이 크게 성盛하였다. (유庾)자량資凉은 나이 16에 유가자제儒家子弟와 더불어 계契를 만들기로 하고, 무인 오광척吳光陟과 (문인) 문장필文章弼을 끌어들이려고 하였다. 모두가 다 즐겨하지 않자, 자량이 말하기를 '교유하는 사람 가운데 문文・무武가 모두 있는 것이 좋을 것이다. 만일 이를 거절하면 뒤에 반드시 후회할 것이다'라고 하니, 여러 사람이 이를 좇았다. 얼마 안 되어 정중부가 난을 일으키자, 같은 계원인 오광척과 문장필에 힘입어 모두 화를 면하였다(『고려사』 권99, 유응규전 부 자량전).

J. (전략) 김돈중이 앞으로 나아가 왕에게 말하기를 '호종하는 군졸들은 아침부터 저녁까지 모두 주림과 피곤에 빠져 있는데 왕께서는 어찌 즐기심

이 이처럼 심하십니까 (중략)'고 하였다(『고려사절요』 권11, 의종 24년 5월).

I의 기록에서, 유가자제들이 무신 자제들과 함께 계를 조직한 것은 무신 자제들의 불만을 유발시키지 않기 위함이었다. 문신들은, 무신들의 불만은 자신들에게도 결코 이로울 것이 없다는 사실을 분명하게 인식하고 있었던 것이다. 한편 J의 김돈중은 일찍이 촛불로 무신 정중부의 수염을 태운 바 있는 인물이었다.[89] 무신에 대한 그의 태도는 결코 호의적이었다고 할 수 없는데, 이러한 김돈중이 시위부대의 피곤과 주림을 걱정했다는 것이다. 이는 당시 무신들의 분위기가 문신 김돈중이 불안을 느낄 정도로 심각한 지경에 이르렀기 때문이라고 생각된다. 문신들은 무신을 그들 위주의 지배체제를 지탱해주는 또 다른 지주로 이해하고 있었음이 분명하다.

문신이 우위를 점한 가운데 상호 타협을 유지해온 문신과 무신의 관계는 의종대에 이르러 와해되었다. 의종이 무신들과 밀착되자, 문신들은 이를 자신들의 정치적 지위를 약화시키려는 것으로 판단했다. 왕권을 견제하고 그들의 지위를 유지하기 위해서는 국왕과 무신의 긴밀한 관계를 단절시킬 필요가 있었던 것이다. 문신들이 국왕의 격구에 대한 관심에 제재를 가한 것도 이러한 조치의 일환이었음은 앞에서 언급한 바 있다. 이와 아울러 다음의 기록들도 국왕과 무신들의 밀착에 대한 문신의 경계심을 이해하는데 도움이 될 것이다.

K. 왕이 이궁離宮을 금오위金吾衛 제상리堤上里에 설치하려고 했는데, 평장사 최윤의崔允儀가 간절하게 간해서 결국 실행하지 못했다(『고려사절요』 권11, 의종 11년 8월).

89) 『고려사』 권128, 정중부전.

L. (전략) (왕은) 무신에게 명하여 오병수박희五兵水搏戲를 하게 하였는데, 이는 무신들의 실망함을 알고, 이를 통해 후사厚賜함으로써 이들을 위로하고자 함이었다. (한韓)뢰賴는 무신이 총애를 입게 될까 두려워하여 드디어 시기심을 품었다(『고려사절요』 권11, 의종 24년 8월 丙子).

K의 기록에 보이는 금오위 제상리를 어떻게 해석해야 좋을지 모르겠다. 문장의 내용으로 미루어, 금오위와 가까운 어느 지점을 가리키는 것으로 이해해서 무리는 없을 것 같다. 금오위는 6위 가운데 하나로서, 국왕의 시위를 담당했다고 이해되는 부대이다.[90] 의종이 이곳에 이궁을 설치하려 하자 평장사 최윤의가 극구 반대했다는 것은 국왕과 무신이 밀착되는 것을 우려했기 때문으로 생각된다.

문신의 무신에 대한 견제는 의종 24년의 기록에도 나타난다(사료 L). 당시는 국왕과의 관계에 있어서 문신이 무신보다 우위를 점한 시기였다. 그러함에도 불구하고 한뢰 등은 무신이 국왕의 총애를 차지할까 두려워했다 한다. 문신의 무신에 대한 경계심이 대단했음을 알려주는 기록인데, 문신들의 이러한 행동은 국왕의 총애를 무신들에게 빼앗긴 것을 경험한 결과였다고 생각된다.

사료 K의 최윤의는 의종과 정치적으로 매우 가까운 인물이었다.[91] 또한 L의 한뢰 역시 의종의 총애를 받은 문신이었다. 이러한 인물들이 무신을 경계했다는 사실은, 문신이 무신을 정치적인 경쟁상대로 의식하기 시작했음을 알려준다. 따라서 문신과 무신의 갈등은 표면화될 수밖에 없었다.

앞에서 언급했듯이, 무신 가운데는 천계를 포함한 낮은 신분층의

90) 이기백, 「고려 경군고」, 『고려병제사연구』, 70쪽.

91) E. J. Shultz, 「Military Revolt in Koryo」, 70쪽.

출신이 존재했다. 이러한 사실은 문신들로 하여금 무신을 멸시하게 만든 원인의 하나가 되었다. 그런데 문신의 무신에 대한 멸시는 무신을 자신들의 경쟁상대로 인식하면서 더욱 두드러졌다. 무신들의 정치적 지위가 높아지자 문신들은 의도적으로 그들을 멸시했던 것이다. 무신란이 일어나기 직전, 이복기李復基·한뢰 등이 취한 행동을 참고하면 쉽게 알 수 있는 일이다. 종5품의 문신 기거주 한뢰는 여러 사람이 보는 앞에서 종3품의 무신 대장군 이소응李紹膺의 뺨을 때렸던 것이다.[92] 문신에 대한 불만을 억제해 오던 무신들은 이제 그들의 자제력을 상실하였다. 그들의 향상된 정치적 지위가 이를 부추겼음은 물론이다.

무반은 모두 동일한 신분 출신들로 구성되지 않았다. 따라서 그들 사이에 갈등이 없을 수 없었는데, 그러함에도 불구하고 그들이 문신을 그들 공동의 적으로 내세워 무신란을 일으켰다는 사실은 내부의 신분적인 차이에서 비롯된 갈등보다는 문신과의 갈등이 보다 심각했음을 짐작케 한다. 이와 아울러 국왕의 시위를 담당하는 금군의 경우 그들 간에 강한 결속력을 유지하고 있었던 것도 무신란을 일으킬 수 있었던 원인의 하나였다. 다음의 사료를 참고해 보자.

> (전략) (함유일咸有一은) 집이 가난하여 항상 옷이 헤지고 신이 뚫어졌다. 그 때 금군禁軍의 식사를 위한 보급이 제대로 되지 않았으므로, 군사들이 의논하여 말하기를 '만일 헤어진 옷(함유일을 가르킴)으로서 기사記事를 삼으면 이와 같지는 않을 것이다'라고 하였다(『고려사』 권99, 함유일전).

인종조에 함유일은 금군의 식사 보급을 담당하는 벼슬을 맡은 적이 있었다. 위 기록은 그가 그러한 벼슬을 얻게 된 동기를 알려주고 있는

92) 『고려사』 권128, 정중부전 참고.

데, 주목되는 것은 금군이 식사를 함께 했다는 사실이다. 국왕의 시위를 담당한 부대였음을 감안하면 당연해 보인다. 식사만이 아니고 잠자리 역시 함께 하는 경우가 많았을 것이다. 그들은 고락苦樂을 같이 했다고 할 수 있다.

의종은 경치 좋은 곳에 행차하여 문신들과 함께 술을 마시며 시를 지은 것으로 유명한 임금이다. 이를 위해 그는 여러 곳에 정자를 지었는데, 이러한 정자의 건설을 감독한 인물이 문신이었다는 사실은 주목된다. 의종 12년(1158) 백주白州에 별궁別宮을 지은 인물이 평장사 최윤의였으며,[93] 진관사眞觀寺 남쪽에 사당祠堂을 지을 때 이를 감독한 사람이 병부랑중 진윤승陳允升이었고,[94] 연복정延福亭의 터를 잡아 큰 역사役事를 일으킨 인물 역시 문신 이공승李公升이었던 것이다.[95]

정자 건설에는 군인이 동원되었다.

> (중미衆美)정亭의 남쪽 시내에 토석을 쌓아 저수貯水하고 언덕 위에 모정茅亭을 지었다. (중략) 처음 정자를 지을 때 역졸役卒들이 각기 양식을 가지고 왔는데, 한 역졸은 몹시 가난하여 가지고 오지를 못하였다. (이에) 역도들이 모두 밥을 한 술씩 나누어 먹게 하였는데, 하루는 그 처가 음식을 가지고 와서 말하기를 '친한 사람들을 불러 함께 먹도록 하십시요'라고 하였다. 역졸이 말하기를 '집이 가난한데 어떻게 마련하였소. 남과 사통하여 얻은 것인가 아니면 도적질하여 얻은 것인가'라고 하니, 처가 말하기를 '모양이 추하니 누가 나와 사통할 것이며, 성품이 옹졸하니 어찌 도적질을 할 수 있겠는가. 다만 머리털을 깎아 사왔을 뿐입니다'라고 하면서 머리를 보이니, 역졸은 흐느껴 울며 먹지를 못했으며, 듣는 사람도 슬퍼

93) 『고려사절요』 권11, 의종 12년 9월.
94) 『고려사절요』 권11, 의종 24년 9월.
95) 『고려사』 권99, 이공승전.

하였다(『고려사』 권18, 의종 21년 3월 辛酉).

위의 기록에 보이는 역졸은 그의 처와 함께 서울에 거주하고 있었다. 따라서 그는 지방에서 번상한 노동부대, 즉 추역군秋役軍은 아니었다. 그는 임시로 징발된 정부丁夫도 아니었던 듯하다. 의종 24년의 기록에, 연복정의 남쪽 제방을 쌓는데 방리坊里의 정부丁夫를 징발하라는 명령이 처음으로 내려졌다는 것을[96] 참고할 때 그러하다. 그는 국가의 중앙군이었다고 생각된다. 역역力役에 동원된 이들 군인들은 군인전軍人田을 지급받지 못하였다. 지급받았다면, 위와 같은 상황은 발생하지 않았을 것이다. 실제로 금군이었다고 여겨지는 백임지白任至는 땔나무를 팔아서 생계를 유지했다 한다.[97] 일반군인들의 불만 역시 무신들의 그것에 못지않았음을 짐작할 수 있다.[98]

시위부대의 군졸 가운데는 무반으로 나아간 자들이 적지 않았다. 또한 무신과 군인들은 함께 국왕의 시위를 담당했다. 따라서 무신과 일반군인들의 유대 역시 긴밀했다고 생각되는데, 이러한 그들의 관계는 시위가 빈번할수록 강화되었을 것이다. 무신과 일반군인들은 의종과 문신들에 대한 공동의 불만을 통해, 어느 때보다 긴밀한 관계를 유지했을 가능성이 크다.

무신란을 모의한 시위부대의 지휘관들은 일반군인들이 난에 참여할 것이라는 확신을 가지고 있었다. 무신란의 성공 이후, 난을 주도한 이

96) 『고려사』 권19, 의종 24년 6월 庚戌.

97) 『고려사』 권100, 백임지전.

98) 군인들의 노력 동원이 군인들의 불만을 야기시켰고, 이러한 불만이 무신란의 원인이 되었다는 점은 이기백, 「고려 군역고」, 141쪽에서 이미 지적된 바 있다.

의방이 불일사佛日寺에 숨어 있던 이공승을 찾아내어 죽이려 했던 사실은 이와 관련하여 참고된다. 위에서 지적했듯이, 이공승은 일찍이 연복정의 터를 상相보아 공역工役을 크게 일으킨 장본인이었다.[99] 이러한 이공승을 이의방이 죽이려 했다는 사실은 그가 일반군인들을 크게 의식했음을 말해주는 것이다. 이의방 등은 난을 일으키기 이전에 일반군인들의 의종과 문신들에 대한 불만을 감지하고 있었음이 분명하다. 실제로 일반군인들은 무신란에 대거 참여하여, 난을 성공으로 이끄는데 결정적인 기여를 하였다.

5. 맺는말

의종은 인주이씨의 득세 이후 실추된 왕권을 회복하기 위해 많은 노력을 기울인 임금이었다. 외척의 대두를 방지하기 위해 노력했는가 하면, 자신과 밀착된 환관 정함을 참직에 임명함으로써 자신의 권위를 과시하기도 했다. 특히 주목되는 것은 시위부대의 증강인데, 그가 격구나 수박을 즐겨한 것도 이를 위한 것이었다. 그런데 그의 이러한 조치는 이제까지 정치를 주도해 오던 문신들을 자극하였다. 문신들은 정함의 고신에 서경하지 않았는가 하면, 의종의 격구와 수박에 대한 관심을 비판하기도 했다.

문신들의 반발에 부딪친 의종은 그들과의 타협을 모색하지 않을 수 없었다. 시위부대에 대한 노골적인 비호를 자제하는 한편, 문신들에 대한 회유의 일환으로 그들과 유행하면서 창화唱和를 즐겼던 것이다.

99) 『고려사』 권99, 이공승전.

따라서 의종의 왕권강화 기도는 실패했다고 할 수 있는데, 이는 의종이 문신 위주의 정치체제를 극복하지 못했음을 알려준다. 왕권강화 과정에서 국왕의 총애를 받고 특권을 누려오던 시위부대의 장교들이 여기에 불만을 품었음은 당연하다.

고려의 무신들은 그들에 대한 차별대우에도 불구하고, 문신에 대한 불만을 자제해 왔었다. 문신 위주의 정치체제가 그 만큼 견고한 까닭이었다. 그런데 의종의 무신에 대한 총애는 무신들로 하여금 이러한 자제력을 상실하게 만든 계기가 되었다. 그들은 문신들을 자신들의 정치적 경쟁상대로 인식하게 되었던 것이다. 문신과 무신의 갈등이 표면화되었음은 물론이다.

무신들이 무신란을 계획한 데에는 일반군인들의 불만도 크게 작용하였다. 무신들은 군인들의 불만을 염두에 두고, 난을 일으키면 그들이 협력하리라는 것을 미리 알고 있었던 것이다. 무신들과 일반군인들은 서로의 불만을 쉽게 이해할 수 있는 처지에 있었다. 금군의 경우, 국왕의 시위를 통해 무신과 군인은 고락을 같이 했으며, 더구나 군인 출신 무신이 적지 않았던 것이다. 무신과 일반군인은 전연 별개의 존재가 아닌, 상호 긴밀한 연결을 맺고 있었던 것이다. 따라서 무신란에 일반군인들이 대거 참여했음은 당연하다.

결국 무신란은 문신에 대항하여 왕권을 강화하려 한 의종의 노력이 문신들의 반대에 부딪쳐 실패한 데서 일어난 사건이었다고 할 수 있다.

제11장 고려시대의 참직

1. 머리말

고려시대를 연구하는 학자들 상당수는 고려의 관품 가운데 5품에 커다란 의미를 부여해 왔다. 5품 이상의 관리들은 정치적으로 음서蔭敍의 혜택을 누렸는가 하면, 경제적으로 공음전시功蔭田柴를 지급받았다는 것이다. 이러한 주장에 힘입어 5품 이상의 관리들을 고려의 귀족으로 이해하려는 견해가 제시되기도 했다.[1)]

고려의 관품 가운데 5품이 중시되었다는 주장에 이의를 제기하기는 어렵다. 음서나 공음전시를 제쳐놓더라도, 5품 이상의 관리와 그 이하를 구분했던 예를 발견할 수 있기 때문이다.[2)] 그런데 한 가지 의문스러운 것은, 당시의 관리들 가운데 신분상 하자가 없는 인물들의 경우, 5품으로의 승진을 갈망했다거나 5품으로의 승진에 제약이 가해졌다는 기록을 발견하기 어렵다는 점이다.[3)] 5품의 중요성에 비추어 볼 때 좀

---

1) 박용운, 「고려 가산관료제설과 귀족제설에 대한 검토」, 『사총』 21 · 22합집, 1977; 『고려시대 대간제도 연구』, 일지사, 1980, 311-314쪽.

2) 예컨대 고려의 문산계는 5품을 기준으로 하여, 그 이상의 대부계大夫階와 그 이하의 낭계郎階로 구분되어 있었다. 이에 관해서는 박용운, 「고려시대의 문산계」, 『진단학보』 52, 1981, 17-19쪽.

3) 물론 신분에 하자가 있는 인물들은 5품 이상은 오를 수 없었다. 부곡리의 경우

처럼 이해하기 힘들다. 5품 이상의 관리들이 그 이하에 비해 정치·경제적으로 우월한 지위를 누렸다면, 모든 관리들은 5품으로의 승진을 갈망했을 것이고, 따라서 거기에는 일정한 제약이 뒤따랐을 법한데, 그러한 기록을 찾기 어려운 것이다.

이러한 의문과 관련하여 저자가 주목한 것이 참직參職이다. 『고려사』 등에는 당시의 관리들이 여기에 임명되기를 희망했다는 기록이 적지 않게 나타난다.[4] 5품에 오르기를 갈망했다는 기록을 찾기 어려운 것과 대조적이다. 또한 개인의 묘지명에는 참직에 오른 사실을 특기한 경우가 있는데,[5] 이 역시 참직의 중요성을 말해주는 것으로 생각된다. 참직의 실체를 밝히는 것이 5품의 중요성을 강조하는 것 못지않게, 고려의 정치제도를 이해하는 데 필요하다는 사실을 직감할 수 있다.[6]

5품은 관품이며 참직은 관직이다. 따라서 양자를 비교해서 문제를 제기하는 것 자체가 잘못이라고 생각할는지 모른다. 그런데

는 는 그 대표적인 예가 될 것이다. 다만 한품의 경우에도, 5품보다는 7품의 적용 사례가 훨씬 많았다는 점은 주목할 필요가 있다(박종기, 「고려시대의 부곡리」, 『고려사의 제문제』, 삼영사, 1986, 304-308쪽 참조).

4) 이규보는 참직에 임명되기를 원한 나머지, 최충헌에게 시를 지어 바쳤으며(『고려사』 권102, 이규보전), 채송년은, 참직에 오르지 못한 아버지를 생각하여, 참직에 임명되었음에도 불구하고 오랜 동안 자신의 직함을 고치지 않았다 한다(『고려사』 권102, 채송년전).

5) 양원준의 경우, '처음으로 참직을 받아 권지감찰어사가 되었다'(김용선 편, 『고려묘지명집성』, 한림대학교 출판부, 2006, 171쪽)고 했으며, 무신인 백임지의 경우에는 '몇 년이 지나지 않아 참직으로 서대를 띠는 반열에 들었다'(같은 책, 270쪽)라고 되어 있다.

6) 그럼에도 불구하고 이에 관한 본격적인 연구는 없다. 김성준, 「『고려사』 선거3 역주(1)」, 『호서사학』 5, 1977, 103-107쪽과 박용운, 「고려시대의 문산계」, 22-23쪽 및 34-35쪽에 단편적으로 언급되어 있을 뿐이다.

> (이규보李奎報는) 고종 초에 (최崔)충헌忠獻에게 시를 지어 바쳐 참직계參職階에 임명되기를 구求했다(『고려사』 권102, 이규보전).

는 사실을 참고하면, 참직과 5품을 비교한다고 해도 무리는 없을 같다. '참직계'라는 표현이 가능했던 것으로 미루어, 참직은 대간직처럼 특정한 관부의 특정 관직만을 지칭하는 것이 아니라, 일정한 관품 이상의 관직을 가리키는 것이었다고 생각되기 때문이다.

고려시대의 참직을 이해하기 위해 저자는 우선 참직과 관련된 용어들을 검토하려고 한다. 그러한 다음, 참직에는 구체적으로 어떠한 관직들이 있었는가를 알아볼 생각이다. 그러한 과정에서 고려의 참직이 조선의 그것과는 어떻게 달랐는가를 알 수 있게 될 것이다. 이어서 참직의 기능과 그 제수자의 자격을 검토할 예정이다. 여기에서는 음서에 의해 관도에 진출한 관리들이 다시 과거에 응시하는 등, 고려에서 과거가 음서보다 중시되었던[7] 이유가 드러날 것이다.

2. 참직과 참상 · 상참

고려시대의 참직에 관한 사료는 많지 않다. 따라서 사료의 부족을 극복하기 위한 방법을 모색하지 않을 수 없는데, 참직과 관련이 있어 보이는 용어에 대한 검토는 이러한 방법의 하나가 될 것이다. 즉 『고려사』 등의 여기저기 보이는 참상參上 · 상참常參과 참직과의 관계에 대

7) 고려에서 과거가 음서보다 중시되었음은 허흥식, 김용선 등에 의해 지적된 바 있다(허흥식, 「고려의 과거와 문음과의 비교」 『고려과거제도사연구』, 일조각, 1981, 228쪽 및 김용선, 『고려음서제도연구』, 일조각, 1991, 181쪽).

한 검토를 통해 참직에 관한 사료 부족을 보완해 보려는 것이다. 이는 참직의 실체를 구명하는 데도 도움이 되겠지만, 본고의 논리전개를 위해서도 필요한 것이다.

『고려사』에는 참직에 임명된 사실을 '배참拜參'으로 표기하였다. 즉

> 최의崔竩가 가노家奴 이공주李公柱로서 낭장郎將을 삼았다. (중략) 노예 등이 '공주는 몸으로 삼세三世를 섬겼고, 연로하고 공이 있으니 참직參職 가하기를 청합니다'고 한 데 따른 것이었다. 노예에게 참직을 제배한 것은(奴隸拜參) 여기에서 비롯되었다(『고려사』 권75, 선거지 3 전주 한직 고종 45년 2월).

고 하여, 최의가 그의 가노인 이공주에게 참직을 제배한 사실을 '배참'이라고 표현했던 것이다.

'배참'의 '참'이 참직을 가리키는 것이었듯이,

> A. (이존비李尊庇는) 36세에 입참入參하여 권지각문지후權知閣門祗侯가 되었다(김용선 편저, 『고려묘지명집성』, 한림대학교 출판부, 2006, 397쪽 이존비묘지명).

는 기록에 보이는 '입참'의 '참' 역시 참직을 지칭하는 것이었다. 다만 여기의 '입참'은 참직에 들어섰다기보다는 '참직의 단계'에 들어섰다고 해석하는 편이 순조로워 보인다. 이는

> B. (이서림李瑞林은) 참질參秩에 옮겨 우정언지제고右正言知制誥 및 전중시어사殿中侍御史가 되었다(『고려묘지명집성』, 312쪽 이서림묘지명).

라고 하여, 참직인 우정언·지제고[8]에 임명된 사실을 '참질'에 옮겼다

---

8) 우정언이 참직이었음은 다음 절에서 설명될 것이다.

고 표현한 것으로 미루어 그러하다. 참직이 일정한 단계 이상의 관직을 가리키는 것이었기에 '참질'이라는 표현이 가능했던 것이다. 즉 참직에 임명되는 것은 곧 참직의 단계에 오르는 것이었다.

참직의 단계, 즉 참질에 오른 관리들은

> 천복전天福殿에서 문무文武 참내參內의 여러 관리들에게 연회를 베풀고, 각각에게 말 한 필씩을 내렸다(『고려사』 권4, 현종 14년 5월 戊子).

는 기록에 보이는, '참내의 여러 관리들'이었을 것이다. '입참'한 관리들을 '참내'관리로 불렀던 것이다. 그렇다면 '참내의 여러 관리들'을 제외한 나머지 관리들은 어떻게 불렀을까. 이와 관련하여 주목되는 것은 『고려사』에 산견되는 참외參外라는 용어이다. 참외의 '외'는 '내'에 대비되므로, 참질에 오르지 못한 관리는 참외 관리였다고 해도 잘못을 없을 것이다.

그런데 참외는

> C-①. 참상參上・참외參外・인리人吏・장고掌固가 재추를 배알하고 인리・장고가 참상・참외를 배알할 때의 의례(『고려사』 권68, 예지 10).
> C-②. 왕이 강안전康安殿에서 즉위하였다. ・・・(왕이 남면南面하자) 태손太孫・공公・후侯・백伯・재추・문무양반 참상은 차례로 전정殿庭에 들어가고 참외는 전문殿門 밖에 서서 표表를 올리고 예禮를 행行하며 만세를 불렀다(『고려사』 권25, 원종 원년 4월 戊午).

라는 기록을 대하면, 참상에 대비되는 것임을 직감할 수 있다. C-①에 의하면, 모든 관리는 재추와 참상・참외, 그리고 인리와 장고로 구분되었는데, 인리과 장고는 품관이 아니므로, 품관 이상의 관리는 재추・참상・참외로 나누어졌음을 알 수 있다. 그런데 재추는 참상에 포함될 수 있으므로, 결국 모든 품관은 참상과 참외로 구분되었다고 할 수 있다. 이러한 사실은 원종의 즉위식 광경을 전하는 C-②의 기록을 통해 보다 구체적으로 확인된다. 전문 밖에서 하례를 행한 참외는 전정에서 하례를 행한 참상에 대응한 것이었음이 분명하다.

'참내'에 대응한 참외가 또한 참상에 대응한 것이었다면, 참내는 곧 참상과 같은 의미로 사용되었다고 할 수 있다. 그런데 참내는 참직의 관직들을 지칭하는 것이었다. 그렇다면 참상 역시 참직의 관직들을 가리키는 것이었음을 알 수 있다. 참직은 곧 참상의 관직이었던 것이다.[9]

참직에 임명된 관리, 즉 참상관은

> D. (이규보는) 고종 초에 (최)충헌에게 시를 지어 바침으로써 참직계에 임명되기를 구했다. 충헌은 그 시를 (진양晉陽)부府의 전참典籤인 송순宋恂에게 보이면서 말하기를 '이 사람의 뜻이 높아 생각이 여기에 그치지는 않을 것이다. 만약 즉시 참관參官을 제배하면 이는 인망에 부응하는 것일 것이다'하고, 우정언지제고에 임명하였다(『고려사』 권102, 이규보전).

라는 기록을 통해, 참관으로도 불리어졌음을 알 수 있다. 참관직을 참직이라고 했던 것이다.

이제까지의 검토로 참직은 참상관직, 곧 참관직이었음을 알았다. 이를 토대로 이제 참직과 상참과의 관계를 검토해 보고자 한다. 다음의 기록에 주목해 보자.

---

9) 참직이 참상의 관직이었음은 김성준, 「『고려사』 선거3 역주(1)」, 104쪽에서 이미 지적된 바 있다.

E-①. 명복전明福殿에서 문무 상참관常參官에게 연회를 베풀고 차등을 두어 물건을 지급하였다(『고려사』 권4, 현종 11년 4월 癸卯).
E-②. 천복전에서 문무 참내參內의 여러 관리들에게 연회를 베풀고, 한 사람에게 말 한 필씩을 내렸다(『고려사』 권4, 현종 14년 5월 戊子).

E-①과 E-②는 같은 내용의 기록인데, 국왕이 연회를 베푼 대상만이 다르게 표현되어 있다. 즉, E-①에서는 상참관인데 반해 E-②에서는 참내의 여러 관리였던 것이다. 국왕이 모든 관리들을 대상으로 하지 않고 이들에게만 연회를 베푼 것은 이들이 중요한 관리들이었기 때문일 것이다. 따라서 참내의 여러 관리들과 상참관은 동일한 인물들이었다고 추측된다. 그런데 참내의 여러 관리가 참상관이었음은 앞의 검토에서 드러났다. 그렇다면 상참관은 곧 참상관이었다고 여겨진다. 아울러, 참상관이 조관朝官이었다는 사실도 참상관과 상참관의 관계를 이해하는 데 도움이 된다. 후술되겠지만, 참관은 국정에 참여할 수 있는 관리라는 의미의 조관으로도 불리어졌는데,

문무 상참 이상이 각기 봉사封事를 올려 당시 정치의 득실得失을 말하였다(『고려사』 권4, 현종 즉위년 7월 癸酉).

라는 기록을 대하면, 상참 이상이 조관이었음을 확인할 수 있다. 정치의 득실을 국왕에게 상서한다는 것은 국정에 참여한 것과 다를 바 없는 것이다.

상참관과 참상관이 동일한 것이었음을 시사해주는 위와 같은 기록에도 불구하고, 상참이라는 자의字意를 들어 참상관이 곧 상참관이었다는 주장에 이의를 제기할 수도 있을 것이다. 즉, 상참관은 '일상 조회에 참석하는 관원'이라는 뜻이므로, 참상관 가운데 일부만을 상참관으

로 부르지 않았을까 하는 의문이 제기될 수도 있기 때문이다.[10] 그러나 다음의 기록을 통해서도 참상과 상참은 동일한 것이었음을 확인할 수 있다.

> (이자겸李資謙이 숭덕부崇德府를 설치한 후) 중서성에 앉자, 재추·문무상참 이상은 계단 위에서, 7품 이하는 계단 아래에서 줄을 지어 하례를 올렸다(『고려사』 권127, 이자겸전).

이자겸이 숭덕부를 세울 때의 사정을 전하는 기록이다. 이자겸에게 하례를 올린 관리는 재추에서 9품에 이르는 모든 관리였다. 그런데 위 기록에는 여기에 참여한 관리를 상참과 그 이하로 대별하였다. 고려에서 관리를 구분하는 일반적인 방법이 재추·참상·참외였음을 고려하면, 위 기록의 상참은 곧 참상이었음을 직감할 수 있다. 상참 아닌 참상관이 존재했다면, 상참을 기준으로 품관을 구분하지는 않았을 것이다.

한편 상참을 참상과 달리 대체로 5품 이상으로 이해하려는 견해가 있어 주목되는데,[11] 이러한 추측이 근거 없는 것임은 다음의 기록이 증명해 준다.

> (최시윤崔時允은) 상참관에 제배됨에 이르러서는 질이 상서호부원외랑에 이르렀다(『고려묘지명집성』, 85쪽 최시윤묘지명).

---

10) 박용운, 「고려시대의 문산계」, 34-35쪽.

11) 이기백, 「고려 귀족사회의 형성」, 『한국사』 4, 국사편찬위원회, 1974; 『고려귀족사회의 형성』, 일조각, 1994, 70쪽의 주 102 및 박용운, 「고려시대의 문산계」, 35쪽.

호부원외랑이 상참관이었음을 알려주는데, 호부원외랑은 정6품이었던 것이다.

결국 고려의 상참관은 곧 참상관이었다는 사실을 확인하였다. 이러한 사실은 참직, 즉 참상의 관직에 대한 이해를 넓히는 데 보탬이 될 것이다. 이제 참직에는 구체적으로 어떠한 관직들이 있는가 알아볼 차례가 되었다.

3. 참직의 내용

고려시대의 참직이 참상의 관직을 의미하는 것이라면, 참직이 6품 이상의 관직들이었을 것이라는 추측은 자연스러워진다. 참상은 6품 이상으로 이해되어 왔기 때문이다.

조선시대의 참상은 6품 이상이었다. 따라서 6품 이상을 참직이라고 불렀다.[12] 문제는 고려시대의 참상이다.

> (이규보의 동년同年 가운데는 재상을 비롯한 고위 관직자가 많았고) 비록 참관參官에는 이르지 못했지만 혹 7품·8품·9품에 이른 자가 6인이다(『동국이상국집』 권25, 동년재상서명기).

위 기록을 대하면, 고려시대의 참상도 6품 이상이었던 것 같은 느낌을 받게 된다. 참관, 즉 참상과 7품 이하를 구분한 것으로 미루어, 참상관은 6품 이상의 관리였다고 해석되기 때문이다.

그러나,

---

12) 『성종실록』 199 성종 18년 정월 甲子.

> F. 문반 참외 5·6품은 모두 서대犀帶를 띠게 하여 참질參秩을 삼읍시다(『고려사』 권75, 선거지 3 전주 선법 신종 5년 4월 式目都監使崔詵等奏).

는 기록을 참고하면, 고려의 참상이 일률적으로 6품 이상이었을 것이라는 추측은 크게 잘못된 것임을 깨닫게 된다. 문반 5·6품 가운데 참외인 관직을 참질, 즉 참상으로 올려줄 것을 건의했다는 사실은, 5·6품에도 참상이 아닌 관직이 있었음을 말해주기 때문이다. 따라서 고려의 참상은 참직계 또는 참질 등의 표현에도 불구하고 조선의 그것처럼 일률적으로 6품 이상을 가리키지는 않았다. 사실 고려의 참상과 조선의 그것은 관품에서 뿐만 아니라, 그 성격 자체에도 커다란 차이가 있었다. 다음을 보자.

> G. 전조前朝(고려)의 참외參外는 조반朝班에 속할 수 없었는데, 오늘날(조선)의 참외는 모두 조반에 참여한다(『태종실록』 권30, 태종 15년 8월 甲戌 朴訔·朴信曰).

조반은 국정에 참여할 수 있는 관리인 조관의 반열로 해석된다. 따라서 위의 기록은 고려의 참외는 국정에 참여하지 못했는데, 조선의 참외는 국정에 참여했다는 것으로 해석된다. 조선의 참상과 참외는 큰 차이가 없었는데, 고려는 크게 달랐던 것이다. 조선의 참상으로 고려의 그것을 설명하기 어렵다는 사실을 다시 확인한 셈이다.

고려시대의 참상이 일률적으로 6품 이상을 지칭한 것이 아니었다면, 여기에 해당되는 관직으로는 어떠한 것들이 있었을까. 이와 관련하여 우선 다음을 보자.

> 재추는 내內·외향外鄕, 처향妻鄕, 조祖·증조曾祖의 처향妻鄕 등 5향내에서 3

향을 겸兼하여 차견差遣하고, 상장군 이하 3품 이상은 내·외향, 조·증조의 처향 등 4향내에서 2향을 겸하여 차견하고, 4품 이하 참상參上 이상은 내·외향 조의 처향 등 3향내에서 1향에 차견하고, 참외원參外員은 내·외향 내에서 1향에 차견한다(『고려사』 권75, 선거지 3 전주 사심관 인종 12년 判).

관리들의 사심관 임명에 따르는 임지 선택의 범위를 규정한 판문이다. 모든 관리를 몇 개의 단계로 구분하여 임지 선택의 범위를 규정했던 것이다. 즉 재추, 상장군 이하에서 3품 이상, 4품 이하에서 참상 이상, 그리고 참외원의 4단계로 관리를 세분하였다. 주목되는 것은 4품 이하와 참상을 묶어서 하나의 단계로 구분했다는 사실에서, 4품 이상은 모두 참상이었음을 알 수 있다.

그렇다면 5·6품의 경우는 어떠했을까.

H-①. 침원서寢園署는 종묘의 수위守衛를 관장하였다. 문종이 대묘서大廟署에 종5품의 령令 1인을 두고, 정7품의 승丞 2인을 두었다. 신종 5년에 영을 올려 참질로 하였다(『고려사』 권77, 백관지 2).
H-②. 제릉서諸陵署는 산릉山陵의 수호守護를 관장하였다. · · · 문종이 종5품의 령令 1인과 종7품의 승丞 2인을 두었다. 신종 5년에 영을 올려 참질로 하였다(위와 같음).

종묘의 수위를 담당한 대묘서의 종5품 령(H-①)과 산릉의 수호를 임무로 했던 제릉서의 종5품 령(H-②)은 신종 5년에 이르러서야 참질에 올려졌다고 했으므로, 그 이전에는 참직이 아니었다. 대묘서령과 제릉서령만이 아니라, 그 이외 5·6품의 령, 그리고 승은 참직이 아니었다. 이는

I. 처음으로 문반 5·6품의 승丞과 령令에게 참질參秩의 서대犀帶를 띠게 하

였다(『고려사』 권72, 여복 1 관복 冠服通制 신종 5년 4월).

는 기록을 통해서 입증된다. 신종 5년에 5·6품의 승과 영에게 참질의 서대를 띠게 했다는 것은 이들을 참직으로 올렸다는 의미인 것이다. 앞의 사료 F에 보이는, 식목도감사 최선의 건의를 신종이 받아들인 결과였다고 이해된다. 요컨대 5·6품의 승과 영은 신종 5년 이전에는 참직이 아니었던 것이다.

5·6품에도 불구하고 참직이 아닌 승과 령은 서署나 시寺·감監 등에 소속된 관리들이었다. 그들은 그들의 관장업무로 미루어 중서문하성이나 어사대, 그리고 6부 등에 소속된 관리들처럼 중시되었을 것 같지는 않다. 승과 영이 참직이 아니었던 이유는 이처럼 그들의 관장업무가 비교적 중요하지 않았던 데 기인했다고 생각된다.[13)]

그렇다면 5·6품의 관직으로 참직인 것은 어떠한 것이 있을까. 6·5품의 참직을 가려내는 데는, 종6품의 관직으로 참직인 것이 무엇인가를 아는 것이 중요하다. 종6품의 참직을 거친 인물들이 역임한 정6품 이상의 관직은 모두 참직이었다고 이해되기 때문이다. 앞에서 검토한 '입참', '참질'등의 표현으로 미루어, 일단 참직에 임명되면 이후는 계속 참직을 역임했다고 생각되기 때문이다.

『고려사』 백관지에 따르면, 종6품의 관직으로는 중서문하성의 좌左·우정언右正言, 전중성殿中省의 내급사內給事, 어사대御史臺의 감찰어사監察御史, 비서성秘書省의 랑郎, 국자감國子監의 승丞, 위위시衛尉寺·대복시大僕寺 등의 승이 있었다. 이 가운데, 앞에서 검토한 바대로 참직이 아니었

13) 박용운도 이와 같은 견해를 피력한 바 있다. 즉, '6품의 참외가 존재한 것은 관직세계의 청탁, 요한과 깊은 관련이 있는 듯하다'고 하였다(박용운, 「고려시대의 문산계」, 22쪽).

음이 분명해 보이는, 국자감의 승과 위위시・대복시의 승을 제외하면, 좌우정언, 전중내급사, 감찰어사, 비서랑 등이 남는다. 이들이 모두 참직이었는가의 여부는 분명치 않다.

우선 좌우정언에 관해서 알아보자. 앞서 인용한 사료 B에 보이듯이, 이서림이 참질에 올라 제배된 관직은 우정언이었다. 그렇다면 우정언은 참직이었음이 분명하고, 좌정언도 그러했을 것이다. 좌정언을 참직으로 이해할 수밖에 없는 구체적인 이유는 뒤에 다시 언급될 것이지만, 그들의 역할이 우정언과 다르지 않았다는 점만으로도 그렇게 생각된다.

전중내급사는 전중성의 종6품관이었다. 그런데 전중내급사는 우정언 등의 참직을 거친 인물들이 일반적으로 임명되었다.[14] 그리고, 전중내급사가 지제고知制誥를 겸한 것도[15] 그 관직이 참직임을 알 수 있게 한다. 후술되겠지만, 참직관들이 일반적으로 지제고를 겸임했던 것이다.

다음으로 감찰어사에 대해서 알아보자. 이자연李子淵의 묘지명에,

> J. (이자연이) 발탁되어 감찰어사監察御史에 임명되자 승진의 영예가 조정의 질서에 부합되었다(『고려묘지명집성』, 21쪽 이자연묘지명).

라 하여, 그가 감찰어사에 임명된 사실을 '탁배擢拜'라고 하여 특기했는데, 이는 감찰어사가 참직이었기 때문일 것이다.[16] 감찰어사뿐만 아

14) 이공수는 우습유지제고, 즉 우정언지제고를 거친 후 전중내급사에 임명되었다(『고려묘지명집성』, 570쪽 이공수묘지명).

15) 전중내급사로서 지제고를 겸한 인물들로는 문공유, 최유청 등이 있었다(『고려묘지명집성』, 172쪽 문공유묘지명, 221쪽 최유청묘지명).

16) 처음 참직에 임명될 경우, 이처럼 관직 앞에 '탁수擢授'(擢授權知監察御史, 『고

니라,

(양원준梁元俊은) 처음으로 참직을 받아 권지감찰어사權知監察御史가 되었다(始受參職 權知監察御史) (『고려묘지명집성』, 171쪽 양원준묘지명).

는 기록을 통해 권지감찰어사 역시 참직이었음을 알 수 있다. 권지감찰어사는

(정지원鄭知源은) 권지감찰어사로 옮겼는데 이듬해에 권權을 떼었다(『고려묘지명집성』, 103쪽 정지원묘지명).

는 것으로 알 수 있듯이, 종6품의 감찰어사보다는 하위직이었다. 권지감찰어사에 임명된 정지원이 다음 해에 '권'을 떼었다는 것은 곧 감찰어사로 승진했음을 말해주는 것이다.

그런데

K. (사헌부에는 문종 때) 종6품의 감찰어사 10인을 두었다. 문文·리吏가 각 5인씩이다. · · · 신종 5년에 어사 2인을 올려 참질參秩로 하였다(『고려사』 권76, 백관지 1 사헌부).

라는 기록을 대하면, 감찰어사가 참직이었다는 우리의 주장에 의문이 제기된다. 신종 5년에 어사 2인을 참질에 올렸다는 것인데, 이 어사는 곧 감찰어사를 가리키는 것으로, 이에 따르면 감찰어사는 신종 5년 이전에는 참직이 아니었다는 느낌을 받게 하기 때문이다. 이와 더불어

려묘지명집성』, 275쪽 이승장묘지명) '수제遂除'(遂除權知閣門祗侯, 『고려묘지명집성』, 301쪽 함수묘지명) 등의 수식어가 붙은 경우가 일반적이었다. 권지감찰어사나 권지각문지후가 참직이었음은 후술될 것이다.

> L. 옛날에는 조회朝會에 참석하는 관리를 참상이라고 하고, 조회에 참석할 수 없는 관리를 참외라고 하였다. 옛날의 감찰(어사)은 참외여서 조회에 참석할 수 없었다. 오늘날의 감찰은 참상인데도 조회에 참석하지 못한데 (이것은) 예禮가 아니다(『태종실록』 권30, 태종 15년 8월 戊寅 朴訔啓曰).

라 한, 조선왕조실록의 기록도 고려시대의 감찰어사가 참직이 아니었음을 알려준다. 여기의 옛날의 감찰은 고려시대의 감찰어사를 지칭한 것인데, 그 감찰어사는 참외였다는 것이다. 신종 5년에 감찰어사 2인이 참질에 올랐다는 『고려사』의 기록마저 무시되고 있다.

결국 감찰어사가 참직인가의 여부와 관련하여 J, K, L의 3가지 각각 다른 기록이 있음을 확인한 셈이다. 현재로서는 이들 가운데 어느 하나라도 불신할만한 근거를 제시하기 어려움으로 세 기록 모두가 일정한 사실을 반영한 것으로 이해할 수밖에 없다. 따라서 모순되게 여겨지는 이 세 기록들을 논리적으로 이해하기 위해서는 우선 감찰어사의 인원수에 주목할 필요가 있다.

『고려사』 백관지에 따르면 감찰어사는 모두 10명이었는데, 문・리 각 5인이었다 한다(K). 이들 10인의 감찰어사가 모두 대간臺諫으로서 서경署經이나 시정時政의 논집論執에 참여했던 것 같지는 않다. 그들의 역할은 매우 다양했다는 점은 이미 선학에 의해 지적된 바 있는데,17) 이는

> (김방경金方慶은) 여러 번 (벼슬을)옮겨 감찰어사에 이르렀는데, 우창을 감독하였다(『고려사』 권104, 김방경전).

라 하여, 감찰어사로서 우창을 감독했다는 것을 통해서도 확인된다.

17) 박용운, 『고려 대간제도연구』, 59-65쪽.

감찰어사는 그 인원수가 많았으며, 그들의 역할 역시 다양했다는 사실을 염두에 두면서 신종 5년에 감찰어사 2인을 참질에 올렸다는 『고려사』 백관지의 기록을 다시 음미해 보자. 이는 두 가지의 해석이 가능하다. 하나는 감찰어사는 모두 참질이 아니었는데, 신종 5년에 2인만을 참질에 올렸다는 해석이 있을 수 있다. 이와는 달리, 감찰어사 10명 가운데 8명은 이미 참질에 올라 있었는데, 여기에 오르지 못한 나머지 2명을 신종 5년에 비로소 참질에 올렸다는 또 다른 해석도 가능하다. 신종 5년 이전에 이미 참직인 감찰어사가 존재했음을 알려주는 J의 기록은 후자의 해석이 타당하다는 것을 증명해 준다. 즉 감찰어사 10명 가운데 8명은 이미 참질에 올라있었던 것이다. 그렇다면, 고려의 감찰어사는 참질이 아니었다는 『태종실록』의 기록은 어떻게 이해해야 할까.

신종 5년에 감찰어사 2인을 참질로 올렸다는 것은 그 이전에도 이러한 승질이 있었을 가능성을 시사해 준다. 즉 신종 5년 이전에 참직이었던 8인의 감찰어사 모두가 애초부터 참직이었던 것은 아니고, 언제인가는 알 수 없지만, 필요에 의해 차례로 참질에 올려진 것이 아닌가 생각된다. 사실 감찰어사라는 관직이 애초부터 참직이었다면 2인만을 참질로 올리는 조치는 취하지도 않았을 것이다. 참직이 아니었던 감찰어사가 시간이 지남에 따라 참직이 되고, 신종 5년에는 나머지 2인마저 참질에 올려짐으로써 모두가 참직이 되었다고 이해된다. 따라서 조선의 관리들이 고려의 감찰어사가 참상이 아니었다고 한 것은, 감찰어사의 변화를 무시한 채 고려의 기본적인 틀만을 언급했기 때문이라고 생각된다.

종6품 관직으로는 또한 경적經籍, 축문祝文, 상소문 등의 관한 사무를 관장한 비서성의 비서랑이 있었다. 비서랑이 참직인가의 여부를 알기 위해서는 관리들이 역임한 관직의 순서를 검토해 보아야 할 것이다. 이세화李世華 · 설신薛愼 · 원부元傅 · 허공許珙의 경우을 예로 들어 검토해 보자. 이세화와 설신은 비서랑을 역임한 후 각각 정7품의 중서주서中書注書와 중추원당후관中樞院堂後官으로 옮겼다. 이로 미루어 보면, 비서랑은 참직이 아니었다고 여겨진다.[18] 그런데 원부와 허공은 참직으로 이해되는 정7품의 권지각문지후를 거친 후 비서랑을 역임했다.[19] 이러한 사실은 어떻게 설명할 수 있을까.

『고려사』 열전이나 개인의 묘지명에는 비서랑을 역임한 사실을 크게 강조하고 있지 않다. 또한 비서랑은 문종 때 종6품이었다가 충렬왕 24년 충선왕의 즉위와 더불어 고쳐진 관제 아래서는 종7품으로 격하되었다.[20] 이러한 사실들은 모두 비서랑이 크게 중요한 관직이 아님을 알려주는 것으로 이해된다. 결국 비서랑은 참직이 아니었다고 이해하는 것이 타당해 보인다. 원부와 허공이 권지각문지후를 역임한 후 비서랑을 거친 것은, 감찰어사처럼 권지각문지후 가운데도 참직인 것과 아닌 것이 있었는데, 그들이 역임한 권지각문지후는 참직이 아니었기 때문으로 생각된다.

한편 특이하게 정7품의 관직에도 참직이 있었다. 이에 관해서는 앞서 인용한 A 사료의 이존비가 '36세에 입참入參하여 권지각문지후가 되었다'는 기록과 아울러, 다음이 참고된다.

M-①. (유응규庾應圭는) 글을 잘 지었으나 과거에 두 번 응시해서 급제하지

18) 『고려묘지명집성』, 371쪽 이세화묘지명, 381쪽 설신묘지명.

19) 『고려묘지명집성』, 399쪽 원부묘지명, 403쪽 허공묘지명.

20) 『고려사』 권76, 백관지 1 전교시.

못했다. 들어가 내시에 임명되었다가 갑자기 참관에 올랐다. · · · (남경南京의 지방관을 역임한 후) 각문지후가 되었다(『고려사』 권99, 유응규전).

M-②. (유응규는) 천덕天德 3년(의종 5, 1151)에 내시로 불려 들어갔는데, 이때는 의종이 즉위한 지 6년이 되던 해였다. 얼마 되지 않아 경령전판관景靈殿判官에 임명되고 금오위록사金吾衛綠事, 시공역서령試供譯署令, 대부주부大府注簿를 거쳤다. 나이 스물( )살에 권지합문지후權知閤門祗侯에 임명되었다. (중략) 몇 해가 지나 남경유수판관이 되어 나갔다(『고려묘지명집성』, 228쪽 유응규묘지명).

M-①에 보이는 참관은 곧 M-②의 권지합문지후를 가리키는 데, 유응규는 천덕 3년, 즉 의종 5년(1151)에 참직의 권지합문지후가 되었다. 권지합문지후는 곧 권지각문지후와 같은 것이므로,[21] 권지각문지후가 참직이었음을 알 수 있다.

권지각문지후에 관해서는

N. 통례문은 조회 의례를 관장하였다. 목종 때에 각문사閣門使 · 부사副使 · 지후祗侯가 있었다. 문종 때에 판사의 질秩을 정삼품으로 하고 · · · 통사사인通事舍人 4명과 지후 4명을 정7품으로 하고, 권지지후를 6명으로 정하였다. · · · 신종 5년에 지후 문文 · 리吏 각 3명을 올려 참질로 하였다(『고려사』 권76, 백관지 1).

는 기록이 참고된다. 통례문으로 개칭된 각문에는 각문지후와 권지각문지후가 있었다. 권지각문지후의 관품에 관해서 위의 기록에는 언급이 없으나, 신종 5년에 지후 문 · 리 각 3인, 도합 6인을 참질에 올렸다는 사실로 미루어 각문지후와 같은 정7품이었음을 짐작할 수 있다. 각문지후의 인원수는 4인뿐이었으므로, 이때 참질에 올려진 지후 6인

---

21) 각문지후閣門祗侯는 합문지후閤門祗侯로도 표기되었다.

가운데는 권지지후도 포함된 것으로 이해해야 하기 때문이다.

한편

> (전원균田元均은) 비로소 권지각문지후에 임명되고 이어 시각문지후試閣門祗侯로 옮겼다(『고려묘지명집성』, 322쪽 전원균묘지명).

라는 기록을 통해서 권지각문지후보다 상위직으로 시각문지후가 있었음을 알 수 있다. 그리고 이 시각문지후 역시 참직이었음은

> 계유년癸酉年(의종 7, 1153) 그의 남편은 참질에 들어가 시합문지후에 재배되었다(『고려묘지명집성』, 194쪽, 전기 처 고씨묘지명).

는 것으로 알 수 있다.

시각문지후는 『고려사』 백관지에는 보이지 않고, 금석문에만 나타난다. 따라서 시각문지후와 각문지후의 관계를 알려주는 기록을 찾기 어려운데, 여기의 '시'는 '보'의 의미이므로, 각문지후보다는 낮은 관직이었다고 생각된다. 이처럼 지후 이외에 권지지후나 시지후가 존재했던 분명한 이유는 잘 알 수 없으나, 각문지후에 임명되기를 원하는 자가 많은데 비해 관직의 수가 적었기에 이를 보완할 목적으로 설치하지 않았나 추측될 뿐이다.

권지각문지후나 시각문지후가 참직이었다면, 그들보다 상위직인 각문지후도 참직이었을 것이다. 다만 모든 권지각문지후, 시각문지후, 각문지후가 참직이었던 것은 아니라고 생각된다. 지후 6인을 참질에 올렸다는 N의 신종 5년의 기사로 미루어 그러하다. 감찰어사의 경우처럼, 이미 참질에 오른 지후를 제외한 나머지를 참질에 올렸다는 의미일 것이다. 참직인 감찰어사가 있었는가 하면 참직이 아닌 감찰어사

가 있었듯이, 각문지후에도 참직이 아닌 각문지후와 참직인 각문지후가 있었던 것이다.

정7품의 각문지후가 참직이었듯이,

> 중서주서中書注書와 문하록사門下錄事, 그리고 당후관堂後官에 임명된 관리들 각각 2명씩을 1년이 지나면 참직에 올리고 있는데, 중서주서와 당후관(의 2인)의 경우만 1년이 지난 후 참직으로 올리자(『고려사』 권75, 선거지 3 전주 선법 신종 3년 2월 중방주).

라고 하여, 정7품의 중서주서와 종7품의 문하녹사와 당후관22) 가운데도 참직이 있었다. 이는 무신란 이후 참직관이 늘어난 것과 무관하지 않을 것이다. 그렇다면 왜 정7품의 관직 가운데 참직이 있었을까. 이와 관련해서는 참직인 권지각문지후가

> (유석劉碩은) 권지각문지후로서 상주하는 일을 맡아보았다(『고려묘지명집성』, 146쪽 유석묘지명).

라 하여, 상주하는 일을 맡았다는 점이 참고된다. 이러한 임무를 관장한 관리는 국왕과 빈번한 접촉을 가질 수밖에 없었을 것이다. 권지각문지후 등 각문 소속의 관직이 참직인 이유가 여기에 있었다고 여겨진다. 각문이라는 기구 자체가 조회 시의 예의를 관장하는 관부였던 것이다. 이처럼 국왕과 빈번한 접촉을 가진 관직이 참직이었음은 좌우정언의 경우를 통해서도 확인할 수 있다. 좌우정언은 지제고를 겸임했

---

22) 『고려사』 76 백관지 1 문하성 및 밀직사 참고. 중추원의 당후관은 종7품에 불과했으나 그 관장 업무는 막중했다(변태섭, 「고려의 중추원」, 『진단학보』 41, 1976, 74-75쪽).

는데,[23] 지제고는 왕명이나 외교문서를 작성하는 것을 임무로 삼았으므로,[24] 여기에 임명된 관리들은 국왕과 밀착될 수 있었다.

지금까지 5품 이하로서 참직인 관직에 대해 알아보았다. 그 결과 종6품으로는 중서문하성의 좌우정언, 어사대의 감찰어사와 권지감찰어사, 정7품으로는 각문의 각문지후·권지각문지후·시각문지후가 있었음을 알았다. 그리고 신종 3년 이후에는 중서문하성의 중서주서와 문하록사, 그리고 중추원의 당후관도 참직에 올려졌음을 확인했다.

참직의 구분은 무반에도 있었다.

> 채송년蔡松年은 동주東州의 평강현인平康縣人이었다. 어전행수御殿行首로 낭장에 임명되었음에도, 오랫동안 직함을 고치지 않았다. 최충헌이 그 연고를 물어도 대답하지 않았는데, 곁에 있던 사람이 말하기를 '그의 부父가 아직 참직에 제배되지 못했으므로, 만약 직함을 고쳐 사로仕路에 나가게 되면 그가 자신의 아들인지 알지 못하고 말에서 내려 피해 달아날까 두려워한 때문입니다'라고 하였다. 충헌이 의롭게 여겨 곧 그의 부에게 참직을 제배하였다(『고려사』 권102, 채송년전).

정6품의 낭장이 참직이었음을 알려주는 것인데, 다만 이 기록이 최씨무신집권기의 것이라는 사실을 간과해서는 안될 것이다. 즉 낭장이 무신란 이전부터 참직이었는가 아니면 무신란 이후에야 참직이 되었는가 분명치 않은 것이다. 무신들이 정권을 장악하면서 낭장을 참직으로 올렸을 가능성도 배제하기 어렵기 때문이다. 또한 모든 낭장이 참직이었는가의 여부도 불분명하다. 이처럼 무반 참직에 관해서는 기록

---

23) 변태섭, 「고려의 문한관」, 『김철준기념논총』, 지식산업사, 1983, 191-192쪽.
24) 최제숙, 「고려 한림원고」, 『한국사논총』 4, 성신여대, 1981, 18-19쪽.

이 없기 때문에 참직에 대한 논의는 주로 문반직을 중심으로 전개될 수밖에 없다.

이제까지 참직에는 구체적으로 어떠한 관직들이 있었는가를 알아보았다. 참직에 속한 관직 모두를 검토한 것은 아니지만, 이를 통해 참직의 성격을 파악하는 데는 부족함이 없었다고 생각한다. 이제 참직은 어떠한 기능을 하였으며, 여기에 제수된 관리들은 어떠한 인물들이었는가 알아보기로 하자.

4. 참직의 기능과 그 제수자의 자격

고려시대의 참관 즉 참직 관리의 역할에 대해서는 다음이 참고된다.

O-①. 문반 상참常參 이상은 백성을 능히 다스릴만한 재능을 가진 자 1인을 천거하라(『고려사』 권75, 선거지 3 선용수령 목종 9년 4월 詔).

O-②. 문무상참 이상 및 치사致仕한 구신舊臣에게 명하여 각기 봉사를 올려 시정의 득실을 진술케 했다(『고려사』 권7, 문종 6년 5월 癸亥).

O-③. 너희 문무 상참관과 관직에서 물러난 구신舊臣과 산임散任 3품 이상 관리들은 이달 26일을 안에 각각 봉사를 올려 짐朕의 과실과 형정刑政의 득실과 민서民庶의 병폐를 직언하여 숨기지 말고, 또 충직청렴하고 재덕才德이 있는 인물 각 1인을 천거하라(『고려사』 권10, 선종 3년 6월 癸卯 詔曰).

O-④. 재추宰樞 및 문무 상참관에 명하여 동쪽 변경 문제의 해결책을 의논하여 아뢰게 하였다(『고려사』 권13, 예종 4년 5월 丙寅).

O-①에 따르면 목종은 문무 상참관으로 하여금 지방수령에 적합한 인물을 추천하도록 하였다. 상참관은 관리의 천거권을 가지고 있었음

을 알 수 있다. 상참관은 또한 시정의 득실을 국왕게 상서할 수 있었다(O-②). 그 내용은 국왕의 잘못이나 형정의 득실, 그리고 백성들의 불편함에 이르는 광범위한 것이었다(O-③). 그리고 상참관은 재추와 더불어 국방에 관한 사항을 논의하기도 했다(O-④). 상참관은 자신의 의견을 국정에 반영시킬 수 있었던 것이다. 이들 상참관이 곧 참직의 관리였음은 앞에서 밝힌 바 있다.

국정에 참여할 수 있었던 참직의 관리는 조관으로 불리어졌다.

> P-①. 의종 5년 정함鄭諴으로 권지각문지후를 삼자, 어사대에서 환자宦者가 조관에 참여한 것은 고제古制에 없는 일이라고 간쟁하였다(『고려사』 권75, 선거지 3 전주 宦寺之職).
> P-②. (고려의 엄인閹人은) 참관에 제배될 수 없었다.・・・의종 때 정함과 백선연白善淵이 권력을 휘둘렀는데, 함을 지후로 삼자 재상과 대간이 간쟁을 고집하고 임금의 말을 듣지 않았다(『고려사』 권122, 환자전 서).

P-①의 기록에서 어사대가 환자 정함의 권지각문지후 임명을 반대한 것은 이 직에 임명되면 조관이 되었기 때문이다. 그런데 이 조관이 참관이었음은 P-②의 기록을 통해서 알 수 있다. P-①과 P-②는 같은 내용을 기술한 것으로, 참관(P-②)을 조관(P-①)으로 표기했던 것이다. 대관이 환자 정함의 권지각문지후 임명을 그토록 격렬하게 반대한 것도,[25] 권지각문지후가 참관, 즉 조관이었기 때문이다. 정함은 여기에 임명됨으로써 국정에 참여할 수 있었던 것이다. 이러한 사실은

> 환관은 국초부터 경릉慶陵(충렬왕)조에 이르기까지 참관을 얻지 못했습니

---

25) 『고려사절요』 11 의종 5년 윤4월.

다. 그런데 근래에는 궁중에서 명을 전달하는 임무를 맡은 자로 하여금 도를 논하고 나라를 다스리는 반열에 참여하게 하였습니다. 이는 조정을 높이는 것이 아니니 원컨대 경릉 때의 법제에 따라서 조관에 재배함을 허락하지 마십시요(『고려사』 권75, 선거지 3 전주 宦寺之職 공양왕 원년 12월 조준상언).

는 기록을 통해서도 확인된다. 조준은 참관과 조관을 동일한 의미로 사용하면서, 환관의 참관 임용을 반대했던 것이다.

참직에 관한 최초의 언급은

문무 상참관 이상의 부모와 처를 봉작하라(『고려사』 권75, 선거지 3 전주 封贈之制 성종 7년 10월 敎)

는 기록에 보인다. 따라서 참직제는 성종대에 성립된 것으로 보인다. 그렇다면 그 이전에 국정에 참여한 관리들은 누구였을까. 이와 관련하여 다음의 기록들은 참고된다.

Q-①. 경관 5품 이상은 각기 봉사를 올려 시정의 득실을 논하라(『고려사』 권3, 성종 원년 6월 制曰).
Q-②. 경관 5품 이상은 각각 한 사람씩 천거하고, 그 덕행과 재능은 성명 밑에 기록하여 보고해라(『고려사절요』 권2, 성종 11년 5월 하교).

성종은 경관 5품 이상에게 시정의 득실을 논하게 하였는데(Q-①), 여기에 응해 최승로가 올린 것이 유명한 최승로의 상서문이다. 그런데 상서문을 올릴 수 있는 자격 관리를 5품 이상으로 제한한 것은 주목된다. 인물의 천거도 5품 이상에만 의뢰하였다(Q-②). 결국 참직제가 성립하기 이전에는 5품 이상의 관리들이 참직관, 즉 상참관의 역할을 대신했던 것이다.

그런데

> 상정전에 나아가 문무관의 원윤 이상에게 각각 말 한 필씩을 내려주었다(『고려사절요』 권2, 성종 2년 3월).

라는 기록을

> 문무 참내參內의 군료群僚를 천복전에서 향연하고 각각에게 말 한 필씩을 내렸다(『고려사』 권5, 현종 14년 5월 戊子).

와 비교해 보면 흥미롭다. 원윤 이상이 참내 군료로 대상이 바뀌었을 뿐, 그 내용은 흡사한 것이다. 원윤 이상이나 참내 군료가 중요한 관리들이었기에 국왕은 말을 하사했을 것이다. 참내의 관리들은 참직관으로서, 국정을 논의할 수 있는 자격을 가진 자들이었음은 앞에서 언급하였다. 원윤 이상도 참직관과 마찬가지의 기능을 가졌던 것이 아닌가 생각된다.

원윤은 9품의 관리체계가 성립하기[26] 이전에 사용된 관계官階였다.[27] 그렇다면 9품체제의 성립 이전에는 5품 이상의 역할을 원윤 이상이 수행했던 것은 아니었나 추측된다. 즉, 9품 체제의 성립과 더불어 이제까지 원윤 이상이 해오던 역할을 5품 이상이 대신했고, 이를 다시 상참관이 대신했던 것으로 이해된다. 다만 참직제의 성립과 더불

26) 박용운은 9품 체제의 성립 시기를 광종대로 이해하였다(박용운, 「고려시대의 문산계」, 6-7쪽).

27) 武田幸男, 「高麗初期の官階-高麗王朝確立過程の一考察」, 『朝鮮學報』 41, 1960, 14-23쪽.

어 곧바로 상참관이 5품 이상의 기능을 대신했던 것은 아니었던 듯하다. 9품 체제가 성립한 성종대까지도 원윤이 중시되었던 것과 마찬가지로, 참직제의 성립 이후에도 한동안 5품 이상만이 국정에 참여했다고 생각된다. 참직제가 성립한 성종대에 국왕이 5품 이상에게 구언하고, 천거를 요구했던 사실로 미루어 짐작된다. 상참관이 5품 이상의 기능을 대행한 것은 현종 이후였던 것 같다. 위의 R에서, 현종이 상참관 이상에게 연회를 베풀거나 물건을 하사했다는 사실이 이러한 추측을 가능하게 한다.

참직에 임명되면 고위직으로의 승진이 보장되었다. 고려시대 관리들이 역임했던 관직에 대한 검토를 통해서 확인할 수 있는 일이다. 다음을 보자.

R-①. (이규보는) 을해(고종 2년, 1215)에 바로 우정언에 재배되고 좌左・우사간右司諫을 역임하였다. (중략) 을미년(고종 22, 1235) 12월에는 참지정사・수문전대학사・판호부사・태자대보가 되었다(『고려묘지명집성』, 373쪽 이규보묘지명).

R-②. (양원준梁元俊은) 비로소 참직을 받아 권지감찰어사가 되었다. (중략) (의종 10년, 1156) 12월에 특별히 금자광록대부・중서시랑동중서문하평장사를 받았다(『고려묘지명집성』, 171쪽 양원준묘지명).

S. 군은 민閔이 성이고 영瑛이 이름이며, 본관은 황려현이다. 제릉서령諸陵署令으로 관직을 그만두었다. (중략) 회릉懷陵・대관大官・내고內庫・장야掌冶의 관직을 거치면서 모두 직책을 잘 수행했다는 평판을 들었다. 차합문지후로서 관례에 따라 영주방어사에 임명되었으며, 임기가 차자 서울로 돌아와 대부大府・사재주부司宰主簿, 군기승軍器丞, 제릉서령諸陵署令, 도재부사都齋副使가 되었다(『고려묘지명집성』, 122쪽 민영묘지명).

위에 보이는 이규보・양원준은 4품 이상의 고위직에 올랐던 인물들이다. 그런데 여기에서 주목되는 것은 이들이 모두 종6품에서 참직을 역임했다는 사실이다. 이규보는 우정언을(R-①), 양원준은 참직의 권지 감찰어사를 역임했다(R-②).

한편 S에서, 의종 때에 벼슬을 시작한 민영은 정5품의 제릉서령에서 해관되었다. 4품에 오르지 못한 채 관직생활을 접어야 했던 것이다. 그가 5품에서 해관된 분명한 이유는 드러나 있지 않다. 그러나 4품 이상에 올랐던 인물들이 참직을 역임했음을 고려하면, 민영이 4품에 오르지 못했던 것은 그가 참직에 임명되지 못했던 것과 무관하지 않아 보인다.

4품 이상의 고위직에 오른 이규보와 양원준이 종6품의 벼슬에서 참직을 역임했다는 사실은, 고려시대의 문신 관리들이 4품 이상의 고위직으로 승진하기 위해서는 종6품 이하에서 참직을 거쳐야 했음을 시사해준다. 실제로 『고려사』 열전에 입전되었거나 묘지명이 현존한 인물들 가운데 고위직에 오른 인물들 대부분은 좌우정언·감찰어사·각문지후·전중내급사 등의 관직을 역임했던 것이다.

결국 참직은 국정에 참여할 수 있는 관직이었을 뿐만 아니라 고위직으로의 승진을 위해서는 거쳐야 되는 관직이기도 했다. 그러한 만큼 모든 관리들이 여기에 임명되기를 갈망했음은 당연하다. 최충헌에게 시를 지어 바쳐 이를 구했다는, 앞의 사료 D에 보이는 이규보의 경우는 그 대표적인 예가 될 것이다.

그렇다면 참직에의 임명에는 어떤 제약이 뒤따랐을까. 모든 관리들이 임명되기를 원했던 만큼 참직에의 임명에는 일정한 제약이 뒤따랐을 것이다. 참직이 대체로 6품 이상의 관직이었음을 감안하면, 7품 이상은 오를 수 없는, 한7품限七品의 대상이 된 인물들이 6품의 참직에 임명될 수 없었음은 두말할 나위가 없다. 다만 문제되는 것은 그들이 7품 참직인 권지각문지후·시각문지후·각문지후에 임명될 수 있었는가의 여부이다. 이와 관련해서는 의종이 환관인 정함을 권지각문지후에 임명하자 대간이 크게 반발한 했다는 P-①, ②의 기록이 참고된다. 환관은 정7품까지는 오를 수 있었는데,[28] 그러함에도 대간은 환관의 권지각문지후 임명을 반대했던 것이다. 아울러

> (희종 2년) 역관譯官인 내정숭반內殿崇班 우광유于光儒를 권지각문지후에 임명하자, 성랑省郎이 말하기를 '광유는 남반원南班員인데 지금 참직을 제배함은 전례에 맞지 않습니다'하고 몇 달 동안 고신에 서명하지 않았다(『고려사』 권129, 최충헌전).

라고 하였듯이, 남반원 역시 7품까지 오를 수 있었지만,[29] 참직에는 임명될 수 없었던 것이다.

고려시대에는 한7품 이외에도 한5품, 한4품, 한3품에 해당되는 인물들이 있었다.[30] 이 가운데 한4품이나 한3품의 대상이 된 인물들은 참직에 임명될 수 있었을 것이다. 4품 이상의 관직은 모두 참직이었기 때문이다. 궁금한 것은 한5품에 해당하는 인물들이 참직에 임명될 수 있었는가의 여부인데, 5품에도 참직이 아닌 관직이 있었음을 고려하면, 참직에 임명될 수 없었다고 생각된다. 신분상 하자가 없는 관리들을 제쳐놓고 이들을 참직에 임명했을 까닭이 없어 보인다.

신분에 별다른 하자가 없는 인물들의 경우 참직에 임명되는 데 특

28) 『고려사』 권75, 선거지 3 전주 宦寺之職 고종 45년 7월.

29) 조좌호, 「여대남반고」, 『동국사학』 5, 1957, 11-12쪽 및 이병도, 「고려남반고」, 『서울대논문집』 인문·사회과학 12, 1969, 169쪽.

30) 『고려사』 권75, 선거지 3 전주 한직 인종 3년 정월 판.

별한 제재가 가해졌다는 기록은 발견할 수 없다.[31] 그러나 참직은 과거 출신자들이 임명되기에 유리했다. 다음을 보자.

> 임진년(고종 19, 1232) 4월에 정의대부正議大夫·판비서성사判秘書省事·보문각학사寶文閣學士·경성부첨사慶成府詹事에 기용되었다. 참직을 받으면서부터 이에 이르기까지 외직을 맡았던 1년을 제하고는 모두 전고典誥를 겸하였다(『고려묘지명집성』, 374쪽, 이규보묘지명).

이규보는 참직에 오른 이후 전고, 즉 지제고를 겸하였다. 이처럼 참직에 오르면 지제고를 겸임하는 경우가 일반적이었음은, 앞에서 언급했듯이, 좌·우정언이 지제고를 겸임한 사실로 알 수 있는 일이다. 따라서 좌·우정언에는 과거 출신자만이 임명될 수 있었다.[32] 전중내급사도

> (문공유文公裕는) 병신戊申년 봄에 정중내급사지제고殿中內給事知制誥를 제수받았다(『고려묘지명집성』, 173쪽, 문공유묘지명).

는 기록이 말해주듯, 지제고를 겸임한 예가 적지 않았다. 따라서 과거

---

31) 참직에 임명되기 위해서는 지방관을 역임해야 했던 것처럼 기록되어 있다.

> 외직外職은 동반東班의 사로仕路입니다. 그러므로 동반은 반드시 외직을 역임한 후에야 조관에 임명될 수 있었습니다(『고려사절요』 권19, 충렬왕 원년 6월).

그러나 묘지명 등을 검토해 보면 지방관을 거치지 않았음에도 참직에 임명되는 경우가 허다하게 발견된다. 따라서 위의 기록을 그대로 믿기는 곤란하다. 지방관이 중요하고, 또한 문반의 사로임을 강조하는 가운데 다소의 과장이 있었다고 생각된다.

32) 변태섭, 「고려의 문한관」, 206쪽.

출신자들이 이 직에 임명되었을 것이라는 점은 충분히 예상된다.

과거출신자와는 달리, 음서출신자를 포함한 과거 출신자가 아닌 인물들의 경우는 참직에 임명되기가 쉽지 않았다. 우선

나라의 제도에 과거 출신자가 아니면 문한직에 임명될 수 없었다(『고려사』 권130, 홍복원전).

라는 기록을 통해 알 수 있듯이, 과거 출신자가 아닌 인물들은 문한직, 즉 지제고를 역임할 수 없었으므로, 좌·우정언과 같은 참직에는 임명될 수 없었다. 따라서 과거 출신자가 아닌 인물들은 감찰어사나 각문지후를 통해 관직에 나아갔다. 다음의 사례들을 참고해 보자.

T-①. (양원준梁元俊은) 아버지의 외고조인 삼한공신이며 대위大尉로 추증된 최영휴崔英休의 문음으로 건통乾統 8년 무자戊子년 2월에 처음으로 양온서사동정良醞署史同正을 받았다. (중략) 비로소 참직을 받아 권지감찰어사가 되었다(『고려묘지명집성』, 171쪽 양원준묘지명).

T-②. (윤언민尹彦旼은) 처음 가음家蔭으로 벼슬길에 나가 조정에 이름을 올렸다. (중략) 을묘년(인종 13, 1135) 여름에 임금의 명령을 받아 권지합문지후에 임명되고, 이어서 시전중내급사로 옮겼다(『고려묘지명집성』, 141쪽 윤언민묘지명).

양원준(T-①)과 윤언민(T-②)은 음서 출신이었다. 그런데 양원준은 처음 참직으로 권지감찰어사를 제수받았다(T-①). 한편 윤언민은 권지각문지후에 임명됨으로써 참질에 올랐다(T-②). 이 밖에 감찰어사와 각문지후, 그리고 시각문지후도 음서 출신자들이 임명될 수 있는 참직이었다.[33] 그런데 권지감찰어사와 감찰어사는 크게 감찰어사라고 부를 수 있으며, 권지각문지후와 시각문지후는 각문지후의 범위 안에

드는 것이었다. 따라서 음서 출신자들이 역임할 수 있는 종6품 이하의 참직으로는 감찰어사와 각문지후가 있었다고 할 수 있다. 실제로 고위직에 오른 음서 출신자가 역임한 관직으로 감찰어사와 각문지후가 대부분이었음은 『고려사』 열전이나 묘지명 등에서 확인할 수 있다.34)

한편 전중내급사의 경우, 반드시 지제고를 겸임했던 것은 아니었다. 따라서 음서 출신자도 이 직에 임명되었다. 그러나 음서 출신자가 전중내급사를 역임한 경우는, 윤언민의 경우에서 드러나듯이, 참직인 각문지후나 감찰어사를 거친 이후였다. 참직의 초직으로 전중내급사에 임명될 수는 없었던 것이다. 이는 과거 출신자가 참질에 오르는 것과 동시에 전중내급사에 임명된 것과 차이가 있다. 왜 그러했는지 분명한 까닭을 이유를 밝히기는 어려운데, 과거출신자가 전중내급사에 임명될 경우 지제고를 겸임한 것과 관련이 있어 보인다. 즉 음서출신자는 지제고를 겸하지 않은 전중내급사에, 그리고 과거출신자는 지제고를 겸한 전중내급사에 임명된 데서 위와 같은 차이가 나타나는 것이 아닐까 생각된다.

『고려사』 백관지에 따르면 감찰어사는 모두 10명이었는데, 문・리

---

33) 김영석金永錫은 합문지후에(『고려묘지명집성』, 203쪽 김영석묘지명), 김봉모金鳳毛는 감찰어사에 임명됨으로써(『고려묘지명집성』, 298쪽 김봉모묘지명) 참질에 올랐던 듯하다. 시각문지후에 임명되어 참질에 올랐다는 음서출신자를 구체적으로 확인할 수는 없지만, 시각문지후가 참직이었고, 이 직이 각문지후와 동일하게 취급될 수 있는 관직임을 감안하며, 음서출신자들이 이 직을 통해 참질에 올랐다고 해도 무리는 없을 것이다.

34) 이 때문에 이우성은 '감찰어사는 이의 등용문이며 이출신자가 감찰어사에 오르게 되면 관인으로서의 평탄한 길이 보장되었던 것으로 생각된다'고 하였다(이우성, 「고려조의 '이'에 대하여」, 『역사학보』 23, 1964, 9쪽. 14쪽).

각 5인이었다 한다. 여기에서의 문은 과거합격자이며, 리는 과거에 의하지 않고 다른 방도에 의해 관도에 진출한 자를 가리킨다.[35] 감찰어사 10명을 이처럼 과거 출신자와 비과거 출신자로 나누었던 이유는 어디에 있었을까. 과거 출신자와 비과거 출신자를 균등하게 감찰어사에 등용한다는 의지의 표현이었다고 생각한다. 각문지후와 감찰어사에는 과거출신자와 음서출신자를 포함한 비과거 출신자가 똑 같은 수로 임명되었던 것이다.

결국 과거출신자가 임명될 수 있는 최초의 참직은 좌・우정언과 전중내급사, 그리고 감찰어사 5개와 각문지후 3개였다. 이에 반해 음서출신자를 포함한 비과거 출신자는 감찰어사와 각문지후 가운데, 과거출신자가 차지한 나머지의 참직에 임명되었다. 음서 출신자들이 참직에 임명될 수 있는 기회는 과거 출신자에 비해 훨씬 적었던 것이다. 음서 출신자들이 참직에 임명되기 위해서 치열한 경쟁을 벌였음은 두말할 나위가 없다. 음서에 의해 관도에 진출한 관리들이 다시 과거에 응시한 까닭이 여기에 있었다.

물론 정치권력을 등에 업은 음서 출신자의 경우, 참직에 진출하는데 어려움이 없었기 때문에, 힘든 과거를 피해가는 경우도 있었다. 다음의 경우가 그러한 예에 해당한다.

U-①. (전략) 그러나 가의賈宜의 나이(가의는 33세에 요절)에 이르러서도 상여相如의 병(글에만 심취하는 것)이 지나칠까 걱정하여, 선친(이자연李子淵)이 과거에 응시하는 일을 허락하지 않고 강제로 문음門蔭으로 출신토록 하였다(『고려묘지명집성』, 23쪽 이정묘지명).

U-②. 정방공政房公(염신약廉信若)은 비록 과거로써 지위가 재상에 올랐지만,

35) 김용선, 「음서제도와 과거제도의 비교」, 『고려 음서제도연구』, 주 65.

나라에 어려움이 많아 일찍이 험한 일을 겪게 되자, 자못 문자文字를 싫어하여 자제들을 가르치지 않았다. 그러한 까닭에 두 아들이 모두 문음門蔭으로 벼슬하게 되었다(『고려묘지명집성』, 318쪽 염극모묘지명).

U-①은 고려시대에 음서가 중요했다는 점을 강조한 학자들에 의해 종종 인용되는 기록이다. 이자연은 아들 이정으로 하여금 과거를 보지 못하게 하고, 음서로 벼슬길에 나아가게 했다. 과거가 음서보다 중요하지 않아서 이자연이 그의 아들에게 음서로 나아갈 것을 권한 것은 아니었다. 아들 이정의 몸이 약한 것을 걱정하여 과거 응시를 허락하지 않았던 것이다. 이처럼 과거를 피한 것이 특수한 사정 때문이었음은 U-②의 경우에도 마찬가지였다. 염신약이 활동한 것은 무신집권기였다. 따라서 그의 두 아들이 음서로 출사한 것은 당시 과거 출신자들이 그들의 노력에 대한 정당한 대우를 받지 못했기 때문이 아닌가 생각된다. 결국 이자연이나 염신약과 같은 예외가 있기는 했지만, 고려시대의 인물들 대부분은 과거를 통해 관도에 진출하기를 바랐다.[36)]

5. 맺는말

고려시대의 참직에는 무반에도 있었다. 그러나 사료의 부족으로 참직에 관한 논의가 주로 문반직에 국한될 수밖에 없었음은 유감이다. 이제까지 검토한 바를 요약하면 대략 다음과 같다.

참직은 참상관직을 지칭하는 것이었다. 참상관은 참관 혹은 상참관

---

36) 김용선, 『고려음서제도연구』, 148쪽.

으로 표기되었는데, 주목되는 것은 고려의 참상은 조선의 그것처럼 일률적으로 6품 이상을 가리키지 않았다는 점이다. 고려시대에는 5·6품 가운데 참상이 아닌 관직이 있었는가 하면, 7품에도 참상인 관직이 있었던 것이다. 심지어 같은 관직 가운데도 참직인 것과 아닌 것이 있었다. 종6품인 감찰어사의 경우, 참직인 감찰어사와 참직이 아닌 감찰어사가 있었으며, 정7품의 각문지후의 경우에도 그러했다.

참직의 여부를 결정짓는 중요한 요인은 관장 업무였다. 예컨대 국왕과 빈번하게 접촉하는 관직은 참직이었다. 지제고를 겸한 중서문하성의 좌·우정언과 같은 문한직이 참직이었던 반면 제서나 시·감 등에 소속된 관직은 그보다 관품이 높았음에도 불구하고 참직이 아니었던 것이다.

참직관은 국정의 논의에 참여할 수 있었다. 시정의 득실에 관해 상서할 수 있었는가 하면, 관리를 천거할 수 있는 권리가 주어지기도 했다. 이러한 역할을 수행했던 만큼 참직에 임명되면 승진이 보장되었다. 이와는 달리 참직에 임명되지 못한 관리는 설사 정5품에 이르렀다 하더라도 4품에는 오르지 못하고 관직생활을 그만두어야 했다.

과거 출신자가 처음 임명될 수 있는 참직으로는 각문지후와 감찰어사, 그리고 중서문하성의 좌·우정언과 전중성의 전중내급사 등이 있었다. 이에 반해 음서 출신자가 처음 임명될 수 있는 참직으로는 각문지후와 감찰어사가 있었다. 음서출신자는 감찰어사 10인과 각문지후 6인 가운데 과거 출신자에게 각각 배당된 5인과 3인을 제외한 나머지 5인의 감찰어사와 3인의 각문지후에 임명되어야만 참질에 오를 수 있었던 것이다. 음서출신자에게 배당된 참직의 수는 과거 출신자의 그것에 비해 현저하게 적었던 것이다. 음서에 의해 관도에 진출한 관리가 다시 과거에 응시했던 이유가 여기에 있었다. 고려시대에는 관리의 등용제도 자체가 음서보다는 과거가 중요할 수밖에 없게 만들어져 있었던 것이다.

제12장 고려 양반사회와 한국사의 시대구분

1. 머리말

한국 사학계에는 고려가 귀족사회였다는 것이 정설화되어 있는 가운데, 극히 일부의 학자들만이 이에 반대하였다.[1)] 그런데 저자 역시 고려를 귀족사회라고 부르는 것은 적절하지 않다고 생각한다. 고려를

1) 고려가 귀족사회였다는 데 대한 의문의 제기는 박창희로부터 비롯되었다. 그는 「고려시대 '관료제'에 대한 고찰」(『역사학보』 58, 1973)에서, 고려시대의 정치를 주도한 인물들은 대부분 과거에 의해 선발된 관료였는데, 이는 과거제가 가문을 배경으로 하는 음서제보다 더 중요한 의미를 가지고 있었음을 반영한다고 하였다. 음서로 벼슬길에 나아간 자들이 다시 과거를 본 까닭이 여기에 있다는 것이다. 아울러 음서제는 무신란 이후에도 지속되었는데, 음서를 귀족사회의 주요한 근거로 이해한 귀족사회론자들이, 무신란으로 귀족사회가 붕괴되었다고 한 것은 모순이라는 지적도 덧붙였다. 그리고 「고려시대 귀족제사회설에 대한 재검토」(『백산학보』 23, 1977)에서는 고려는 신라와는 구분되어야 한다는 점을 강조하였다.
박창희의 논문이 발표된 이후 학계에서는 귀족가문에 대한 사례연구事例研究를 비롯하여, 과거제와 음서제, 공음전시, 귀족의 개념 등이 깊이 있게 논의되었다(이와 관련된 논문들은 김의규, 『고려사회의 귀족제설과 관료제론』, 지식산업사, 1995에 수록되어 있다). 그러한 가운데 고려를 귀족사회로 이해하기 어렵다는 주장이 유승원에 의해 다시 제기되었다. 그는 「고려를 귀족사회로 보아야 할 것인가」(『역사비평』 36, 1997)에서 고려가 신라보다 발전된 사회임을 전제하고, 신라와는 달리 최고의 가문이라고 할 수 있는 왕족이 정치에서 배제된 사회를 어떻게 귀족사회라고 할 수 있는가를 반문하였다.

귀족사회라고 주장한 학자들이 제시한 음서蔭敍나 공음전시功蔭田柴가 귀족사회설을 뒷받침하는 근거로 적절치 못해서가 아니라,[2] 한국사에서는 신라사회를 귀족사회라고 부르는 것이 일반적이므로 고려사회는 이와 구분해서 다르게 불러져야 한다고 믿기 때문이다. 고려에는 신라의 골품제骨品制와 같은 엄격한 신분제가 존재하지 않았으며, 신라와는 달리 왕족이 정치에서 배제되고 과거를 통해 관리를 선발했던 것이다.[3] 고려가 호족의 등장으로 대변되는 신라 하대의 변화를 바탕으로 성립된 국가였음을 감안하면 이러한 차이는 당연해 보인다. 그러함에도 불구하고 신라의 귀족사회가 와해된 후 성립한 고려를 다시 귀족사회라고 하는 것은 한국사의 체계적인 인식에 혼란을 초래한다.[4] 귀족사회의 성립과 전개, 그리고 몰락이 두 번씩 언급되어야 하기 때문이다. 만일 고려를 귀족사회라고 부르기를 굳이 고집한다면, 신라사회는 이와 다르게 불리어져야 할 것이다.

고려를 귀족사회로 이해하는 것이 타당하지 않다면 고려는 어떤 사회였을까. 이와 관련해서 주목되는 것은 고려의 정치를 주도한 인물들이 양반이었다는 사실이다. 『고려사』 등에는 양반이라는 용어가 일일이 열거하기 어려울 정도로 많이 나타난다.[5] 목종 원년(998)의 전시과

---

2) 음서나 공음전시에 대한 다양한 해석에 대해서는 주 1)에서 언급한 논문들에 소개되어 있으므로 참고하기 바란다.

3) 이 점은 유승원 앞의 논문, 190쪽에서 강조되었다.

4) 고려를 귀족사회로 이해한 학자들의 주장에 따를 경우, 고려의 전 시기가 귀족사회인가 아니면 무신란 이전까지가 귀족사회인가 하는 점도 분명하지 않다. 고려를 귀족사회라고 규정하면서도 무신란으로 인해 귀족사회가 무너졌다고 서술한는 경우(예컨대 박용운, 『고려시대사』, 일지사, 1987, 407쪽)가 일반적이기 때문이다.

5) 이는 윤한택, 「고려전기의 양반과 양반전」(『역사연구』 5, 역사학연구소, 1997)

를 '문무양반 및 군인전시과文武兩班及軍人田柴科'로 이름 붙인 사실로 알 수 있다. 또한 귀족사회의 근거로 이해되어 온 공음전시의 정식 명칭도 '양반공음전시兩班功蔭田柴'였던 것이다. 그리고 이러한 용례를 분석해 보면, 양반은 문·무 관리를 지칭했을 뿐만 아니라 신분을 나타내기도 했음을 알 수 있다.[6] 문무양반이 정치·경제·사회를 주도해 나간 사회가 고려였던 것이다. 따라서 고려는 양반사회라고 불러서 좋은 것이 아닌가 생각된다.[7] 이에 저자는 고려 양반사회가 어떤 과정을 거쳐 성립하였으며 어떻게 전개되었는가를 밝혀보고자 한다.

고려를 양반사회라고 할 때 문제가 되는 것은 고려와 조선의 관계이다. 한국사에 있어서 양반사회라고 불리어진 시대는 조선이었다. 조선의 문무양반들이 지배신분층으로서 조선사회를 주도했음은 널리 알려진 사실인 것이다. 따라서 고려를 양반사회라고 한다면 고려와 조선은 동질적인 사회였는가 하는 의문이 제기되는 것이다. 이러한 물음에 대한 해답은 쉽게 제시될 수 있는 성질의 것이 아니며, 조선시대에 어두운 저자에게는 더욱 그러하다. 다만 적어도 지배세력을 양반이라고 불렀다는 점에서, 고려와 조선은 하나로 묶여질 수 있는 것이 아닌가 한다. 이에 관해서는 이 글의 전개과정에서 보다 구체적으로 언급될 것이다.

고려와 조선이 모두 양반사회였다면, 이는 한국사의 체계적인 이해와 관련하여 어떤 의미를 가지는가 궁금하다. 즉 한국사의 시대구분은

이라는 논문을 통해서도 확인할 수 있다.

6) 이성무, 『조선초기 양반연구』, 일조각, 1980, 14쪽.

7) 고려를 양반사회로 지칭하는 것이 타당하다는 견해를 피력한 연구자로는 백남혁이 있다(백남혁, 「고려 귀족사회설의 문제점」, 『상명사학』 4, 1999 참고).

어떻게 해야 하는가 하는 의문이 자연스럽게 제기되는 것이다. 그러므로 저자 나름대로의 시대구분에 관한 견해도 불가피하게 밝혀야 할 것 같다.

2. 고려 양반사회의 성립

고려의 양반은 문반과 무반을 지칭하는 것이었다. 앞에서도 언급했지만, 목종 원년의 전시과를 '문무양반 및 군인전시과'로 명명한 사실로 알 수 있다. 그렇다면 언제부터 관리들을 문반과 무반으로 구분하기 시작했을까.

> A. 상주의 적수 아자개阿字蓋가 사신을 파견하여 귀부해왔으므로 왕이 예를 갖추어 그를 맞이하도록 하였다. 구정毬庭에서 예를 익히기 위해 문무관들이 모두 늘어섰을 때, 광평랑중 유문율柳問律과 직성관 주선할朱瑄劼이 열列을 다투었다(『고려사』 권1, 태조 원년 9월 甲午).
> B. 왕이 백제로부터 돌아와 위봉루에 앉아 문무백관과 백성들의 조하朝賀를 받았다(『고려사』 권2, 태조 19년 9월).

위에 따르면 일찍이 태조 때부터 관리들은 문반과 무반으로 구분되었던 것처럼 보인다. 그런데 A의 기록 가운데 '광평낭중 유문율과 직성관 주선할이 열을 다투었다'는 것은 서열을 다투었다는 것으로 해석된다. 이는 관계官階가 제대로 성립되지 않았음을 의미한다. 태조가 즉위한 직후였음을 고려하면 무리가 아니다. 이처럼 관계조차 성립되지 않은 상태에서 문무의 분화가 이루어졌을까 의심스럽다. 실제로 전시과의 원초적 형태로 이해되는 태조 23년(940)의 역분전役分田에서도 그

지급대상자를 조신朝臣 · 군사軍士로 규정하였다. 만일 문무반의 분화가 이루어졌다면, 목종 전시과 등의 예로 미루어, 관리들을 이렇게 표현하지는 않았을 것이다. 결국 위의 기록에 보이는 문 · 무관은 당시에 실제로 쓰여졌던 것이 아니고, 『고려사』 찬자들이 후대의 용어를 소급해서 사용한 것이 아닌가 생각된다.[8)]

문무양반의 분화과정을 알아보는 데는 무엇보다 전시과의 규정이 믿을 수 있는 자료라고 생각한다. 전시과는 모든 관리에게 관직에 따라 전시를 지급한 것으로, 이는 당시의 관리체계를 반영한 것이기 때문이다.[9)] 그런데 고려 최초로 전시과가 제정된 것은 경종 원년(976)이었다. '직산관각품전시과職散官各品田柴科'라고 이름 붙여진 이 전시과에서는 관리들을 문반 · 무반 · 잡업雜業으로 나누고, 이들 각각을 관직의 고저에 따라 다시 단삼丹衫 · 비삼緋衫 · 녹삼綠衫으로 나누었다. 전시의 지급대상자를 공복公服의 색을 기준으로 나누었던 것이다. 그런데 주목되는 것은 문 · 무 · 잡업 어디에도 속하지 않은 자삼紫衫 계층이 존재했는데, 이들이 문 · 무 · 잡업에 속한 관리들보다 많은 양의 전시를 지급받았다는 사실이다. 이는 자삼 이하의 관리에 있어서만이 문 ·

---

8) 『고려사』에는 이 밖에도 태조 때에 모든 제도가 설치된 것처럼 기록되어 있다. 예컨대 태조 2년에 '삼성三省 · 육상서六尙書 · 구시九寺 · 육위六衛를 설치하였다' (『고려사』 권77, 백관지 서문)라고 되어 있는 것이다. 그러나 이것이 잘못임은 널리 알려진 사실이다(이기백, 「고려경군고」, 『이병도화갑기념논총』, 1956; 『고려병제사연구』, 일조각, 1968, 50쪽 및 변태섭, 「고려시대 중앙정치기구의 행정체계-상서성 기구를 중심으로」, 『고려정치제도사연구』, 일조각, 1971, 3-5쪽). 태조를 높이 올리려는 의도에서 비롯된 것이었다고 생각된다.

9) 전시과를 통해 양반의 성립과정을 추적한 논문으로는 末松保和, 「高麗初期の兩班について」(『東洋學報』 36-2, 1953; 『青丘史草』 1, 笠井出版社, 1965)가 있다.

무·잡업의 분화가 이루어졌음을 알려준다.[10)]

많은 토지를 지급받은 관리들이 문·무·잡업 어디에도 속하지 않은 이유는 어디에 있었을까. 이러한 의문을 해결하기 위해서는 광종대의 정치상황을 주목해볼 필요가 있다. 경종 원년의 전시과는 광종대의 정치적 변화를 반영한 것이었다고 이해되기 때문이다. 그런데 광종은 과거제도를 실시하여 관리를 선발했는가 하면 공신세력을 제어하기 위하여 시위군을 증강하였다. 따라서 이들 광종대의 과거합격자들과 시위군을 중심으로 문·무·잡업의 분화가 이루어졌고, 이들이 경종 원년 전시과의 문·무·잡업의 주된 구성분자였다고 생각된다.[11)] 결국 고려에 있어서 문무반의 분화는 광종대 과거의 실시로부터 비롯되었다고 할 수 있다. 한편 과거 실시 이전에 고위직에 오른 관리들 모두를 문·무·잡업에 소속시키기는 용이하지 않았을 것이다. 그들 가운데 특히 공신계열의 반발은 당연해 보이기 때문이다. 경종 원년 전시과에 문·무·잡업 어디에도 속하지 않는 자삼층이 존재한 이유가 여기에 있다고 생각한다.[12)]

---

10) 末松保和, 위의 논문, 156쪽.

11) 이 책 제1장 최승로의 상서문에 보이는 광종대의 '후생'과 경종 원년 전시과 참고.
광종대에 실시된 과거에는 무과가 없었다. 그러나 광종의 시위군이 '주현의 풍채風采있는 자'들로 구성되어 있었음을 고려하면, 시위군의 선발에 일전한 기준이 적용되었음이 분명하다. 실제로 이후 고려에서는 활과 말에 익숙한 자들이 무반에 선발되었다(신천식, 「고려시대의 무과와 무학」, 『군사』 7, 1983, 172-173쪽). 과거의 실시와 더불어 무반을 선발하는 기준도 마련되어 있었다고 생각된다.

12) 이 자삼층에는 중앙의 관리뿐만 아니라 고위 관계官階를 지닌 지방의 호족층이 포함되었을 것이라는 견해도 있다(강진철, 「전시과제도의 제정 및 그 내용」, 『고려토지제도사연구』, 고려대출판부, 1980, 35-36쪽).

경종 원년 전시과에 문·무·잡업 어디에도 속하지 않은 고위 관리들이 존재했다는 사실은 당시에는 아직 후대와 같은 양반제가 자리 잡지 못했음을 알려준다. 그러함에도 불구하고

문무양반의 묘지墓地를 정했다(『고려사』 권85, 형법지 2 금령 경종 원년 2월).

라 하여, 경종 원년에 이미 모든 관리를 양반으로 지칭하기도 했음은 주목된다. 관리 묘지의 크기를 정하는 데는 문·무반뿐만이 아니라 잡업, 그리고 자삼층을 포함한 모든 관리가 그 대상에 포함이 되었을 것인데,[13] 이들 모두를 양반으로 지칭했던 것이다. 관리제도가 문무양반을 중심으로 개편되어 가고 있었음을 설명해주는 것이 아닌가 생각된다.

고려의 양반제는 목종 원년의 전시과에 이르러 진일보하였다. 전시과의 명칭 자체가 '문무양반 및 군인전시과'였던 것이다. 경종 원년의 전시과가 광종대의 정치적 변화를 반영한 것이라면, 목종대의 그것은 성종대 제도의 개편이 반영된 것으로 생각된다.[14] 여기에서는 모든 관리를 18과(등급)로 나누고, 각과에 관직을 배열하였다. 그런데 각과에 배정된 관직들의 열기된 순서를 자세히 검토해 보면, 그것은 일정한 서열을 갖고 있음을 알 수가 있다. 즉 맨 처음에 문반에 속하는 관직을 쓰고 다음에 무반, 그리고 잡업雜業·남반南班의 순서로 적혀있는 것이다.[15] 제9과를 예로 들어 살펴보자.

---

13) 박용운, 「고려시대의 문산계」, 『진단학보』 52, 1981; 『고려시대 관계·관직연구』, 고려대출판부, 1997, 61-62쪽.

14) 이기백, 「귀족적 정치기구의 성립」, 『한국사』 5, 국사편찬위원회, 1975; 『고려 귀족사회의 형성』, 일조각, 1990, 116쪽.

제9과 전60결 시33결 제낭중諸郎中 · 군기소감軍器少監 · 비서승秘書丞 · 전중승殿中丞 · 내상시內常侍 · 국자박사國子博士 / · 중랑장中郎將 · 절충도위折衝都尉 / · 태의감太醫監 / · 합문사閤門使 · 선휘제사宣徽諸使 · 선휘판사宣徽判事 / · 산소경散少卿 · 산소감散少監.

위에서 빗금으로 표시한 것은 반을 구분하기 위한 것이다. 제낭중 · 군기소감 · 비서승 · 전중승 · 내상시 · 국자박사는 문반직이며, 중랑장 · 절충도위는 무반직이다. 그리고 태의감은 잡업에 속하는 것이며, 합문사 · 선휘제사 · 선휘판사는 남반직으로 이해된다.[16]

목종 원년 전시과는 경종 전시과와는 달리, 고위 관리들 모두가 문 · 무반에 속하였다. 제1과에서 제7과 사이에 속한 관직들은 모두 문반이거나 무반이었던 것이다. 그러나 제8과 이하에는 문무양반 이외에도 잡업과 남반이 여전히 존재하였다.[17] 즉 제8과에는 잡업으로 종3품의 태복감, 그리고 위에서 볼 수 있듯이, 제9과에는 잡업으로 정4품인 태의감, 남반으로 정5품인 합문사와 관품을 잘 알 수 없는 선휘제사 · 선휘판사 등이 있었던 것이다. 따라서 후대와 같은 양반제는

15) 이기백, 위의 논문, 117쪽.

16) 『고려사』 권85, 형법지 2 피마식 덕종 2년의 기록에는 4품에 해당하는 남반 선휘사宣徽使, 5품의 남반 인진사引進使, 6품의 남반 각문통사사인閣門通事舍人이 보인다(이병도, 「고려 남반고」, 『서울대 논문집』 12 인문사회과학, 1966, 159쪽). 이로 미루어 선휘사가 남반직임을 알 수 있는데, 목종 원년 전시과의 제9과에는 잡업인 태의감 다음에 선휘제사가 나온다. 그렇다면 태의감 이하 산직散職 이전의 관직들은 모두 남반직으로 이해해서 잘못을 없을 것이다. 다른 곳에서 찾을 수 없는 많은 남반 관직을 목종 원년 전시과를 통해서 확인할 수 있는 셈이다.

17) 이 때문에 고려의 신분체제를 '반체제班體制'로 부르기도 한다(이기백, 「고려시대 신분의 세습과 변동」, 『한국의 전통과 변천』, 1973; 『고려귀족사회의 형성』, 일조각, 1990, 89쪽).

목종 원년 전시과에서도 성립되지 않았다.

전시과는 이후 현종 대와 덕종 대에도 약간의 변화가 있었다. 현종 5년 12월에는 '문무양반·잡색원리雜色員吏에게 전시를 가급加給'했으며, 덕종 3년 4월에는 '양반 및 군軍·한인閑人전시과를 개정'하였다.[18] 그러나 구체적인 내용이 남아있지 않아 양반제의 성립과 관련해서 어떠한 변화가 있었는지 알 수 없다.

고려의 관리들은 문종 30년의 전시과에 이르러 대부분 문무양반에 속하였다. 목종 원년 전시과에 보이던 잡업·남반의 고위직이 문종 30년의 전시과에서는 모두 문반직으로 흡수되어 관직체제는 문·무반으로 대별되었던 것이다. 전시과의 각과에 배정된 관직들의 열기된 순서를 검토해 볼 때 그러하다.

제 8과에 소속된 관직들을 예로 들어 보자.

> 제8과 전60결 시21결 제낭중諸郎中·태의소감太醫少監·군기소감軍器少監·내상시內常侍·합문인진사閤門引進使·태자좌우찬선대부太子左右贊善大夫·태자중윤太子中允·태자중사인太子中舍人·합문사閤門使·국자박사國子博士 / ·제낭장諸郎將.

여기에서의 빗금은 문반과 무반을 구분하기 위한 것이다. 마지막의 제낭장은 무반임이 분명하다. 그리고 제낭중과 군기소감·내상시·국자박사 등은 문반직이다. 그렇다면 제낭중에서 국자박사에 이르는 관직들은 모두 문반직으로 이해할 수밖에 없다. 즉 태의소감과 합문인진사 등 목종 전시과에서는 잡업과 남반으로 각각 파악되었던 관직들이 문종 30년 전시과에서는 문반직으로 변했던 것이다. 이후 잡업은 어

18) 『고려사』 권78, 식화지 1 전제 전시과.

떻게 변했는지 잘 알 수 없지만, 남반의 직은 '7品에 한정'되었다.19) 따라서 엄밀하게 문무양반제가 확립된 것은 남반의 6품 이상과 잡업의 고위직이 모두 문반직이 된, 목종 원년에서 문종 30년에 이르는 기간 동안의 일이었다고 할 수 있다.

고려의 양반은 문무 관리만이 아닌, 그들의 신분을 나타내기도 하였다. 다음을 참고해 보자.

> C. 개성부의 5부와 외방 주현에서 백성을 양반으로 하거나 천인을 양인으로 하여 호구를 위조한 자는 법에 의하여 그 죄를 다스리라(『고려사』 권79, 식화지 2 호구 충숙왕 12년 10월 하교).
> D. 신돈이 반드시 (정습인鄭習仁을) 죽이려고 하였으나 조정의 신하들이 그를 가엽게 여겨 면하게 하고 폐廢하여 서인庶人으로 삼았다(『고려사』 권112, 정습인전).

백성을 양반으로 호구를 위조한 자는 법에 의해 처벌한다는 것이 C의 내용이다. 따라서 여기의 양반은 신분을 가리키는 것임을 알 수 있다. 이들 양반이 죄를 범했을 경우에 서인으로 격하되었음은 D의 기록을 통해서 엿볼 수 있다. 과거에 급제하여 영주의 지방관으로 파견된 정습인은 신돈의 미움을 받아 죽음에 이르렀으나 조정 대신들의 도움으로 이를 면하고 폐해져 서인이 되었다는 것이다.

C의 기록이 충숙왕대의 것이듯이, 신분으로서의 양반의 용례는 충

19) 『고려사』 권77, 백관지 2 액정국. 이후 남반은 환관, 승려의 자손 등 낮은 신분의 출사로로서(조좌호, 「여대 남반고」, 『동국사학』 5, 1957, 13-16쪽. 이병도, 위의 논문, 164-166쪽), 궁중의 당직當直, 국왕의 호종경비, 왕명王命의 전달 등 조선시대의 환관들이 담당하던 임무를 관장했다고 여겨진다(조좌호, 위의 논문, 12쪽).

숙왕 이후에 주로 나타난다.[20] 그렇다고 신분으로서의 양반이 충숙왕대 이후에 비로소 형성되었던 것은 아니다. 다음을 통해서 확인할 수 있는 일이다.

F. (전략) 이에 앞서 무당들이 사족士族의 집에 드나들면서 은밀히 부녀자들을 희롱했음에도 더럽힘을 당한 자들이 이를 수치스럽게 여겨 사람에게 말하지 않은 까닭에 이르는 곳마다 음행을 자행했다.(『고려사』 권99, 현덕수전).

사족은 벼슬하여 전시과를 지급받은 관리들과 그의 가족을 가리켰다.[21] 여기에는 문신과 그의 가족은 물론이고 무신과 그의 가족도 포함되었다.[22] 사족은 양반을 지칭하는 다른 용어였던 것이다.[23] 그런데 위의 기록은 무신란 직후인 명종 5년의 것으로, 이때에 이미 사족, 즉 양반 신분이 존재했음을 알려준다.

위의 기록은 현덕수가 안남도호부사로 나갔을 때 겪은 일을 기술한 것이다. 따라서 당시 지방에도 사족이 거주했음을 알 수 있다. 양반은 처음에는 모두 서울에 거주했으나, 양반의 수가 늘어나고 관직에서 물러난 자들이 지방으로 낙향함에 따라 지방에도 사족이 거주하게 되었다고 이해된다. 양반의 수가 그만큼 늘어난 결과였을 것이다. 그러한

---

20) 이성무, 「조선초기 신분사연구의 재검토」, 『역사학보』 102, 1984, 210쪽.

21) 이성무, 앞의 책, 15-16쪽. 이수건, 「토성연구 서설」, 『한국중세사회사연구』, 일조각, 1984, 2쪽 주 1).

22) 김당택, 「고려후기의 '사족'과 '사대부'」, 『원간섭하의 고려정치사』, 일조각, 1998, 189-190쪽.

23) 이성무, 앞의 책, 15-16쪽. 조선시대의 경우이기는 하지만, 송준호, 「조선양반고」, 『한국사학』 4, 1983; 『조선사회사연구』, 일조각, 1987, 208-220쪽에서도 이 점은 지적되었다.

만큼 현직관의 가족이 아니더라도 사족, 즉 양반일 수가 있었다.

결국 사족의 형성 시기나 그 범위 등에 대해 구체적인 것은 알 수 없지만, 사족, 즉 양반은 관리에서 관리의 가족, 그리고 퇴직한 관리의 가족에까지 그 범위가 확대되어 나갔음은 알 수 있다. 이는 고려시대의 양반이 문무 관리를 가리키기도 했지만 그들의 신분을 의미하기도 했음을 알려주는 것과 다를 바 없다.

3. 고려 양반사회의 전개

고려 광종대의 과거제 실시는 커다란 역사적 의의를 지니는 것이었다. 과거제가 실시된 배경이나 그 급제자의 출신을 고려할 때 그러하다. 과거제가 실시되었다는 사실은 우선 유학儒學이 광범위하게 보급되었음을 웅변해 준다.[24] 그리고 신분보다는 유교적인 지식을 중시한 사회분위기를 반영한다. 물론 신라에서도 원성왕 4년(788) 독서삼품과讀書三品科가 설치되어 학문에 기준을 둔 관리 채용방식이 채택된 적이 있었다. 그러나 그 대상자는 대체로 6두품으로서 그에 의한 관리 채용은 매우 제한적이었으며, 그나마 귀족들의 반대로 곧 폐지되고 말았다.[25] 그런데 광종대의 과거 급제자 가운데는 신라 6두품 출신 유학자들만이 아니라 후백제 계통이나 중국 유학생 등도 포함되어 있었

24) 신형식, 「숙위학생고」, 『역사교육』 11 · 12합집, 1960; 『한국 고대사의 신연구』, 일조각, 1984, 458-459쪽.
김광수, 「라말여초의 지방학교 문제」, 『한국사연구』 7, 1972, 119쪽, 129-132쪽.

25) 이기백, 「신라 골품제하의 유교적 정치이념」, 『대동문화연구』 6 · 7합집, 1970; 『신라사상사연구』, 일조각 1986, 229-230쪽.

다.[26] 출신 지역에 관계없이, 거의 모든 지방의 호족 자제들이 과거를 통해 중앙관리가 되었던 것이다. 따라서 과거제는 신라의 골품제와 같은 엄격한 신분제 아래서는 상상하기 어려운 관리등용 방식이었다. 이는 태조 왕건과 그를 도와 고려를 건국하는데 공을 세운 인물들이 신라의 골품제와는 무관한 존재로서, 신라보다 훨씬 개방적인 사회체제를 구축할 수 있었기에 가능한 일이었다. 고려사회의 성격을 이해하는데 이 점은 아무리 강조해도 지나침이 없을 것이다. 고려사회는 신라사회와 구분되어 마땅하다.[27]

과거 출신 관리들은 성종대의 제도정비에 깊이 관여하였다. 그러나 성종대 초반의 정치적 주도권은 최승로崔承老로 대표되는 신라 6두품 출신 유학자들과 호족인 황주 황보씨黃州皇甫氏가 장악하고 있었다. 과거 출신자들이 정치적으로 부상한 것은 최승로가 사망하고 서희徐熙가 성종 12년 거란의 침입을 물리친 이후였다. 그들은 황주 황보씨로 대표되는 호족세력과 갈등을 빚었는데, 성종의 사후 황주 황보씨의 비호를 받은 목종이 즉위함으로써 일시 정치적인 후퇴를 맞보았다.[28] 그러나 과거 출신자를 중심으로 한 유학자 관리들은 곧 이어 목종을 몰아내고 현종을 옹립함으로써 정국의 주도권을 장악하였다.[29] 따라서 현종 이후는 문신 중심의 정치체제가 확립되었다.

---

26) 오성, 「고려 광종대의 과거합격자」, 『고려광종연구』, 일조각, 1981, 32-38쪽.

27) 김철준, 「한국 고대사회의 성격과 라말여초의 전환기에 대하여」, 한국사회경제사학회편 『한국사시대구분론』, 을유문화사, 1970; 『한국고대사회연구』, 지식산업사, 1975, 276-278쪽 참고.

28) 이 책 제2장 서희와 성종대의 정치적 지배세력 참고.

29) 김용곤은 현종을 옹립한 인물들을 경주계로 파악하였으나(김용곤, 「고려 현종대의 문묘종사에 대하여-최치원의 경우를 중심으로-」, 『고려사의 제문제』, 삼영사, 1986, 518-524쪽) 유학자로 이해하는 것이 타당하다.

고려의 관리들은 과거 출신이 정치적 우위를 점할 수 있는 제도적 장치를 마련하였다. 중요한 관직은 문신들, 특히 과거 출신자들이 독점하였다.[30] 나아가 그들은 좌주座主와 문생門生, 동년우同年友의 관계를 통해 자신들의 결속력을 강화하고,[31] 사학私學을 설립하여 세력기반을 다져나갔다.[32] 따라서 과거 급제는 가문을 유지하는 중요한 수단이기도 했다.[33] 고려의 관리들이 유학을 하는 가문에서 태어나 과거에 급제하고 문한관文翰官으로 벼슬하는 것을 최상의 영예로 여겼음은[34] 당

---

30) 고려의 중요한 관직을 과거 출신자들이 독점했음은 참직參職의 경우를 통해서도 알 수 있다. 참직은 상소나 관리의 천거 등 국정에 참여할 수 있는 관직이었으며, 고위직으로의 승진을 위해서는 반드시 거쳐야 하는 관직이기도 했다(이 책 제11장 고려시대의 참직 참고). 그런데 이 직에 임명되기 위해서는 음서보다는 과거에 합격하는 것이 유리하였다. 참직 가운데는 과거합격자들만이 임명될 수 있는 관직이 대부분이었기 때문이다. 중서문하성의 左右正言은 그 대표적인 예이다.

31) 조좌호, 「여대의 과거제도」, 『역사학보』 10, 1958, 162-164쪽.
허흥식, 「고려의 과거와 문음과의 비교」, 『한국사연구』 27, 1979; 『고려과거제도사연구』, 일조각, 1981, 230-231쪽.

32) 박성봉, 「국자감과 사학」, 『한국사』 6, 국사편찬위원회, 1975, 199-200쪽.

33) 해주 최씨海州崔氏의 경우, 최충崔冲을 비롯하여 그의 아들 유선惟善, 손자인 사제思齊 · 사량思諒 · 사추思諏 등이 연이어 과거에 합격하였다(『고려사』 권95, 최충전, 부 유선 · 사제 · 윤의전. 권96 최사추전). 파평 윤씨坡平尹氏는 윤관尹瓘이 과거에 합격한 이래 그의 아들 언이彦頤, 언이의 세 아들 인첨麟瞻 · 자고子固 · 순신惇信, 그리고 인첨의 세 아들 종악宗諤 · 종함宗緘 · 종양宗諹이 모두 과거에 급제하였다. 이에 사람들은 그 집을 삼제택三第宅이라고 불렀다 한다(『고려사』 권96, 윤관전, 부 언이전, 부 인첨전). 철원 최씨鐵原崔氏도 최석崔奭 이래 대대로 과거에 급제함으로써 독서인讀書人 가문의 전통을 이어갔다(박용운, 「고려시대의 정안임씨 · 철원최씨 · 공암허씨 가문 분석」, 『한국사학논총』 3, 성신여대, 1978; 『고려사회와 문벌귀족가문』, 경인문화사, 2003, 237-252쪽). 따라서 고려중기의 문벌門閥은 예부시禮部試의 급제자가 일으킨 가문에서 계속된 급제자가 나올 때 형성되었다는 지적은(허흥식, 「고려의 과거와 문음과의 비교」, 앞의 책, 228쪽) 음미해볼 가치가 있다. 즉 예부시의 급제를 통해 그들은 문벌을 이루었던 것이다.

연하다. 한편 무신들은 3품까지 밖에 진출하지 못하였으므로 재추회의에 참석할 수가 없었다. 출정군의 사령관도 문신이 맡았음은 널리 알려진 사실이다.[35] 이러한 문신 중심의 정치체제에 무신들이 불만을 품었음은 물론이다. 현종대의 김훈金訓·최질崔質의 난을 통해서 알 수 있는 일인데, 그러나 무신들이 문신들을 상대하기는 역부족이었다.

문신들은 대간臺諫 등을 통해 왕권을 견제하였다.[36] 무신들이 그들의 상대가 되지 못한 상태에서 문신들에게 제재를 가할 수 있는 유일한 인물은 국왕이었기 때문이다. 이에 국왕은 무신들에게 끊임없는 관심을 표시하였다. 문신을 제어하는데 그들을 이용하기 위함이었다.[37] 문종과 숙종이 무신들을 중용했는가 하면,[38] 예종이 국학에 무학재武學齋를 설치했고 [39]의종이 시위부대를 강화한 이유가 여기에 있었다.

---

34) 김용선, 「음서제도와 과거제도의 비교」, 『고려음서제도연구』, 일조각, 1991, 143-147쪽.

35) 변태섭, 「고려조의 문반과 무반」, 『사학연구』 11, 1961; 『고려정치제도사연구』, 277-290쪽.

36) 김용덕, 「고려시대의 서경에 대하여」, 『이병도화갑기념논총』, 일조각, 1956, 482-484쪽.
박용운, 「대간제도의 성립」, 『한국사논총』 1, 성신여대, 1976; 『고려시대 대간제도 연구』, 일지사, 1980, 170-174쪽.

37) 고려의 과거 출신 관리들은 같은 문신이라 하더라도 음서 출신자들과 구분되었다. 과거 출신 관리들이 '文'으로 표기된 데 대해 음서 출신 관리들은 '吏'로 불리어졌던 것이다(김용선, 앞의 논문, 143-147쪽). 따라서 문신과 무신의 관계를 검토하는데 있어서 엄밀하게는 과거 출신자와 음서 출신자를 구분하여 살펴보아야 할 것이다. 그러나 현재 저자에게는 이를 감당할 만한 능력이 없다. 다만 무신이 음서를 통하여 무반직 아닌 문반직을 제수받을 수 있었으므로, 그들은 과거 출신자들보다는 음서 출신 문신들과 비교적 우호관계를 유지했다는 점만은 지적할 수 있다(김용선, 「음서제도와 고려사회의 변화」, 앞의 책, 159-167쪽).

38) 변태섭, 「고려무반연구」, 『아세아연구』 8의1, 1965; 앞의 책, 355-362쪽.

그런데 국왕의 이러한 조치는 문신들의 강한 반발에 부딪쳤다. 그 결과 무학재는 인종대에 이르러 폐지되고,[40] 의종은 무신들을 정치에서 배제하고 문신들을 회유하기 위한 노력을 기울이지 않을 수 없었다. 그러자 이제는 여기에 불만을 품은 무신들이 난을 일으켰는데, 이것이 무신란이었다.[41]

무신란은 하급무신들의 주도 아래 일반군인들이 대거 참여함으로써 성공할 수 있었다. 무신란 발발 당시 문신들은 '문관文冠을 쓴 자는 비록 서리胥吏라 하더라도 씨를 남기지 말 것'을 난군에게 지시하였다.[42] 무신들의 문신들에 대한 감정이 어떠했는가를 잘 나타내주는 대목이다. 이로 인해 많은 문신들이 살해당하였고, 정권은 무신들이 장악하였다. 무신들은 문신들로만 구성된 재추회의를 무력화시키고, 그 대신 국가의 중대사는 상・대장군의 합의기구인 중방重房에서 처리하였다. 또한 고위직은 물론이거니와 출정군의 사령관, 문신만이 임명될 수 있었던 지방관도 무신이 맡게 되었다.[43] 심지어 하급무신들은 문반의 임시직인 권무관직權務官職마저 빼앗기 위해 집단행동을 취하기도 하였다. 중요한 관직의 대부분은 여전히 문신이 점하고 있었으나,[44] 권력을 장악한 것이 무신이었으므로 점차 무신이 점유하는 비율이 높아져 갔다.

---

39) 『고려사』 권74 선거지 2 학교 예종 4년 7월.

40) 변태섭, 「고려무반연구」, 364쪽.

41) 이 책 제10장 의종대의 정치적 상황과 무신란 참고.

42) 『고려사절요』 권11, 의종 24년 8월 丁丑.

43) 변태섭, 「고려조의 문반과 무반」, 322-326쪽.

44) Edward J. Shultz, 『Generals and Scholars-Military Rule in Medieval Korea-』, University of Hawaii Press, Honolulu, 2000, 25쪽.

최씨집권자들은 그 이전의 무신집권자들보다는 문신을 우대하였다. 그들은 재추회의를 활성화시켰는데, 이는 중방을 약화시키기 위함이었다. 문신을 통해 무신을 견제하려는 의도였다. 문신보다는 군사력을 보유한 무신들이야말로 자신의 정권을 위협할 수 있는 존재로 여겼기 때문이다. 그리고 최충헌崔忠獻은 '문사文士'를 구하고 최이崔怡는 '한사寒士'를 발탁하여 그들로 하여금 자신의 정권을 합리화시키도록 하였다. 이들 문신들은 최씨정권의 정책을 지지했는가 하면 최씨를 역사적인 인물로 미화시키기도 했다. 그렇다고 문신들이 무신들보다 우월한 정치적 지위를 누렸던 것은 결코 아니다. 최씨정권이 그들의 군사력에 의존하는 바가 컸음을 감안하면 무리가 아니다. 과거 출신자를 포함한 문신들 가운데는 무반으로 출사로出仕路를 바꾼 인물들이 적지 않았던 것이다. 무신정권이 장기화함에 따라 과거에 급제했다 하더라도 쉽게 관직에 나아갈 수 없었던 당시의 사정을 반영하는 것이었다.[45]

원의 정치적 간섭을 받게 된 이후, 고려에서는 천계 출신 인물들의 정치적 진출이 두드러졌다. 환관宦官・역관譯官・내료內僚・응방鷹坊에 소속된 인물들이 그들이었다. 이들은 거의 예외없이 무반을 통해 관직에 나아갔다.[46] 천계 출신 인물들이 관직에 진출하자 기존의 관리들, 특히 대간에 소속된 문신들이 강하게 반발하였다. 그들은 자신들만이 관리가 될 수 있는 자격을 갖추었음을 내세우면서, 천계 출신 인물들의 관계 진출을 비난했던 것이다.[47]

45) 김당택, 「최씨정권과 문신」, 『고려의 무인정권』, 국학자료원, 1999, 205-207쪽.

46) 홍승기, 「원의 간섭기에 있어서의 노비출신 인물들의 정치적 진출」, 『한국사학』 4, 『고려귀족사회와 노비』, 일조각, 1983, 361-362쪽.

47) 김당택, 「충렬왕의 복위과정을 통해 본 천계 출신 관료와 '사족' 출신 관료의 정치적 갈등」, 『원간섭하의 고려정치사』, 일조각, 1998, 21-30쪽.

한편 원은 고려 군사력의 확대를 우려하고 이에 대한 경계를 늦추지 않았다. 고려의 군사력은 원의 황제로부터 만호萬戶를 제수받은 인물들에 의해 장악되었다. 이들 만호는 고려국왕의 제청에 의해 원이 임명하는 것이 원칙이었으나 고려의 국왕을 배제한 채 원이 직접 임명하는 경우도 있었다.[48] 따라서 그들은 원에 밀착된 존재들로서, 그들 가운데는 원이 고려의 국왕인 충혜왕을 잡아가는 데 협력한 인물들도 있었다. 즉 무신들의 상당수는 부원세력이었던 것이다. 이와는 달리, 과거 출신 문신들 대부분은 충혜왕이 원에 잡혀가 죽은 이후, 원에 대해 비판적인 태도를 취했다. 충혜왕의 죽음은 고려의 사직을 위태롭게 하는 것으로, 이는 곧 그들의 지위를 위협하는 것으로 판단했던 것이다. 그들은 반원적 분위기를 조성하고 확산시키는데 기여하였다.[49] 따라서 원간섭기에도 문무의 대립은 지속되었다고 할 수 있다.

원의 간섭에서 벗어난 공민왕대 이후 문신들과 무신들은 각기 자신에게 유리한 관제개편을 통해 정치적 주도권을 장악하려고 했다. 문신들은 문종대의 관제를 고집함으로써 무신과의 관계에서 우위를 점하려고 하였다. 문종대의 관제는 문신, 특히 과거 출신자의 정치적 우위를 제도적으로 보장한 것이었기 때문이다. 이에 대해 무신들은 정방을 존속시키고 이를 통하여 인사권을 장악하려 하였기 때문에 원간섭기의 관제를 선호하였다. 공민왕대에 정방政房의 치폐置廢가 반복되고, 원의 간섭에서 벗어났음에도 불구하고, 문종대의 관제와 원간섭기의 관

48) 변동명, 「고려 충렬왕대의 만호」, 『역사학보』 121, 1989, 131-133쪽.

49) 김당택, 「원 간섭기 말의 반원적 분위기와 고려 정치사의 전개」, 『원간섭하의 고려정치사』, 133-142쪽.

제가 번갈아가며 채택된 이유가 여기에 있었다. 문신과 무신의 갈등은 무신정권시대의 그것과 매우 흡사하게 집단적인 형태를 띠었다. 대간과 중방은 그들의 견해를 대변한 기구였다. 공민왕대 이후의 정치 역시 문신과 무신의 대결 구도로 전개되었던 것이다.[50)]

결국 고려시대의 정치사는 문신과 무신의 갈등의 연속이었다. 정치를 주도한 인물들은 문무양반이었던 것이다. 신분으로서의 양반이 존재했고, 그들이 정치를 주도한 고려는 양반사회라고 불러서 마땅하다고 생각한다. 그런데 고려사회를 양반사회라고 한다면, 조선사회와의 동질성 여부가 궁금하고 나아가 한국사의 시대구분은 어떻게 해야 하는가 하는 의문이 자연스럽게 제기된다.

4. 고려 양반사회와 한국사의 시대구분

고려 말이나 조선 초를 연구하는 학자들의 대부분은 고려 말에 커다란 사회변화가 일어난 것으로 이해하고 있다. 왕조중심사관王朝中心史觀은 극복되어야 한다는 주장이 일반화되어 있음에도 불구하고 최근의 연구는 오히려 왕조교체가 커다란 변화를 수반했다는 쪽으로 진행되고 있는 것이다. 그 근거로 고려후기에 등장한 사대부士大夫가 권문세가權門勢家를 무너뜨리고 조선왕조를 개창한 것을 들고 있다. 즉 향리출신의 중소지주인 사대부가 막대한 농장과 노비를 소유하고 정치적으로 고위직을 점한 친원적親元的인 권문세가를 무너뜨렸다는 것이다. 사실이 그러했다면 조선왕조 개창은 커다란 사회변동의 결과였음이

50) 김당택, 「고려 공민왕초의 무장세력」, 『한국사연구』 93, 1996, 42-51쪽.

분명하다.

조선왕조를 어떠한 성격의 인물들이 개창했는가를 알아보는 가장 구체적인 방법은 조선의 개국공신開國功臣을 분석해 보는 것일 수 있다. 그런데 조선의 개국공신을 분석한 연구들 모두는 개국공신이 중소지주거나 향리 출신이라고 할 수 없다는 데에 의견의 일치를 보이고 있다. 정두희,[51] 한영우,[52] 박천식,[53] 정재훈[54] 등이 그들이다. 특히 사대부에 의해 조선왕조가 개창되었다고 주장한 한영우[55] 역시 위와 같은 결론을 제시했던 것이다. 실제로 52명의 개국공신 가운데 향리 출신으로 이해할 수 있는 인물은 쉽게 찾아지지 않는다. 대표적인 향리 가문 출신으로 정도전鄭道傳을 꼽고 있으나, 그의 고조가 호장戶長이었을 뿐, 그의 아버지 정운경鄭云敬은 과거에 합격하여 형부상서에 이르렀던 것이다.[56]

사대부는 고려의 관리를 지칭하는 용어였다. 사대부가 원간섭기 이후 사서에 빈번하게 등장한 것은 천계 출신 인물들의 정치적 진출과 무관하지 않았다. 이들의 진출이 두드러지자 사대부는 자신들만이 관리가 될 수 있는 계층임을 강조했던 것이다. 그러한 가운데 사족, 사

---

51) 정두희, 「조선초기 삼공신 연구」, 『역사학보』 75·76합집, 1977; 『조선초기정치지배세력연구』, 일조각, 1983, 15쪽 주 25.

52) 한영우, 「조선 개국공신의 출신에 대한 연구」, 『조선전기사회경제연구』, 을유문화사, 1983, 178-189쪽.

53) 박천식, 「조선건국의 정치세력 연구(하)-개국공신 이화녹권을 중심으로-」, 『전북사학』 9, 1985, 9-53쪽.

54) 정재훈, 「조선 개국공신 졸기 분석」, 『고고역사학지』 5·6합집, 동아대, 1990, 268-282쪽.

55) 한영우, 「조선건국의 정치·경제 기반」, 앞의 책, 18-21쪽.

56) 한영우, 『정도전사상의 연구』 개정판, 서울대 출판부, 1989, 14-15쪽.

림士林, 사대부 등의 용어가 자주 등장하였다. 사족 출신의 인물들이 사림이었으며, 그들 가운데 벼슬한 자들이 사대부였던 것이다.[57] 한편 권문세가를 지칭하는 것으로 이해되어 온 권세가權勢家는 고유명사 아닌 보통명사였다. 충렬왕과 충선왕, 충선왕과 충숙왕, 그리고 충숙왕과 충혜왕이 갈등을 빚은 가운데 자신들과 반대되는 정치세력을 권세가라고 지칭하며 공격했던 것이다.[58] 권문세가와 사대부가 이러한 것이라면, 향리 출신의 중소지주인 사대부가 권문세가를 누르고 조선왕조를 개창했다는 견해 역시 근거없는 것임을 곧 알아차릴 수 있다.[59] 조선왕조 개창을 권문세가와 사대부의 갈등 결과로 이해할 수 없는 것이다. 그렇다면 조선왕조의 개창은 어떻게 설명될 수 있을까.

앞에서 저자는 공민왕대 이후의 정치가 문신과 무신의 대결구도로 전개되었음을 지적하였다. 그런데 여기에서 주도권을 장악한 것은 무신들이었다. 반원정책의 수행과 왜구倭寇·홍건적紅巾賊의 격퇴에 따라 그들의 역할이 증대되었음을 감안하면 무리가 아니다.[60] 무신들은 도평의사사都評議使司, 즉 도당都堂을 통해 공동의 정권을 수립하여 권력을 장악하였다.[61] 이에 문신들, 특히 정몽주鄭夢周·정도전 등 공민왕대

57) 김당택, 「충렬왕의 복위과정을 통해 본 천계 출신 관료와 '사족' 출신 관료의 정치적 갈등」, 21-30쪽.

58) 강순길, 「충숙왕대의 찰리변위도감에 대하여」, 『호남문화연구』 15, 1985, 37-41쪽.
김광철, 『고려후기세족층연구』, 동아대출판부, 1991, 19-34쪽.

59) 이러한 사실은 浜中昇, 「高麗末期政治史序說」, 『歷史評論』 437, 1986, 59-62쪽에서 이미 지적되었다.

60) 민현구, 「신돈의 집권과 그 정치적 성격(상)」, 『역사학보』 38, 1968, 61쪽.
이익주, 「공민왕대 개혁의 추이와 신흥유신의 성장」, 『역사와 현실』 15, 1995, 48쪽.

61) 박천식, 「고려 우왕대의 정치권력의 성격과 그 추이」, 『전북사학』 4, 1980, 44쪽.

이후에 벼슬에 진출한 과거 출신의 문신들이 강한 불만을 표출하였다. 그들은 원元을 철저하게 부정하고 명明과의 외교관계를 수립하는데 기여하였다. 원간섭기에 정계에 진출한 인물들을 부정하는 한편 자신들이 중국의 지배자로 등장한 명의 상대역이 됨으로써 국내에서 정치적 주도권을 장악하려는 의도였다. 그들은 우왕 원년(1375) 집권 무신들이 원과의 외교관계를 재개하자, 이를 무신들에 대한 공격의 기회로 삼았다. 그러나 그들의 공격은 성공하지 못하고 그들은 무신들에 의해 죽임을 당하거나 유배되었다.[62] 무신들에게 정면으로 대항하기에는 역부족이었던 것이다. 이에 그들은 강한 군사력을 보유한 무신과의 결탁을 통해서 집권 무신들에게 대항하려고 하였다. 이성계李成桂는 그들의 요구에 부합되는 존재였다.

이성계는 왜구 등을 물리치는데 커다란 공을 세웠음에도 불구하고 중앙정계로부터 소외되었다. 동북면 출신으로 강한 군대를 거느린 그를 중앙의 무신들이 꺼려했기 때문이다. 따라서 이성계가 정몽주·정도전 등의 접근을 반겼음은 당연하다.[63] 그들과의 결합을 통해 이성계는 중앙에 정치적 기반을 마련했고, 정몽주와 긴밀했던 조반趙胖이 당시 정치적 실력자 가운데 한 사람인 염흥방廉興邦과 갈등을 일으킨 것을 계기로 최영崔瑩과 함께 정국의 주도권을 장악하였다. 여기에 불안을 느낀 우왕과 최영은 요동정벌을 계획하였다. 요동정벌은 명과의 외교관계를 통해 성장한 문신들에게 정치적 타격을 가할 수 있고, 동

62) 김당택, 「고려 우왕 원년(1375) 원과의 외교관계 재개를 둘러싼 정치세력 간의 갈등」, 『진단학보』 83, 1997, 31-38쪽.

63) 김당택, 「고려 우왕대 이성계와 정몽주·정도전의 정치적 결합」, 『역사학보』 158, 1998.

시에 이성계의 군사력을 해체시킬 수 있는 유일한 방안이었던 것이다.[64)]

이성계는 '사불가론四不可論'을 내세워 요동공격에 반대하였으나 우왕과 최영에 의해 묵살되고, 그들의 강요에 의해 출병할 수밖에 없었다. 그러나 요동공격이 자신과 휘하 군사들을 사지死地로 몰아넣는 것과 다를 바 없다는 사실을 잘 알고 있던 이성계는 위화도에서 회군回軍을 단행하였다. 그런데 회군은 고려왕조를 부정하는 행위였다. 실제로 그는 궁성을 향해 진격하였고, 그의 군사들은 왕궁에 진입하여 최영을 잡아냈다.[65)] 고려왕조의 명맥은 이때 이미 끊어졌다고 할 수 있다. 당시 이성계의 일부 측근들이 그를 추대하려는 움직임을 보였던 것도 이를 반영한다. 결국 무신들이 정치적 주도권을 장악한 데 불만을 품은 문신들이 이성계와 결탁하여 고려왕조를 멸망으로 이끌었던 셈이다. 조선왕조의 개창과정에서 고려의 무신들이 거의 배제되었던 까닭이나,[66)] 왕조의 개창 후 정치적인 주도권을 물론이거니와 군대의 통수권마저도 문신들이 장악한 이유가 여기에 있다.[67)]

그러나 이성계는 곧 바로 왕위에 오르지 못했다. 그의 즉위에 반대한 인물들이 많았기 때문이다. 정몽주 등 이제까지 이성계와 정치적인

---

64) 강지연, 「위화도회군과 그 추진세력에 대한 검토」, 『이화사학연구』 20·21, 1993, 62쪽.
유창규, 「고려말 최영세력의 형성과 요동공략」, 『역사학보』 143, 1994, 58-59쪽.

65) 『고려사절요』 권33, 신우 14년 6월 乙巳.

66) 조선의 개국공신 가운데 무신은 17명이었는데, 고려의 벼슬을 가진 사람은 김인찬金仁贊·황희석黃希碩·장사길張思吉·장사정張思靖 정도였다(한영우, 「조선 개국공신의 출신에 대한 연구」, 169쪽, 175쪽).

67) 정두희, 앞의 논문, 24-25쪽.

견해를 같이 했던 문신들마저도 이성계의 즉위에는 냉담한 반응을 보였던 것이다. 막강한 군대를 거느리고 커다란 전공을 세웠음에도 불구하고 우왕대 중앙정계로부터 소외된 경험을 가지고 있었던 이성계는 군사력만으로는 새로운 왕조를 개창할 수 없다는 사실을 잘 알고 있었다. 새로운 왕조 개창을 위해서는 반대파를 제거하고 자파의 세력을 확대할 필요가 있었다. 위화도회군 이후 조선왕조 개창에 이르는 동안 온갖 정치적 사건을 조작하고 제도의 개혁을 실시한 까닭이 여기에 있다.

이성계일파는 김저金佇사건이나 윤이尹彝·이초李初사건과 같은 정치적 사건을 조작해서 우왕과 창왕을 비롯한 반대세력을 제거하였다. 창왕 원년(1392) 김저란 사람이 이성계를 죽이고 여주에 유배되어 있던 우왕을 복위시키려 했다는 것이 김저사건인데, 이를 계기로 이성계일파는 우왕과 창왕은 신돈辛頓의 자손이라는 '우창신성설禑昌辛姓說'을 내세워 우왕과 창왕의 제거를 정당화시켰다. 그들이 반이성계세력의 구심점이 되었기 때문이다. 우왕과 창왕으로 대표되는 고려왕조를 부인하고 그들에 대한 충성심도 헛된 것임을 강조할 필요가 있었던 것이다.[68]

이성계일파는 정방에 대신하여 상서사尙瑞司를 설치하였다. 이는 인사행정을 장악하기 위한 것이었다.[69] 그리고 병제개혁을 통해 이성계을 중심으로 군의 통수체계를 확립하고 이성계 휘하 친병親兵을 국가

---

68) 김당택, 「고려 창왕 원년의 김저사건」, 『전남사학』 13, 1998, 73-81쪽.

69) 김윤곤, 「여말선초의 상서사」, 『역사학보』 25, 1964, 31쪽.
김창현, 「정방의 상서사로의 개편」, 『고려후기 정방연구』, 고대 민족문화연구원, 1998, 214쪽.

의 핵심부대화하였다.[70] 한편 사전私田을 혁파하여 고려왕조의 존속을 바라는 인물들을 토지지급 대상에서 배제하고 자신에게 협력한 자들을 중심으로 토지를 지급하였다.[71] 이를 통해 이성계일파는 고려왕조의 지배질서를 부인하고 새로운 왕조의 지배질서를 확립하려고 했던 것이다.[72] 따라서 조선왕조 개창자들에 의한 제도의 개혁은 인위적인 질서체계의 개편이었다고 할 수 있다. 조선왕조 개창을 지지한 인물들이 소수였기 때문이다. 조선왕조가 '선개혁先改革 · 후개창後開創'을[73] 시도한 까닭이 여기에 있었다.

조선왕조 개창에 적극적인 인물들 가운데는 성리학자들이 많았다. 정도전은 그 대표적인 인물이었다. 그는 불교를 비판한 것으로 유명한데, 그가 불교에 대한 본격적인 비판을 전개한 것이 조선왕조 개창 직전인 공양왕 3년(1391)이었다는[74] 사실은 주목할 필요가 있다. 이는 그들의 불교에 대한 비판이 사상적인 차원 아닌 정치적인 차원에서 이루어졌음을 말해주는 것으로 이해되기 때문이다. 그들의 불교 배척은 고려왕조의 지배이념을 부인하고 새로운 지배이념을 수립하려는 노력의 일부였던 것이다.[75] 따라서 조선왕조 개창자들이 불교를 배척하고 성리학을 신봉했다는 사실만으로 당시의 사회변화를 강조하기는

---

70) 민현구, 『조선초기 군사제도와 정치』, 한국연구원, 1983, 96쪽 및 102쪽.

71) 이상백, 「고려말기 전제개혁운동과 이성계와의 관계」, 『이조건국의 연구』, 을유문화사, 1984, 190쪽.

72) 김당택, 「고려말의 사전개혁」, 『한국사연구』 104, 1999, 137-142쪽.

73) 한영우, 「조선왕조 정치 · 경제기반」, 11쪽.

74) 척불에 관한 김자수金子粹 · 김초金貂 · 박초朴礎 등의 상소가 올려진 것은 공양왕 3년 5월이었다(『고려사절요』 권35, 공양왕 3년 5월, 『고려사』 권117, 이첨전. 『고려사』 권120, 김자수전 참고).

75) 한영우, 『정도전사상의 연구』, 53쪽.

어려울 것 같다.

조선왕조가 개창된 후에는 이성계에게 반대했던 문신들이 대거 등용되었다. 이는 고려의 무신들이 대부분 배제되었던 것과 좋은 대조를 이룬다. 이색李穡과 가까웠던 권근權近은 태조 6년 개국원종공신開國原從功臣에 책봉되었으며, 일찍이 이숭인李崇仁과 함께 이인임李仁任의 인족姻族이라는 이유로 유배되었던 하륜河崙은 1차 왕자의 난 직후 정사공신定社功臣에 책봉되었다. 그리고 우현보禹賢寶는 2차 왕자의 난 때 이방원李芳遠에게 협조하여 정치적으로 재기하였으며, 정몽주는 태종의 즉위 후 영의정부사領議政府事에 추증되었다.[76] 고려와 조선의 지배세력이 크게 다르지 않았음을 알려주는 구체적인 예가 아닌가 생각된다. 실제로 조선초의 지배세력을 보다 광범위하게 검토한 John Duncan과[77] 김광철의[78] 연구에서도 이러한 결론은 도출되었다.[79] 결국 고려와 조선

---

76) 정치헌, 「여말선초 과거문신세력의 정치동향」, 『한국학보』 64, 1991, 134-138쪽.
김정자, 「소위 '두문동72현'의 정치성향」, 『부대사학』 15 · 16합집, 1992, 367-370쪽.
류주희, 「조선초 비개국파 유신의 정치적 동향」, 『역사와 현실』 29, 1998, 55-65쪽.

77) John B. Duncan 『The Origins of the Choson Dynasty』, University of Washington Press, 2000, 97-135쪽.

78) 김광철, 「여말선초 세족층의 동향」, 『부산사학』 35, 1998, 41-61쪽.

79) 한편 이동희는 조선 건국직후부터 예종대에 이르는 기간 동안 육조판서 이상을 역임한 관리 207명을 분석하여, 그 38.1%에 해당하는 82명이 조선 건국 후 비로소 재상을 배출한 신흥세력이었다고 전제한 후, 고려와 조선의 지배세력 간에는 지속성보다는 변화의 측면이 강했다는 결론을 내렸다(이동희, 「조선초기 관인층 연구-고려와 조선 지배세력 간 관계 규명의 일환으로-」, 『국사관논총』 72, 1996, 43쪽, 48쪽). 그러나 그 이전에 관리를 배출했는가의 여부와 관계없이 조선건국 후 재상을 배출한 가문을 모두 신흥세력으로 파악한 것도 납득이 안되지만, 조선건국 후의 정치적 변화를 고려하지 않았다는 점에서 이

은 이질적이라기보다는 동질적인 사회로 이해할 수 있을 것이다.

고려와 조선이 동질적인 사회였다는 저자의 주장을 두 시대가 꼭 같다는 의미로 받아들여서는 곤란하다. 조선왕조의 개창으로 변화가 초래되었음은 부인할 수 없다. 새로운 왕조가 개창되었는데 변화가 따르지 않았을 까닭이 없는 것이다. 따라서 한국사를 세분細分하면, 고려의 무신란이나 조선의 병자호란 경우처럼, 당연히 조선왕조의 개창에서 선을 그어야 할 것이다. 다만 시대구분이 역사를 쉽게 이해시키자는 데서 출발했음을 염두에 두면, 복잡함보다는 단순함을, 세분법보다는 대분법을 취하는 것이 타당하지 않을까 한다. 결국 고려와 조선은 양반사회로 함께 묶을 수 있을 것이다.[80)]

양반사회는 과거에 의해 관리를 선발하게 된 이후의 산물이다. 그렇다면 그 이전은 어떠한 사회였을까. 신라에 골품제라는 신분제가 존재했음은 분명한데 고구려나 백제는 잘 알 수가 없다. 그런데 고구려의 경우, 평강공주平岡公主와 혼인한 온달溫達이 바보가 아님에도 불구하고 바보로 묘사된 것은 온달이 왕족과 혼인할 수 있는 통혼권通婚圈 밖에 있던 존재였기 때문일 것이라는 해석은[81)] 설득력이 있다. 따라서 고구려에도 신라의 골품제와 흡사한 신분제가 존재했을 것이며, 백제 역시 마찬가지였다고 여겨진다.[82)] 그렇다면 고려 이전은 골품제사회

연구가 제시한 결론에 따르기 어렵다. 조선건국에서 예종대에 이르는 기간은 수차례의 공신 책봉에서 알 수 있듯이 정변이 잦은 시기였으므로 고위 관직자가 바뀔 수밖에 없었는데, 위의 연구는 이러한 점을 간과했던 것이다.

80) 이와 관련하여 이수건의 견해가 주목된다. 그는 고려와 조선을 함께 사족사회士族社會로 이해하였다(이수건, 「고려・조선시대 지배세력 변천의 제시기」, 『한국사 시대구분론』, 소화, 1995, 278-282쪽).

81) 이기백, 「온달전의 검토-고구려 귀족사회의 신분질서에 대한 별견-」, 『백산학보』 3, 1967; 『한국고대정치사회사연구』, 일조각, 1996, 110-111쪽.

였다고 해서 큰 잘못은 없을 것이다. 다만 이 용어에는 어떠한 세력이 당시의 사회를 주도했는가가 잘 드러나지 않는다.

신라 화백회의和白會議의 구성원은 소수의 진골이었다. 또한 고구려에서는 제5관등의 조의두대형皂衣頭大兄 이상이 국가의 기밀을 맡고 정사를 도모하였다. 그리고 백제에서 재상을 선거했다는 정사암회의政事巖會議에 참석한 인물들도 소수였을 것으로 생각된다. 이들은 귀족이라고 불러 무리가 없을 것이며, 실제로 그렇게 불리어지고 있다.[83] 요컨대 이 시대를 주도한 인물들은 귀족이었던 것이다. 이러한 귀족들의 특권은 국가의 조직법이라고 할 수 있는 율령律令에 의해 규정되었다.[84] 따라서 율령이 반포된 이후의 삼국시대나 통일신라시대는 귀족사회였다고 할 수 있다. 이러한 귀족사회는 신라 말에 호족이 등장하고 골품제가 무너지면서 와해되었다.

한편 양반사회는 1894년의 갑오개혁甲午改革을 계기로 붕괴되었다. 갑오개혁에서는 과거제도를 없애고 새로운 관리임용법을 채용하였고 종래의 양반·상민이나 문반·무반의 차별이 소멸되었다.[85] 과거의 실시로 비롯된 양반사회는 과거제의 폐지로 종말을 고했던 것이다. 그런데 신분제의 폐지는 일찍이 실학자들에 의해서 부분적으로 제기되었으며, 갑신정변을 주도한 인물들이나 동학농민군의 폐정개혁안弊政改革案에서도 주장된 것이었다.[86] 당시 조선사회 내부에 신분제의 폐지

---

82) 이기백, 「삼국시대의 사회구조와 신분제도」, 『한국고대사론』 증보판, 일조각, 1995, 56-59쪽.

83) 이기백, 『한국사신론』 신수판, 일조각, 1990, 제3장 중앙집권적 귀족국가의 발전 참고.

84) 이기백·이기동, 『한국사강좌』 고대편, 일조각, 1982, 152-154쪽.

85) 이기백, 『한국사신론』 신수판, 377-378쪽.

에 대한 요구가 팽배해 있었음을 알려주는 것으로, 이는 곧 당시 조선이 당면한 최대 현안이었다고 할 수 있다. 갑오개혁에서 신분제의 폐지가 추진된 이유가 여기에 있었다.

양반사회가 무너진 이후의 조선사회를 주도한 인물들은 누구였을까. 이와 관련하여 주목되는 존재는 독립협회獨立協會에 참여한 인물들이다. 국가의 자주독립과 자강, 그리고 민권의 신장을 목표로 활동한 독립협회에는 관리나 유생儒生뿐만이 아니라, 상인, 학생 등이 참여하였다.[87] 심지어 독립협회가 주최한 관민공동회官民共同會에서는 고위 관리들이 참석한 가운데 백정 출신이 연설을 하여 만장의 박수갈채를 받았다.[88] 독립협회에 참여한 이러한 여러 계층의 인물들을 함께 묶을 수 있는 용어로는 어떠한 것이 적절할까. 저자는, 비록 그들이 서양사에서 말하는 시민처럼 경제력을 갖춘 것은 아니지만, 도시에 살면서 사회개혁에 대한 의지를 가지고 있었다는 점에서 시민이라고 불러도 좋다고 생각한다. 실제로 갑오개혁 이후 사회를 주도한 계층을 시민이라고 지칭한 연구자들이 간간이 눈에 띈다. 따라서 양반 신분제가 무너진 이후의 조선사회는 시민들이 주도한 시민사회로 이해해서 크게 무리는 없을 것이다. 한국사회는 귀족사회에서 양반사회로, 그리고 다시 시민사회로 변모해왔던 셈이다.

이제까지의 검토로 한국사는 크게 세 시기로 구분할 수 있음을 알았다. 그런데 역사를 세 시기로 구분한 방법은 서양사에서 일반적으로

---

86) 신용하, 「1894년 사회신분제 폐지」, 『규장각』 9, 1985; 『한국근대사회사연구』, 일지사, 1987, 100-125쪽.

87) 신용하, 「독립협회의 창립과 조직」, 『독립협회연구』, 일조각, 1976, 89-112쪽.

88) 강재언, 「독립신문・독립협회・만민공동회」, 『近代朝鮮の變革思想』, 1973;국역 『신편한국근대사연구』, 한울, 1982, 236쪽.

행해지고 있는 시대구분법이기도 하다. 고대, 중세, 근대의 구분이 그것이다. 이러한 삼분법은 한국사에도 적용되어 왔다. 그런데 문제가 있다. 서양사가 고대 노예제사회, 중세 봉건제사회, 그리고 근대 자본제사회라는 과정을 거쳐 온 것과는 달리, 한국사에는 엄밀한 의미에서 노예제나 봉건제가 존재하지 않았기 때문이다. 이처럼 서양의 삼분법을 한국사에 적용한 데에 따른 문제점들을 극복하기 어려운 결과 한국사를 세 시기로 나눌 경우, 구체적 내용을 담지 않고, 현재를 기준으로 해서 시간적으로 옛 시대, 중간시대, 가까운 시대라는 뜻을 가진 의미로서의 고대, 중세, 근대를 가지고 시대를 구분하기도 하였다.[89] 그러나 내용이 없는 시대구분은 시대구분으로서의 생명력이 없다.[90] 지배세력의 변천을 기준으로 한 시대구분이 시도되었고,[91] 그것이 크게 설득력을 가진 이유가 여기에 있다.

저자는 알기 쉬우며 또한 매우 보편화되었다는 점에서, 한국사에서도 3분법 혹은 4분법을 취하는 것이 좋다고 생각한다. 다만 거기에 고대 노예제·중세 봉건제·근대 자본제라는 서양사의 시대구분 내용을 반드시 담아야 한다고는 생각하지 않는다. 사실 노예제나 봉건제를 가지고 한국사의 고대와 중세를 구분할 이유가 없으며, 자본제의 형성시기를 근대의 기점으로 이해해야 할 필요도 없다. 한국의 자본주의가

---

89) 한국사의 시대구분에 대한 여러 유형과 그에 대한 문제점에 대해서는 이기백, 「한국사의 시대구분 문제」, 한국사회경제사학회편 『한국사시대구분론』, 을유문화사, 1970(이기백의 사론집 『민족과 역사』, 일조각, 1971, 동 신판, 1994에 수록) 및 이기동, 「한국사 시대구분의 여러 유형과 문제점」, 『한국사 시대구분론』, 소화, 1995.

90) 이기백, 『한국사 시대구분론』 서문, 소화, 5-6쪽.

91) 이기백, 『한국사신론』 신수판.

일제강점기에 형성되었다는 지적은[92] 상당한 설득력을 얻고 있는데, 일제 치하의 한국 자본주의는 한국인 대다수를 더욱 빈궁하게 했고[93] 민족구성원간의 갈등을 심화시켜 한국인을 불행하게 만들었던 것이다.[94] 고대·중세·근대라는 용어를 사용했다고 해서 그 내용까지 서양의 경우를 따라야 하는 것은 아니라는 말이다. 한국의 역사발전이 서양의 그것과는 다른 단계를 거쳤음을 감안하면 당연한 것이 아닌가 한다. 그렇다면 한국사의 경우는 고대 귀족사회·중세 양반사회·근대 시민사회로 시대구분하는 것이 타당하지 않을까 생각한다.[95] 이는 그 시대를 주도해 나간 세력을 중심으로 각 시대의 특성을 염두에 둔 시대구분인 것이다.

5. 맺는말

한국사에서 양반사회라고 불린 시대는 조선시대이다. 조선을 양반사회라고 부른 까닭은 양반들이 정치·경제·사회를 주도해 나갔기

---

92) Carter J Eckert, 『Offspring of Empire: The Koch'ang Kims and the Colonial Origins of Korean Capitalism, 1876-1945』, University of Washington Press, 1991, Seatle and London, 1-6쪽.

93) 이러한 사실은 일제강점기 한국인 1인당 연평균 쌀의 소비량이 감소한 점을 통해서도 알 수 있는 일이다(신용하, 「식량의 증산과 수탈」, 『한국사』 21, 국사편찬위원회, 1976, 323쪽). 1912-1916년의 한국인 1인당 연평균 쌀의 소비량은 0.72석이었는데 점차 감소하여 1922-1926년에는 0.59석, 그리고 1932-1936년에는 0.40석으로 줄어들었다(이기백, 『한국사신론』 신수판, 442쪽).

94) Carter J Eckert, 앞의 논문, 191-223쪽.

95) 이와 유사한 견해는 이수건에 의해 표명된 바 있다. 구체적인 설명은 없지만, 그는 한국사를 고대 귀족사회·중세 사족사회·근대 시민사회로 구분할 것을 제의하였다(이수건, 「고려·조선시대 지배세력 변천의 제시기」, 278쪽).

때문이다. 그렇다면 고려 역시 양반사회라고 불러서 무리가 없을 것이다. 양반 신분층이 존재했음은 물론이고, 문무양반이 정치적 주도권을 장악하기 위해 심각한 갈등을 집은 시기가 고려였기 때문이다.

조선왕조는 기왕의 주장처럼 향리 출신의 중소지주인 사대부가 권문세가를 몰아내고 개창한 것이 아니었다. 무신들의 권력 장악에 불만을 품은 문신들이 이성계와 결탁하여 세운 왕조가 조선이었던 것이다. 따라서 새로운 왕조가 개창되었다고 해서 정치적 지배세력이 완전히 교체된 것은 아니었다. 그러한 만큼 한국사의 시대구분에 있어서 고려와 조선을 양반사회로 함께 묶는다고 해서 큰 잘못을 없을 것이다.

양반사회는 과거제의 실시와 더불어 성립되었다. 그런데 과거제는 갑오경장으로 소멸되었으며, 이와 함께 양반사회도 막을 내렸다. 양반사회는 과거제와 운명을 같이 했다고 할 수 있는데, 이러한 해석은 과거에 지나치게 커다란 의미를 부여한 것이 아닌가 하는 느낌도 든다. 그러나 과거의 실시와 폐지는 단순한 제도의 성립과 소멸이 아니라, 신분제의 변화를 반영하는 것이었다. 즉 과거제의 성립은 골품제의 와해를 전제로 하는 것이며, 과거제의 소멸은 신분제의 철폐를 수반했던 것이다.

양반사회 이전은 신라의 골품제로 대표되는 귀족사회였다. 그리고 양반제가 와해된 이후는 시민들이 사회를 이끌어갔다. 한국사는 귀족사회에서 양반사회로, 그리고 시민사회로 변모해 갔던 것이다. 한국사에는 최씨무신정권과 같은 독재정권도 존재했고, 원간섭기나 일제강점기처럼 이민족의 지배를 받은 시기도 있었다. 한국사는 항상 발전만을 거듭해온 것이 아니었다. 그러나 크게 보면 정치적 지배세력의 사회적 기반은 점차 확대되었다고 할 수 있다.

결론

이제까지 고려 광종에서 의종에 이르는 기간의 정치사를 검토하였다. 이 시기에 대한 학계의 관심은 당시가 귀족사회임을 입증하려는데 모아져, 정치사의 전모를 파악하는데 소홀하였다. 따라서 이 책에서 얻어진 결론은 고려 정치사의 공백을 메우는 데 일정한 기여를 할 것으로 기대된다. 여기에서 얻어진 결론은 대략 다음과 같다.

고려 초의 정치는 호족세력에 의해 주도되었다. 태조 왕건이 호족들의 협력과 귀부歸附에 의해 건국과 통일을 이룩할 수 있었음을 감안하면 당연해 보인다. 태조 이후의 국왕들은 그들을 견제하고 왕권을 강화하기 위해 노력했는데, 광종은 그 대표적인 인물이었다. 그는 과거제도를 실시하여 새로운 관리를 선발했다. 광종대에 과거제가 실시되었다는 사실은 신분보다는 유교적인 지식을 중시한 사회분위기를 반영한다. 이는 태조 왕건과 그를 도와 고려를 건국하는데 공을 세운 인물들이 신라의 골품제와는 무관한 존재로서, 신라보다 훨씬 개방적인 사회체제를 구축할 수 있었기에 가능한 일이었다. 한편 광종은 호족 출신의 공신들을 제어하기 위하여 시위군을 증강하였다. 이들 광종대의 과거합격자들과 시위군을 중심으로 양반이 형성되었다.

과거 출신 관리들은 성종대의 제도정비에 깊이 관여함으로써 관계官界를 장악하였다. 그러나 성종대 초반의 정치적 주도권은 최승로로 대표되는 신라 6두품 출신 유학자들과 많은 후비를 배출한 황주의 호족인 황보씨가 장악하고 있었다. 과거 출신자들이 정치적으로 부상한 것은 성종 12년 서희가 거란의 침입을 물리친 이후였다. 그들은 황주 황보씨로 대표되는 호족세력과 갈등을 빚었는데, 성종의 사후 황주 황보씨의 비호를 받은 목종이 즉위함으로써 목종대는 황주 황보씨를 중심으로 한 호족세력이 정치를 주도하였다. 여기에 불만을 품은 과거 출신자를 중심으로 한 문신 관리들은 군사력을 장악하고 있던 무신들의 협조를 얻어 목종을 몰아내고 현종을 옹립하였다.

한국 사학계는 성종대를 기준으로 그 이전과 이후를 구분하는 것이 일반적이다. 성종대 이전은 호족사회였으며, 이후는 귀족사회였다는 것이다. 성종대의 제도 정비가 그 근거로 제시되었다. 그런데 성종의 후계자인 목종이 호족세력인 황주 황보씨의 비호를 받아 왕위에 올랐음을 감안하면, 성종대 이후에도 호족세력은 여전히 강력했다고 할 수 있다. 따라서 위와 같은 시대구분이 꼭 적절하다고 생각되지는 않는다. 시대구분과 관련하여 주목되는 임금은 현종이다. 현종은 과거 출신 관리들이 주도한 목종대 정변의 결과 즉위하였으며, 그 이전의 정치를 호족 출신들이 주도했던 것과는 달리, 현종대 이후는 문신들, 특히 과거 출신 관리들이 정치적 주도권을 장악했다.

현종의 옹립에는 최항·채충순 등 과거 출신 문신들이 주도적인 역할을 수행하였다. 따라서 현종 즉위 이후에는 그들이 정치적 주도권을 장악하였다. 그들은 자신들에게 유리한 정치기구를 마련하고 사학私學을 설립하여 자신들의 세력기반을 확고히 했다. 그들은 왕권이 강화되는 것을 원하지 않았다. 그러자 국왕은 측근세력을 형성하여 그들에 맞섰다. 따라서 국왕과 문신, 국왕 측근세력과 문신들의 갈등은 불가피했다.

이들의 갈등은 대외관계를 둘러싸고 구체화되었다. 현종의 측근세력이 거란과의 긴장관계를 이용하여 왕권을 강화하려고 하자, 여기에 반대한 관리들은 대거란 온건론을 내세워 이에 맞섰던 것이다.

대외관계를 둘러싼 국왕과 문신들 간의 갈등은 숙종·예종대에도 지속되었다. 숙종은 11세의 헌종을 제거하고 왕위에 올랐다. 그 과정에서 무신들의 도움을 받았으므로 숙종은 즉위 후 무신들을 중용하였다. 그러자 문신들이 반발하였다. 숙종은 이러한 정치적 위기를 타개하기 위해 여진정벌을 단행하였다. 예종 역시 전시체제를 유지하여 문신을 장악하기 위해 여진정벌을 단행하고 9성을 설치하였다. 한편 고려가 정벌한 여진은 후일 금을 세웠는데, 인종대에는 국왕의 측근들에 의해 금국을 정벌하자는 의론과 더불어 칭제건원, 서경천도론이 제기되었다. 그런데 금국정벌론은 현실적인 주장이 아니었다. 당시 금은 요遼를 병합하고(1125), 곧 이어 송宋의 수도를 함락시켰을 정도로 막강했기 때문이다. 따라서 인종대의 금국정벌론은 실제로 금나라를 정벌하자는 것이 아니라, 이를 통해 위기의식을 조장하여 문신들을 견제하고 국왕의 위상을 높이려는 것이었다. 김부식을 비롯한 과거 출신 문신들이 여기에 반대한 것은 당연한 결과였다.

문종에서 인종에 이르는 고려의 국왕들이 인주이씨 출신의 왕비를 맞이한 것이 하나의 관례처럼 되어 있었다. 문종·순종·선종·예종·인종 등이 모두 인주이씨 출신을 비로 맞이했던 것이다. 고려가 귀족사회였다고 주장한 학자들은 그 근거를 인주이씨 가문의 번성과 그들의 왕실과의 혼인에서 찾았다. 그러나 왕실과 인주이씨의 혼인은 인주이씨의 필요에 의해 이루어진 것이 아니라 국왕의 필요에 의해 이루어졌다. 문종은 문신들에게 막강한 영향력을 행사할 수 있는 존재인 이자연의 세 딸과 혼인함으로써 문신들을 견제하려 했고, 예종은 이자겸의 딸을 취함으로써 여진정벌로 악화된 여론을 무마하려고 했던 것이다.

국왕과 문신들의 갈등은 의종 24년(1170)의 무신란을 야기시켰다. 의종은 왕권을 강화하기 위해 많은 노력을 기울인 임금이었다. 그와 정치적으로 밀착되었던 최윤의 등으로 하여금 『상정고금예문』을 편찬토록 한 것은 그러한 노력의 일부였다. 백관과는 구분되는 국왕의 권위를 분명히 드러내고자 함이었다. 아울러 의종은 문신들을 제어하기 위한 방법의 하나로 무신들에게 끊임없는 관심을 표시하였는데, 국왕의 이러한 조치는 문신들의 강한 반발에 부딪쳤다. 의종은 문신들을 회유하기 위해 무신들을 정치에서 배제했다. 그러자 이제는 여기에 불만을 품은 무신들이 무신란을 일으켰다.

고려의 정치제도 아래서는 문신 가운데서도 특히 과거 출신자들이 우위를 점하였다. 이는 참직을 통해서 알 수 있다. 참상 혹은 상참으로도 불리어진 참직은, 국왕에게 상서하고 관리를 천거하는 등, 국정에 참여할 수 있는 권한을 가지고 있었다. 따라서 고위직으로 승진하기 위해서는 반드시 참직을 거쳐야 했다. 그런데 음서 출신자가 임명될 수 있는 참직은 그 수가 극히 제한되었던 반면, 과거 출신자가 임명될 수 있는 참직은 많았다. 그러므로 음서 출신자는 과거 출신자에 비해 참직에 임명되기가 어려웠으며, 나아가 고위직으로의 진출도 힘들었다. 음서에 의해 벼슬길에 나아갔던 관리가 다시 과거에 응시한 사례가 빈번했던 까닭이 여기에 있었다.

이제까지의 검토를 통해서 우리는 고려사회를 주도한 인물들이 문신과 무신, 즉 양반이었음을 확인하였다. 그러한 만큼 고려는 양반국가였다고 할 수 있다. 이러한 양반국가는 골품제를 바탕으로 진골귀족이 정치 · 경제 · 사회를 주도한 신라의 귀족국가와는 구분되어 마땅하다.

Abstract

The Establishment and Development of Koryo Yangban Bureaucratic State.

In this book, I examined the political history of Koryo Dyansty during the period from King Kwangjong's reign to King Uijong's reign which have not been studied thoroughly until nowadays. I think the argument of this book will contribute to make up a gap of the political history of this period.

The local gentry(호족) had been assumed leading political role during early period of Koryo. Considering the fact that with their help Wang Kon(왕건), whose posthumous title was King Taejo(태조), could found Koryo Dynasty and unify Later Three Kingdoms (후삼국), it was natural that local gentry took the leading political role. Later Kings of Koryo exerted every effort to control them and strengthen king's authority, and King Kwangjong(광종) was a typical example in this respect.

Kwangjong established civil service examination system(과거제도) in 958 adopting the proposal of Chinese scholar Shuang Chi(쌍기). It reflected the social atmosphere in which confucian knowledge was thought to be more important than social status. This was mainly due to the fact that Taejo Wang Kun and his supporters had no relationship with "Bone-Rank" Institution(골품제도) of Silla. They were capable of building more open society than that of Silla. On the other hand, Kwangjong enforced military command for royal guard(시위군) to control Merit Subjects(공신) originated from local gentry. Men who passed civil service examination constituted the civil service order, while military men who served in royal guard command constituted the military service order. These two orders were called Koryo Yangban(양반).

The successors of the civil service examination who participated deeply in consolidating the political system advanced in the official world during Songjong's(성종) reign. However, the political leading role was exercised by confucian scholars of Silla's head-rank six lineages(신라6두품) whose leading feature was Choi Seung-no(최승로), and Hwangju Hwangpo clan(황주 황보씨) that was one of the powerful local gentry at that time. It was not until So Hui(서희) defeated Kithan invasion(거란침입) in 993 that successors of civil service examination rose in political circles. They competed political initiative with Hwangju Hwangpo clan. After King Songjong's death, King Mokjong(목종) who was supported by Hwanju Hwangpo clan, was enthroned as the successor of Songjong. Accordingly, local gentry centered on Hwangju Hwangpo clan won the political power in Mokjong's reign. But before long,

Mokjong was dethroned by civil and military officials and King Hyunjong(현종) ascended to the throne.

Historians generally divided Koryo history on the base of King Songjong's reign. They have thought that Local Gentry executed the leading role before Songjong's reign and after that aristocracy took political power. But considering the fact that King Mokjong who was supported by local gentry was enthroned after Songjong's death, local gentry still exercised their power at that time. Accordingly, I do not think such a periodization is proper. It was King Hyunjong's reign that great changes occurred. He enthroned after the coup d'etat initiated by the civil officials who passed the civil service examination, and his descendants became the king to the end of Koryo Dynasty. In contrast to Mokjong's reign when local gentry controled political situation, in Hyunjong's reign, civil officials assumed the leading political roles.

Civil officials, such as Choi Hang(최항) and Chae Chung-sun(채충순), who passed civil service examination preformed leading role in ascending King Hyunjong. Therefore, it was natural that civilians, especially those who passed the civil service examination, seized political power after Hyunjong's enthronement. They created political system which was profitable to them and established private schools(사학) to consolidate their power base. They did not want to strengthen king's authority, so Kings enforced their associates to face civil officials. Accordingly, conflicts between kings and civil officials, king's associates and civil officials were natural phenomena. Conflicts between them were exposed on the diplomatic relationship with foreign countries. Hyunjong's close associates exerted to enhance king's authority and with that they were to seize political power. To this end, they insisted on a hard line policy toward Khitan(거란). They intended to use foreign policy to strengthen king's authority. The officials opposing to enhance king's authority were aware of that and they insisted the moderate line policy toward Khitan.

Conflicts between officials on the diplomatic relationship with foreign country appeared again in Sukjong's(숙종) and Yejong's(예종) reign. Sukjong was enthroned after getting rid of his cousin King Hunjong(헌종). In this process he was supported by military officials. Accordingly, military officials were appointed to important positions in Sukjong's reign. But civilians did not agree to his policies. In order to overcome this political crisis, Sukjong launched an attack against Jurchen(여진정벌). Of course, most of civilians opposed to that. Later, Jurchen founded Chin(금) dynasty. In Injong's(인종) reign, some officials of Koryo advanced the opinion that Koryo should attack Chin dynasty(금국정벌론). This view was presented by king's associates and supported by many military officials. They also insisted on moving capital to Pyongyang(서경천도) and calling Koryo king as Emperor and adopting the reign name(칭제건원). However, the idea of launching an attack against Jurchen Chin could not be realized. At that time, Chin dynasty was so strong as annexing Liao(요, Khitan) dynasty and attacking the capital of Sung(송) china and seizing it. So the argument advocating attack on Chin was an unfeasible scheme. Their purpose was to arouse political crises and through them they were to strengthen king's authority. Therefore, it was natural that civilians who passed the civil service examination opposed to that. Kim Pu-sik(김부식) was the representative of opposing group.

It was an usual practice at that time that queens were selected from the Inju Lee clan(인주이씨). Munjong(문종), Sunjong(순종), Seonjong(선종), Yejong, and Injong continued to choose their consorts from this clan. The prosperity of Inju Lee clan and their marriage ties with royal family have often been emphasized by the historians who insisted that Koryo was an aristocratic society. They understood the marriages between kings and Inju Lee clan as a basis of Koryo aristocratic society. However, the marriage ties between royal family and Inju Lee clan were performed not by request of Inju Lee clan but by king's need. Munjong's marriage with daughters of Lee Cha-yeon(이자연) of Inju Lee clan was one of Munjong's efforts to control civilians by depending on the power of Lee Cha-yeon who was the man of great influence to civilians at that time. Yejong met Lee cha-geom's(이자겸) daughter as his consorts to soothe the civilians' deteriorated feelings caused by the attack against Jurchen.

A conflict between king and civilians became the reason of the military coup(무신란) in 1170. Uijong(의종) was the king who exerted to enhance king's authority. To this end, he ordered his associate Choi Yon-ui(최윤의) to compile Sangjongkokeumyemun(상정고금예문) which book was about national rites prescribed king's dignity differing from officials. Uijong also had close relations with military officials to restrain civilians. Civilians strongly repulsed such policies of king Uijong. Thus Uijong decided to eliminate military officials from political arena to appease civilians. Thereon military officials had grudged to the king and revolted against Uijong.

In the political system of Koryo, civil officials who had passed the civil service examination system had some advantages. This can be seen from Chamjik(참직) system. The officials in Chamjik could influence their personal opinions on national administration. Accordingly, officials had to hold Chamjik to be promoted to high posts. By the way, The Chamjik positions that could be appointed by officials from the protected appointment system(음서제) were small, while there were large number of Chamjik positions for officials who had passed the civil service examination. Thus, the officials appointed through the protected appointment system had some disadvantages in holding the Chamjik. For these reasons, the officials from Umso had a tendency to take the examination of Kwago(과거) even after they held official positions.

In the end, civil and military officials led Koryo society. They performed leading political roles in Koryo society. Accordingly, we can conclude that Koryo was the Yangban bureaucratic state. Koryo Yangban bureaucratic state was different from Silla aristocratic state.

색 인

저자약력

김당택(金塘澤)

전남대학교 역사교육과 교수
서강대학교 사학과 및 동대학원 졸업(문학박사)
저서 『원간섭 하의 고려정치사』(일조각, 1998)
『고려의 무인정권』(국학자료원, 1999)
『우리 한국사』(푸른역사, 2002)
『한국대외교류의 역사』(일조각, 2009)

고려 양반국가의 성립과 전개

인쇄 | 2010년 9월 30일
발행 | 2010년 10월 5일

저자 | 김당택
발행 | 김윤수
발행처 | 전남대학교출판부

등록 | 1981. 5. 21. 제53호
주소 | 500-757 광주광역시 북구 용봉로 77
전화 | (062) 530-0571~3
팩스 | (062) 530-0579
홈페이지 | http://altair.chonnam.ac.kr/~cnup

값 15,000원

ISBN 978-89-7598-853-0 (93190)

이 도서의 국립중앙도서관 출판시도서목록(CIP)은 e-CIP홈페이지 (http://www.nl.go.kr/ecip)에서 이용하실 수 있습니다.
(CIP제어번호 : CIP2010003508)